Lieber Focky!

Viel Glück und
Erfolg in Californien.

Bestelles + M. Züge

2. August 1996

IM BAUCH DER KUH

Das Leben des
Luciano De Crescenzo von
ihm selbst erzählt

———

Aus dem Italienischen
von Linde Birk

Albrecht Knaus

Die Originalausgabe erschien 1989 unter dem Titel
«Vita di Luciano De Crescenzo scritta da lui medesimo»
bei Arnoldo Mondadori Editore, Mailand

Der Albrecht Knaus Verlag
ist ein Unternehmen der Verlagsgruppe Bertelsmann

1. Auflage
© Luciano De Crescenzo 1992
First published by Arnoldo Mondadori Editore, Milan, 1989
© der deutschsprachigen Ausgabe bei
Albrecht Knaus Verlag GmbH, München 1992
Gesetzt aus Korpus Novarese
Satz: Filmsatz Schröter GmbH, München
Schutzumschlag von Klaus Renner unter Verwen-
dung einer Illustration um 1880
(Archiv für Kunst und Geschichte, Berlin)
Printed in Germany · Mohndruck Gütersloh
ISBN 3-8135-0145-0

Inhalt

Vorbemerkung

Die meiste Zeit meiner Kindheit habe ich mit Spielen auf dem Schlafzimmerbalkon meiner Eltern verbracht. Wir wohnten an der Uferpromenade, und wenn ich spielte, sah ich vor mir den Golf von Neapel mit allem, was man sich dazu so denken kann: Schiffe, Fischer, die Sonne, das Meer, den Vesuv, Capri, Sorrent und den Posillipo. Inzwischen habe ich die Erfahrung gemacht, daß man all diese Dinge nicht einmal beim Namen nennen darf, weil sie allzu folkloristisch sind, doch damals brauchte ich noch nicht originell zu sein, sie gefielen mir einfach sehr, und ich betrachtete sie stundenlang, so wie man etwa ein Kaminfeuer betrachtet.

Ich hatte einen mondsüchtigen Onkel, der nachts aufstand, unser Schlafzimmer durchquerte, die Läden aufschlug und dann, wenn er auf dem Balkon stand, aufwachte und aus voller Kehle schmetterte:

Schönste, heute nacht bin ich dir Bruder und Gemahl
heute nacht sind Liiiebe und Gott eine Wahl.

Die Astrologen behaupten, der Charakter eines Menschen werde von der Konstellation der Sterne am Tage seiner Geburt beeinflußt. Das mag wohl zutreffen, aber wieviel mehr müßten dann die Lieder, das Klima, das Meer und die Onkel zählen, die unseren Sinnen doch so viel näher stehen.

Ich habe ein abwechslungsreiches und bis jetzt Gott sei Dank auch ziemlich glückliches Leben gehabt. Wenn ich es ganz kurz in zehn Punkten zusammenfassen müßte, würde ich in chronologischer Folge aufzählen: die Familie, das Stadtviertel, den Krieg, die Freunde, die Liebe, die Universität, IBM, das Schriftstellerhandwerk, den Film und die Philosophie. Und damit haben wir, wie es der Zufall so will, auch schon die Titel der verschiedenen Kapitel dieses Buches beisammen. Jedenfalls läßt sich dieses Leben in zwei Abschnitte einteilen: in den vor und in den nach der Veröffentlichung von *Also sprach Bellavista*. Und dazu möchte ich nun einen Traum oder vielmehr einen Alptraum erzählen.

Ich bin also nicht mehr Schriftsteller, nicht mehr Regisseur, kein bekannter Mann mehr... sondern wieder Ingenieur bei IBM; ich habe keinen Bart, es ist frühmorgens, und ich bin gerade aufgewacht. Ich sehe auf die Uhr auf meinem Nachttisch und merke, daß es schon Viertel nach acht ist: Sehr spät, denn ich habe um neun Uhr Sitzung in unserer Niederlassung und muß mich noch waschen, rasieren, anziehen, muß frühstücken, ins Auto steigen und bis zur Via Orazio fahren.

Um 9.25 Uhr betrete ich das Büro. Ich rechne mir aus, daß die anderen schon vor mindestens einer Viertelstunde gnadenlos angefangen haben. Ich werfe meinen Mantel auf einen drei Meter entfernten Sessel im Vorzimmer und stürze in den Konferenzraum. Signorina Aurilia, meine getreue Sekretärin, folgt mir besorgt über den Gang und sagt, sie habe Ingenieur Mariani schon mal mitgeteilt, daß ich heute morgen leicht erhöhte Temperatur hätte.

Mariani hat sich neben einer Leuchttafel aufgepflanzt und erläutert die neue Verkaufskampagne: Er wirkt so gleichgültig und ruhig, daß man fast meinen könnte, er habe meine Verspätung nicht einmal bemerkt, aber ich kenne ihn schon lange und weiß genau, daß er furchtbar wütend ist und die ganze Zeit überlegt, was er mir nachher, wenn wir unter vier Augen in seinem Büro sind, an den Kopf werfen wird. Er hat seinen Vortrag nämlich einen kurzen, kaum wahrnehmbaren Augenblick lang unterbrochen und die Pause dann mit einem Hustenanfall überspielt.

Ich setze mich neben Peppe Imperiali.

«Für das Weihnachtsgeschäft ist eine Verkaufsaktion in unserem Gebiet geplant», sagt Mariani gerade. «Jeder Salesman ist zu einem Absatz proportional zu seiner Hardwarequote verpflichtet...»

Ich versuche, ihm zu folgen, kann mich aber nicht gut konzentrieren, denn ich denke immer noch an einen wunderschönen Traum, aus dem ich aufgeschreckt war, um ins Büro zu eilen ...

«Weißt du, was ich heute nacht geträumt habe?» flüstere ich Peppe Imperiali zu.

«Später, später, laß mich das jetzt hören», zischt dieser.

Ich hatte alles das geträumt, was ich in den letzten zehn Jahren erlebt habe: den verlegerischen Erfolg von *Also sprach Bellavista*, die Fernseherfahrungen, die Filme und so weiter. Kaum hat Ingenieur Mariani den Konferenzsaal verlassen, nehme ich seinen Platz ein und erzähle meinen Kollegen alles.

«Auf der Straße haben mich die Passanten erkannt ... und mich um ein Autogramm gebeten.»

«Und du hast es ihnen gegeben?» fragt Imperiali.

«Aber sicher; denn ich war ja sehr bekannt geworden, auch durchs Fernsehen.»

«Das ist meiner Meinung nach ein ganz unglaubwürdiger Traum», wendet Giovanni Morini ein. «Wie hättest du denn in Italien mit einem Buch bekannt werden können, in dem nur von Neapel die Rede ist?»

«Was heißt hier in Italien», widerspreche ich. «Auf der ganzen Welt! Na ja, mein lieber Morini, weil ich im Traum nämlich auf den deutschen Bestsellerlisten ganz oben stand und auch in Spanien, in Schweden, in den Vereinigten Staaten, in Australien, in Japan Bücher verkauft habe ...»

«Ach ja, sogar in Japan hast du Bücher verkauft!» ruft Morini hohnlachend aus. «Du bildest dir tatsächlich ein, daß die Japaner die Abenteuer des Professors Bellavista lesen würden!»

«Genau so war es: Ich habe auch in Japan Bücher verkauft. In meinem Traum bin ich in fünfzehn Sprachen übersetzt und in fünfunddreißig Ländern veröffentlicht worden.»

«Und den Nobelpreis haben sie dir wohl auch gegeben?» fragt er mich lachend.

«Nein, aber wer weiß, vielleicht kommt das noch», antworte ich seelenruhig und erkläre dann: «Schon deshalb, weil das ein immer wiederkehrender Traum ist, der kein Ende nimmt. Wer weiß, ob ich nicht in einer der kommenden Nächte im Traum noch größeren Ehrgeiz entwickle? Was kostet mich das schon? Ich brauche ja nur die Augen schließen, und schon fange ich an zu träumen...»

«Und sogar Regisseur bist du gewesen?»

«Ja, und ich bin enger Freund vieler bildschöner Schauspielerinnen geworden!»

«Ich werd verrückt!» ruft Peppe Imperiali aus. «Du und intim mit Schauspielerinnen!»

«Und wie: intim, intim... Ich will jetzt aus Diskretion keine Namen nennen, aber...»

«Weißt du, was man dazu in Neapel sagt?» fällt mir Carlo Mazzocca ins Wort.

«...»

«‹Was die Alte nicht hat, das träumt sie sich eben zusammen.› Und genau so hast du es auch gemacht.»

«Sogar Fellini hast du kennengelernt?» fragt Morini.

«Sicher habe ich ihn kennengelernt.»

«Und der hat dich gegrüßt?»

«Warum soll er mich denn nicht gegrüßt haben? Und überhaupt: Ich glaube, er hat mich sogar gemocht. Er hat den Deutschen geraten, sie sollen De Crescenzos *Griechische Philosophie* veröffentlichen.»

«Ach, du hast in deinem Traum auch philosophische Bücher veröffentlicht?»

«Zwei Stück.»

«Aber was verstehst denn du von Philosophie?»

Nun, ihr müßt mir glauben: Mein Alptraum ist ein so wirklichkeitsnaher Traum, daß ich tatsächlich nicht mehr weiß, wann ich träume und wann ich wach bin: Schriftsteller, Ingenieur, Schriftsteller, Ingenieur, Schriftsteller, Ingenieur — einmal bin ich das eine, dann wieder das andere. Ich lege mich ins Bett und habe das Gefühl, gleich ins Büro laufen zu müssen, ich schlafe wieder ein und meine, mit der Ablieferung meines Manuskriptes im Rückstand zu sein. Ich suche wie wild auf den Feuilletonseiten der Zeitungen einen Artikel, in dem von mir die Rede ist, ein Zitat, die Rezension eines Kritikers, selbst eine schlechte, Hauptsache, sie beweist mir, daß ich Schriftsteller bin, aber ich finde nichts. Was soll ich da tun? Ich habe beschlossen, ich werde mir mit einem Revolver in die Schläfe schießen. Das mache ich natürlich erst, wenn ich meine, ein Schriftsteller zu sein. Dann gibt es nur zwei Möglichkeiten: entweder es war ein Traum (und dann habe ich mich nicht umgebracht), oder ich bin wirklich als Schriftsteller gestorben.

L. D. C.

I. KAPITEL

Die Familie

Seine Familie kann man sich nicht aussuchen: Man wird geboren, und schon steht sie lächelnd um einen herum. Egal, ob sie gut oder schlecht sind, Verwandte kann man nicht austauschen wie ein Auto. Ich habe Glück gehabt: Es waren alles freundliche Leute.

Ich wuchs in einem großen Haushalt auf. Wenn wir uns zum Essen setzten, konnte man immer meinen, es würde ein Fest gefeiert. Am oberen Tischende saß meine Großmutter mütterlicherseits und teilte uns mit Weihwasser den Segen aus. Sie prüfte einen Augenblick durch ihre Stielbrille, ob wir auch alle aufmerksam waren, und dann murmelte sie irgend etwas Lateinisches, das ich nie verstanden habe. Sie war ein altes Weiblein von kleiner Gestalt, doch hielt sie sich so aufrecht, daß sie fast groß wirkte. Sie hatte silberweißes Haar und trug ein schwarzes Samtbändchen um den Hals. Zu ihrer Rechten saßen mein Vater, meine Mutter und meine Schwester Clara, und zu ihrer Linken meine drei unverheirateten Onkel und Tanten: Onkel Luigi, Tante Olimpia und Tante Maria. Am anderen Tischende saß ich mit Rosa, meiner Amme aus der Ciociaria. Rosa gehörte seit vielen Jahren zur Familie und aß mit uns. Wer hingegen nicht mit uns, sondern in der Küche aß, war das zweite Dienstmädchen, das ständig wechselte, da es immer dem Verdacht ausgesetzt war zu stehlen.

Daß Dienstmädchen Diebinnen sind, war eine fixe Idee meiner Mutter, daher machte sie sich vor jeder Neueinstellung bei der Betroffenen kundig: «Stehlen Sie?»

«Oh, nein!» protestierte die Ärmste.

«Na, um so besser!» rief meine Mutter aus und seufzte erleichtert auf. «Denn wenn Sie stehlen würden, könnten wir Sie hier nicht gebrauchen. Und Sie würden im übrigen auch nicht weit kommen, denn hier ist alles genau abgezählt, meine Liebe: das Geld, die Bestecke, die Wäsche ... uns entgeht nichts.»

Rosa stahl nicht, dafür wurde sie jeden Monat von uns bestohlen; sie bekam nämlich überhaupt keinen Lohn.

«Was soll sie denn mit einem Lohn anfangen?» fragte meine Mutter jeden, der ihr deshalb Vorwürfe machte. «Verwandte hat sie keine, Laster ebenfalls nicht, und sollte sie irgend etwas brauchen, so bekäme sie es sofort von uns.»

«Gut und schön», wandte Onkel Luigi ein, «aber wenn dies arme Ding einmal eine Altersversicherung abschließen möchte ...»

«Eine Versicherung? Aber wo ist sie denn besser versichert als bei uns? Die lebt doch hier ganz genau so wie wir: Da gibt es keinen Unterschied», erwiderte Mama und rief gleich darauf aus: «Lohn für Rosa? Das wäre nun wirklich übertrieben! Dann müßte ich ja auch Lohn bekommen!»

In Rosas Vergangenheit muß es einen dunklen Punkt gegeben haben. Vielleicht hatte sie aus ihrem Heimatort flüchten müssen, weil sie abgetrieben oder auch nur, weil sie ihre Jungfräulichkeit verloren hatte, auf jeden Fall sagte jedesmal, wenn über sie gesprochen wurde und meine Schwester und ich überraschend dazukamen, einer der Erwachsenen *Austino!* Sofort verstummten alle, so daß ich schließlich davon überzeugt war, daß dieser Agostino der frühere Geliebte Rosas gewesen sein mußte. Als ich seinen Namen aber dann auch im Zusammenhang mit Tante Olimpia und Tante Maria immer wieder nennen hörte, kam es mir doch unwahrscheinlich vor, daß er sämtliche Frauen der Familie verführt haben sollte, und ich begriff, daß dies nur ein Codewort war und einfach bedeutete: «Achtung, Kinder!» Heutzutage ist der Ausdruck in Neapel nicht mehr sehr gebräuchlich, und zwar schon deshalb nicht, weil Minderjährige ja über alles reden.*

---

* Der Ausdruck *Austino* wurde anscheinend zuerst von den Händlern am Markt verwendet. Wenn ein unerfahrener Verkäufer einem Kunden allzusehr entgegenkam, brauchte man ihn nur *Austino* zu rufen, dann korrigierte er sich schnell.

Onkel Luigi

Am liebsten von allen Verwandten (zweiundvierzig an der Zahl, wenn man die engeren und die entfernteren zusammenrechnet) war mir Onkel Luigi: Junggeselle, Pferdeliebhaber, schöner Mann und Verschwender. Er war zweimal in Amerika gewesen, in Chicago, der Stadt Al Capones. Sein Lebenswandel war folgender: Er nahm für fünf oder sechs Monate irgendeine Arbeit an, zum Beispiel machte er Public Relations für ein Geschäft in der Via Toledo, wurde Theateragent einer Tingeltangelsängerin oder Hilfs-*bookmaker* in Agnano, dann kündigte er Hals über Kopf und verbrachte eine einzige Woche als Lebemann mit schönen Frauen in ausländischen Luxushotels, in Paris, Wien, London oder Venedig, und trank Unmengen Champagner. Nach dieser Flucht kehrte er mit eingezogenem Schwanz nach Neapel zurück und suchte sich eine neue Arbeit.

Ich wartete immer gespannt auf seine Rückkehr, um seine neuesten Abenteuer zu erfahren, und auf die Frage: «Was willst du einmal machen, wenn du groß bist?» antwortete ich regelmäßig, «das, was Onkel Luigi macht», was meinen Vater furchtbar erzürnte.

Ich habe nie herausbekommen, ob Onkel Luigi wirklich Nachtwandler war oder ob er das nur vortäuschte: Tatsache ist, daß man ihn einmal im Schlafanzug im Zimmer Carmelinas fand. Sie war eines unserer zweiten Dienstmädchen und wurde später entlassen, weil ihr die Soldaten zu sehr den Hof machten. Carmelina hat anscheinend, als sie Onkel Luigi im Pyjama sah, einen furchtbaren Schrei ausgestoßen, so daß Großmutter und meine Mutter im letzten Augenblick gerade noch verhindern konnten, daß der Ärmste sich aus dem Fenster stürzte.

«Ein Bein hatte er schon draußen!» erzählte Mama.

«Und wie konntet ihr ihn denn zurückhalten?»

«Ganz einfach: Wir haben ihn an der Hand genommen und ihn bis zu seinem Schlafzimmer geführt. Er ist uns ganz lieb gefolgt wie ein Kind. Aber stellt euch vor, was passiert wäre, wenn Carmelina nicht geschrien hätte!»

«Das wäre besser gewesen!» bemerkte Papa.

Onkel Luigi hatte Seite an Seite mit dem Herzog von Bergamo in Äthiopien gekämpft, und wenn jemand zu Besuch kam, zog er eine alte Nummer des *Domenica del Corriere* heraus und fing an, seine «Heldentat» zu schildern.

«Bitte hier, seht selber, ob ich Lügen erzähle: Dieser da bin doch ich!» sagte er und deutete auf einen Leutnant in Kolonialuniform.

Ehrlich gesagt hatte die Heldentat eigentlich nicht Onkel Luigi, sondern der Herzog von Bergamo vollbracht, aber wenn man ihm in diesem Punkt widersprach, wurde er fuchsteufelswild. Und erst recht, wenn jemand anzweifelte, daß der von Beltrame gezeichnete Leutnant tatsächlich er sein sollte. «Was!» schrie er dann völlig außer sich, «seht ihr denn nicht, daß er einen Schnauzbart hat.»

Ich erinnere mich noch, wie er in Habtachtstellung mit dem *Domenica del Corriere* in der Hand dastand und die Bildunterschrift unter der Zeichnung von Beltrame vorlas.

«Eine beispielhaft mutige Tat», las Onkel Luigi voller Pathos. «Die Schlacht in Schire wurde immer wütender, und der Herzog von Bergamo, Adalbert von Savoyen, will sich gerade mit blankem Schwert auf den Feind stürzen, als einer seiner Offiziere (also ich) ihn am Arm zurückhält. ‹Königliche Hoheit›, sagt der Leutnant, ‹dies ist nicht Ihr Platz.› ‹Mein Platz›, widersprach der Herzog von Bergamo vehement, ‹ist überall da, wo man für das Vaterland stirbt.›»

Bei dem Wort «Vaterland» spendeten wir Familienmitglieder mit Ausnahme meines Vaters, der kein Wort von dem glaubte, was Onkel Luigi da erzählte, frenetischen Beifall.

«Richtig», wandte mein Vater ein, «einen Schnauzbart hat der da schon, aber wie viele italienische Offiziere in Afrika trugen denn einen Schnauzbart?»

Mein Vater hegte für Onkel Luigi nicht die geringste Achtung und nannte ihn einen Märchenerzähler. Während die beiden einmal abends aufs Essen warteten, vertraute mein Onkel meinem Vater unter dem Siegel der Verschwiegenheit an, daß er von einem Freund, der beim Geheimdienst arbeitete, erfahren habe, Hitler sei gar nicht Deutscher, sondern Italiener und genau wie Mussolini in Predappio geboren. Papa erhob sich wortlos vom Tisch, aber Onkel Luigi gab sich nicht so leicht geschlagen und verfolgte ihn bis in sein Zimmer.

«Eugè, so hör doch zu», redete er auf meinen Vater ein, während er ihm über den Gang nachlief, «hast du denn nicht gemerkt, daß das ein Transvestit ist! Guck doch mal seine Haare an! Das ist doch eindeutig eine Perücke, und was für eine schlechte! Und das angeklebte Bärtchen, heh? Also hör mal: Das ist doch kein Mann, das ist doch eine Witzblattfigur, der sieht ja aus wie Chaplin! Und wenn er deutsch redet, übertreibt er auch immer so, bloß damit er richtig wie ein Deutscher wirkt!»

Die arme Tante Olimpia

Tante Olimpia und Tante Maria waren als alte Jungfern nach Hause zurückgekehrt, nachdem sie, wie man so schön sagt, «mit ihren Ehemännern kein Glück gehabt hatten». Dies galt für erstere noch mehr als für die zweite, so daß man in der Familie, wenn von ihr die Rede war, immer von der «armen Tante Olimpia» redete, und je öfter man dies sagte, desto mehr verschmolzen die Wörter «arme» «Tante» und «Olimpia» zu einem einzigen Namen: «ArmeTanteOlimpia».

Ehrlich gesagt kann ich mich an fast nichts erinnern, was diese Tante betrifft: Ihre Probleme gehörten in den Bereich *Austino*, über den in Anwesenheit Minderjähriger nicht gesprochen werden durfte. Jedenfalls hatte die ArmeTanteOlimpia nach dem, was ich von meinen älteren Vettern erfahren konnte, einen neapolitanischen Geschäftsmann geheiratet, der zwar reich, aber impotent war, und diese physische Behinderung ihres Ehemannes hatte ihr das Zusammenleben unmöglich gemacht.

Um zu verhindern, daß die geprellte Ehefrau herumging und allen Leuten von seinem Versagen erzählte, schloß der Bösewicht sie in der Wohnung ein und erlaubte ihr nicht einmal, ans Fenster zu treten. Es heißt, daß er sich mit seiner Mutter bei der Bewachung ablöste: Verließ einer von ihnen das Haus, blieb der andere da, um die Eingeschlossene zu bewachen. Kamen sie zu uns zu Besuch, ließ er sie nicht aus den Augen und verhinderte mit allen Mitteln, daß sie sich allein mit einem Angehörigen oder einer Freundin unterhielt. Diese Freiheitsberaubung dauerte etwa drei Jahre, und daß die Nachbarn nie Verdacht geschöpft haben, liegt daran, daß eine zu Hausarrest verurteilte Ehefrau damals etwas ganz Normales war. Eines schönen Tages gelang es jedoch der ArmenTanteOlimpia, ihre Bewacher hinters Licht zu führen und einem Installateur, der sich kurz in der Wohnung aufhielt, einen Zettel mit einem Hilferuf zuzustecken. Nachdem die Angehörigen von Tante Olimpias schrecklicher Lage erfahren hatten, befreiten zwei meiner zahlreichen Onkel (um es genau zu sagen, Onkel Eugenio und Onkel Guglielmo) ihre Schwester mit einer Gewaltaktion. Danach traten die Anwälte beider Seiten gegeneinander an, und die Geschichte der *geschlossenen*, aber nicht *vollzogenen* Ehe war bald in aller Munde, so daß alles immer nur noch schlimmer wurde. Schließlich versöhnte die ArmeTanteOlimpia alle, indem sie noch in jungen Jahren an Brustkrebs starb. Ende der traurigen Geschichte.*

* Um sich eine Vorstellung zu machen, welche Möglichkeiten der Krebsbehandlung damals bestanden, zitiere ich hier einen erhellenden Artikel mit dem Titel «Krebsbazillus entdeckt», den ich in der *Illustrierten Tribüne* vom Oktober 1903 fand: «Dank der Untersuchungen, die in Neapel an dem von Prof. Cav. Pietro Fabiani geleiteten Palasciano-Institut durchgeführt wurden, kann Italien auch diese Entdeckung für sich geltend machen. An diesem Institut ist nicht nur der Krebsbazillus entdeckt, sondern zugleich auch ein Serum entwickelt worden, das, subkutan injiziert, offenbar beste Erfolge gezeitigt hat. Prof. Cav. Pietro Fabiani, den wir hier an seinem Mikroskop abbilden, hat erklärt, der Bazillus habe eine längliche Form und abgerundete Ränder. Das Antikrebsserum ist klar, durchsichtig, mit alkalischer Reaktion und ohne jede Nebenwirkung.»

Tante Maria

Tante Marias Geschichte hingegen war sehr viel heiterer, und vor allem war es eine Liebesgeschichte. Letzteres dank ihres Ehemannes Giovanni Ferrara, der ein sehr faszinierender, wenn auch ein wenig leichtsinniger Mann war.

Als die beiden sich kennenlernten, waren sie noch halbe Kinder: Er war achtzehn und sie vierzehn. Ihre Verlobungszeit dauerte nach dem Willen meines Großvaters eine Ewigkeit, nämlich zwölf lange Jahre. Zwölf Jahre, in denen Tante Maria oft verzweifelte Tränen weinte, mit den Eltern stritt, heimlich Briefchen tauschte, mit Selbstmord drohte und Gedichte empfing. Der Alte widersetzte sich dieser Ehe geradezu instinktiv mit aller Kraft und änderte noch nicht einmal dann seine Meinung, als er erfuhr, daß Onkel Giovanni in der Zwischenzeit, voller Hoffnung, nun endlich heiraten zu dürfen, sogar seinen Doktor in Medizin gemacht hatte.

«Du bist verrückt!» schimpfte meine Großmutter. «Ein Arzt im Hause zahlt sich immer aus, das weißt du doch!»

«Mag sein», erwiderte der Großvater, «aber mir gefällt dieser Ferrara nicht. Das ist ein Aufschneider!»

Der väterliche Widerstand steigerte nur die Leidenschaft der beiden Verliebten. Onkel Giovanni und Tante Maria trafen sich weiterhin, wo es eben ging und unter Mithilfe all jener, die auf ihrer Seite waren. Jede Gelegenheit wurde genutzt, um aus dem Hause zu entwischen und einen Kuß zu tauschen: Sie trafen sich in der Kirche, auf der Treppe, bei Beerdigungen, bei Hochzeiten oder auf dem Markt. Wenn der Großvater Maria zur Strafe im Haus einsperrte, sah sie aus dem Klofenster, und Giovanni streckte, um sich vom Feind nicht entdecken zu lassen, seinen Kopf aus einer öffentlichen Bedürfnisanstalt, die sich nur wenige Meter davon entfernt befand. Es heißt, sie hätten ihre Unterhaltungen dann in Taubstummensprache geführt.

Doch steter Tropfen höhlt den Stein, und so gewann auch Giovanni Ferrara schließlich seinen beharrlichen Kampf. Eines frühen Morgens erschien er an Bord einer funkelnagelneuen Isotta Fraschini, und da mußte nun endlich auch der Großvater klein beigeben. Denn schließlich gab es in den dreißiger Jahren in ganz Neapel kaum mehr als zweitausend Autos. Und dann war Onkel Giovanni ja auch so aufmerksam: Wenn er zu Besuch kam, brachte er für jedes Familienmitglied ein kleines Geschenk mit, eine Tüte Bonbons für mich, ein Heiligenbildchen für meine Mutter, ein Püppchen für meine Schwester Clara und sogar eine Toskaner-Zigarre für den Großvater. Eines Tages kam er mit einer kleinen Kutsche, die von einem Eselchen gezogen wurde, und machte mit uns eine schöne Spazierfahrt die Via Caracciolo hinauf.

Das erste Ehejahr war unwahrscheinlich: Der Onkel führte seine junge Frau in das *Maison Thérèse*, das eleganteste Modeatelier Neapels, und kleidete sie ein wie eine echte Pariserin. Trotz der ungeheuren Ausgaben (Essenseinladungen, Pferderennen, Isotta Fraschini), war er auch sehr um den Familienbesitz besorgt: Er besaß ein Sparbuch mit einem Guthaben von fast sechstausend Lire und eine Metallkassette voller Ringe, Halsketten und Armbänder. Tante Maria nahm hin und wieder diese Kassette und ließ uns das Klimpern der Schmuckstücke hören. «Ich bin die Königin von Macondo», trällerte sie, «ich habe den größten Smaragd der Welt. Ich habe hundert Ketten, ich habe hundert Ohrringe, und ich habe ein Diadem aus Perlen und Rubinen.» Vor allem der Smaragd beschäftigte unsere Phantasie. Sie konnte ihn uns aber nicht zeigen, was sie gern getan hätte, denn einmal hatte sie den Schlüssel verloren, und danach hat Onkel Giovanni ihn ihr weggenommen. Wenn aber ein Fest gefeiert wurde, dann legte sie ihren ganzen Schmuck auf einmal an, und da konnte man sie wirklich für eine Königin halten. Der Onkel war verliebter denn je und wollte auf alle silbernen Bestecke A. M. A. M. I. eingravieren lassen, was soviel bedeutete wie A Maria Amore Mio Immenso (Für Maria, meine ungeheuer große Liebe).

Aber eines schlimmen Tages verließ Onkel Giovanni das Haus Hals über Kopf und schiffte sich nach Amerika ein. Auf diese

Weise kam heraus, daß er bis über beide Ohren verschuldet war und vor dem Zorn seiner Gläubiger fliehen mußte. Die Isotta Fraschini hatte er nie bezahlt, ebensowenig die Kleider vom *Maison Thérèse*. Die Silberbestecke hatte er nicht nur nicht zum Graveur gebracht, sondern sie im Gegenteil Stück für Stück verkauft, und die Ziffern in seinem Sparbuch hatte er auch nur von eigener Hand eingetragen. Im Schmuckkästchen fand man beim Öffnen nur Kieselsteine. Aber trotz seiner Schandtaten war er immer noch in Tante Maria verliebt und ließ sie nachkommen, sobald ihm dies möglich war.

Meine Tante zog also nach New York und fand sofort Arbeit in einer *factory*, wo sie Pelze und Hüte nähte und, wie sie stets betonte, von dem Besitzer, einem gewissen Mister Peterson, sehr geschätzt wurde. Ihrem Giovanni hingegen, oder vielmehr ihrem Johnny, wie er sich jetzt nannte, ging es nicht besonders von der Hand: Er übte zwar den Arztberuf aus, aber nur illegal, das heißt, er machte praktisch nur Abtreibungen und behandelte Schußwunden. Seine Spielleidenschaft hat er allerdings nie verloren, und er verbrachte seine ganze Freizeit in den Wettbüros von New York. Aber Tante Maria hätte Giovanni wahrscheinlich bis ans Ende ihres Lebens geholfen, wenn sie ihn nicht eines Abends beim Nachhausekommen mit einer älteren und mit viel Schmuck behängten Frau angetroffen hätte. Als Onkel Giovanni sie die Treppe heraufkommen hörte, lief er ihr entgegen und hielt sie am Treppenabsatz auf: «Marì», sagte er, «sei nicht blöd: Sag, daß du meine Schwester bist. Die hat doch eine Unmasse Geld.»

Tante Maria wurde schnell geschieden und kehrte nach Neapel zu ihren Eltern zurück, obwohl ja ihr Chef, Mister Peterson, sie unbedingt hatte heiraten wollen. Sie hatte es dann noch sehr schwer, vor allem auch, weil sie in der Zwischenzeit vollkommen taub geworden war: Wegen eines in Amerika falsch behandelten (oder von ihrem Ehemann behandelten) rheumatischen Fiebers durch eine Virusinfektion hatte sie nämlich ihr Gehör verloren. Ein Glück, daß sie schon in ihrer Jugend die Taubstummensprache erlernt hatte.

Papa

Wenn Papa ein Urteil abgeben wollte, reichte ihm dazu ein einziges Wort. Eines Tages, es war im Jahre 1939, zogen ein paar Studenten, die den Kriegseintritt Italiens forderten, durch die Via Partenope: Die meisten von ihnen gehörten dem GUF, der faschistischen Studentenschaft, an. Am lautesten schrien sie die Slogans: «Tod dem treulosen Albion» und «Gott verdamme die Engländer». Mein Vater trat auf den Balkon, sah den Vorüberziehenden ein paar Sekunden lang zu, kam wieder herein und sagte: «Die Studenten!» Es war ihm gelungen, mit einem einzigen Wort erstens seine ganze Verachtung für die Jugendlichen auszudrükken, zweitens auf seine Erfahrungen während der Jahre 1915–1918 im Schützengraben anzuspielen und drittens seine Abneigung gegen die Faschisten noch einmal zu betonen. Wenn ihm jemand gesagt hätte, daß die Hymne der Faschisten «Jugend» hieß, hätte er nur geantwortet: «Eben», und wer verstehen wollte, hätte verstanden.

Mein Vater war eine Art gutmütiger Griesgram. Bei ihm gab es kein Getue und keine Zärteleien: Er hat mich in seinem ganzen Leben kein einziges Mal geküßt. Aber wenn ich morgens einmal ein bißchen erhöhte Temperatur hatte, ging er nicht in sein Geschäft, sondern gab Natale, seinem vertrauenswürdigsten Ladenjungen, die Schlüssel und sagte: «Natà, mach schon mal auf, ich komme in einer halben Stunde.» Inzwischen fühlte er mir den Puls, um zu sehen, ob ich wirklich krank war oder nur mit dem einfachen Taschenlampentrick das Thermometer hochgetrieben hatte.

Vor nichts hatten die Väter zu jener Zeit so große Angst wie vor einer Lungenentzündung: Vor der Erfindung des Penizillins lebten alle Kinder in der ständigen Gefahr, eine Lungenentzündung zu bekommen. Es war verboten, ins Schwitzen zu geraten und im «Luftzug» zu stehen. Wenn wir auf Verwandtenbesuch gingen, nahm meine Mutter immer ein wollenes Unterhemd und alle möglichen Kleidungsstücke zum Wechseln mit. Meist spielte sich dann etwa diese Szene ab:

«Luciano», wetterte mein Vater, «du bist verschwitzt!»

«Nein», antwortete ich und spielte weiter.

«Widersprich deinem Vater nicht!» schrie Mama. «Komm her, damit ich nachsehe, ob du verschwitzt bist.»

«Ich bin nicht verschwitzt.»

«Du bist verschwitzt.»

«Nein.»

Dabei versuchten sie, mich zu schnappen: Ich lief weg, und mein Vater verfolgte mich schreiend, während die übrigen Familienmitglieder versuchten, mich einzukreisen. Wenn es ihnen dann schließlich gelang, mich festzuhalten, war ich zwangsläufig verschwitzt. Daher fuhr mir mein Vater mit der Hand unter die Schulterblätter und schrie los:

«Dieser Lümmel, und da behauptet er, er sei nicht verschwitzt!»

Dann versetzte er mir eine Ohrfeige, die aber gewöhnlich eine der Personen traf, die mich festhielten (meist Rosa oder Mama, die mir gerade ein frisches Unterhemd anzogen). Blitzschnell wie geübte Ferrari-Mechaniker zogen mich die Frauen vor aller Augen aus, trockneten mich ab und erstickten mich in einer Wolke von Puder. Am Ende war ich kalkweiß wie eine Statue und steckte bis zum Hals in Wollzeug, so daß ich noch mehr schwitzte als vorher.

Mein Vater haßte nichts so sehr wie Ballspiele, und zwar vor allem deshalb, weil das die Schuhe abnutzte. Wie oft stürzte er wie ein Falke auf mich nieder, wenn ich gerade dabei war, im Stadtpark mit meinen Klassenkameraden zu spielen. Seiner gegen jeden Verbrauch gerichteten Theorie nach mußten Erwachsenenschuhe mindestens zehn Jahre und Schuhe für Jungen in meinem Alter mindestens vier Jahre halten: Zum Beispiel zog er, wenn er von der Arbeit nach Hause kam, schon im Flur die Schuhe aus und schlüpfte in Pantoffeln, und zwar nicht, weil ihm diese bequemer waren, was man ja hätte verstehen können, sondern damit die

Schuhe länger hielten. «Auch wenn der Fuß wächst», sagte er immer, «muß man es aushalten.»

«Eugè», kündigte meine Mutter an, «da muß ein Paar neuer Schuhe für den Jungen her: Die, die er da anhat, sind ihm zu klein.»

«Was heißt hier ‹zu klein›?» erwiderte mein Vater. «Gestern waren sie ihm doch noch zu groß.»

«Ja, was weiß ich, dann ist er eben heute nacht gewachsen», gab Mama zurück, «der Junge ist im Entwicklungsalter.»

«Das macht dir wohl Spaß, wie?» rief mein Vater aus und sah mich schief an, als hätte ich aus besonderer Lust meine Füße wachsen lassen.

Schuhe wurden bei *Elegant* gekauft, dem Geschäft Stefanino Buontempos, den man auch den «Wortbrecher» nannte.

«Schuld und Sühne!» hieß das Urteil meines Vaters.

Die Schuld hatte in folgendem bestanden: Vor vielen Jahren hatte Stefanino Buontempo eine Verwandte von uns, eine gewisse Angelina De Crescenzo, die fünfunddreißig Jahre alt war und danach endgültig alte Jungfer wurde, nach achtjähriger Verlobungszeit praktisch vor dem Altar sitzenlassen. In Sizilien hätte man ihn umgebracht, wir De Crescenzos hingegen sind sanftmütigere Leute und gaben uns daher mit einem dreißigprozentigen Rabatt auf Lebenszeit bei sämtlichen Artikeln seines Geschäftes zufrieden.

Nachdem man mir Maß für meine Schuhe genommen hatte (was nur pro forma geschah, denn am Ende wurden immer zu große genommen), fragte Papa nach dem Preis und machte dann trotz Angelina-Rabatt Anstalten, sich auf mich zu stürzen, um mich für sämtliche Fußballspiele, die ich hinter seinem Rücken gespielt hatte, zu bestrafen. Zum Glück kannten sowohl Stefanino als auch die Verkäufer seine Reaktion, so daß sie, wenn es ums Zahlen ging, schnell einen Kreis um mich bildeten.

Im September 1938 kam ich am Gymnasium in die Oberstufe, und mein Vater rief mich in sein Zimmer.

«Komm herein, ich möchte dir etwas geben.»

«Was denn, Papa?» fragte ich. «Es ist schon acht, und ich möchte nicht gerade am ersten Schultag zu spät kommen.»

Er antwortete nicht, sondern zog eine Schreibtischschublade auf und nahm einen Füllhalter heraus.

«Dies ist ein Waterman!» sagte er mit feierlicher Miene, als wollte er mich in die Ehrenlegion aufnehmen. «Ich besitze ihn schon seit mehr als zehn Jahren: Wenn du ihn verlierst, bringe ich dich um!»

Von dem Tag an begann für mich wegen des Füllhalters eine wahre Leidenszeit. Zu jeder Tages- und Nachtstunde (auch, während ich schlief) richtete mein Vater seinen strafenden Zeigefinger auf mich und fragte mich ganz unvorbereitet: «Wo ist der Füllhalter?» Wenn ich ihn dann nicht innerhalb von dreißig Sekunden hervorholte, gab es Dresche. Oh, wie ich die Kinder von heute beneide, die ungestraft so viele Kugelschreiber verlieren können, wie sie nur wollen, und nicht einem solchen Terror ausgesetzt sind! Wenn ich nach der Schule im Stadtpark Ballspielen ging, wußte ich nie, wo ich den Füllhalter verstecken sollte: Ließ ich ihn in der Schulmappe, konnte er mir gestohlen werden, trug ich ihn bei mir, konnte ich ihn verlieren. Oft hielt ich ihn beim Spielen fest in der Hand, und beim Hinfallen hob ich den Arm hoch in die Luft, damit der Füllhalter bloß nicht den geringsten Stoß abbekam. Was übrigens die Dresche betrifft, muß ich jetzt bei näherer Überlegung sagen, daß mich mein Vater, obwohl er ständig drohte, mir im nächsten Augenblick eine Ohrfeige zu versetzen, mich in seinem ganzen Leben kein einziges Mal geschlagen hat.

Er besaß ein Handschuhgeschäft an der Piazza dei Martiri, aber er war kein geborener Kaufmann. Am liebsten hätte er von morgens bis abends nur gemalt. Ihn plagte ein so starkes Schuldgefühl, weil er seiner künstlerischen Berufung nicht gefolgt war, daß jeder, der seinen Laden betrat und sagte: «Guten Tag, ich bin Maler», mindestens mit einem Paar Gratishandschuhen wieder hinausging. Manchmal revanchierten sich die Künstler und ließen ihm ein kleines Andenken da, so daß ich heute ein paar «Bildchen» von neapolitanischen Impressionisten besitze.

Mein Großvater väterlicherseits hingegen war tatsächlich Maler und hatte offenbar auch beachtlichen künstlerischen Erfolg: Er war an der Schule von Resina Schüler von De Nittis. Der ökonomische Erfolg war aber, ehrlich gesagt, nicht dementsprechend, und daher schlug er meinen Vater, als er diesen eines Tages dabei erwischte, wie er sich ebenfalls als Maler versuchte, den Farbenkasten um die Ohren, nahm ihn vom Gymnasium (wo er eh nicht gerade glänzte) und steckte ihn mit Gewalt als Handschuhzuschneiderlehrling zu den Gebrüdern Partito. Der Großvater streckte die zwei Lire für den Kauf der nötigen Schere vor, holte sie sich aber gleich vom ersten Wochenlohn meines Vaters wieder zurück. «Entscheidend ist», dozierte er, «daß man bei Null anfängt.»

In der Fabrik lernte Papa einen Dichter kennen: Vincenzo Russo*, der ebenfalls Handschuhzuschneiderlehrling war und wie Papa die Kunst und die Poesie liebte.

Vincenzino Russo war ein gerade erst zwanzigjähriger junger Mann, mager, schnauzbärtig und schwindsüchtig (Schwindsucht war zu Beginn des zwanzigsten Jahrhunderts in Neapel eine weit verbreitete Krankheit). Tagsüber war er Handschuhmacher und am Abend Platzanweiser im Teatro Verdi. Eines Morgens bekam er einen noch schlimmeren Hustenanfall als gewöhnlich, und daraufhin erlaubten ihm die Gebrüder Partito die Arbeit im Freien, damit er nicht länger den giftigen Dunst der Farben einatmen mußte. Etwas Besseres hätte sich Cenzino gar nicht wünschen

---

* Vincenzo Russo (1876–1904) ging nach der zweiten Grundschulklasse von der Schule ab; später vervollständigte er seine Bildung in Abendkursen. Da er bei den einfachen Leuten als einer galt, der «Beistand» genoß, der also fähig war, Lottozahlen vorherzusagen, suchte ihn auch Maestro Edoardo Di Capua auf, der begeistert auf Ternen und Quaternen setzte. Aus ihrer Begegnung entstanden einige der schönsten neapolitanischen Lieder. Außer an *Oi Marì* erinnern wir an *Io te vurrìa vasà*, *Canzona bella* und *Torna maggio*. Er starb blutjung mit gerade erst achtundzwanzig Jahren und hinterließ diese letzten Verse: «*O Sonne, auch du hast mich verlassen / auch du hast mich betrogen / eine große Kälte spüre ich in meinen Knochen / und nicht einmal du kannst kommen und mich wärmen. Für mich ist alles aus / Leb wohl, Aprilsonne / lebt wohl, Sterne am Himmel / ich verabschiede mich von euch.*»

können: Genau gegenüber des Fabrikeingangs wohnte in einer kleinen Wohnung im dritten Stock eine gewisse Maria, ein schwarzhaariges Mädchen, in das er sich leidenschaftlich verliebt hatte. Die Bewohner der Via San Giuseppe gewöhnten sich schnell daran, jeden Morgen Vincenzo über den Zuschneidetisch gebeugt zu sehen, wo er Ziegenhäute zuschnitt und dabei an die schöne Maria gerichtete, leidenschaftliche Lieder sang. Wenn es stimmt, was Papa erzählte, so hat sich das Mädchen nie am Fenster gezeigt, und auf diese Weise hat es wohl auch nie erfahren, daß es ein paar Jahre später die berühmteste Maria der Welt (gleich nach der Madonna) geworden ist.

Eine Episode aus dem Leben meines Vaters hat sich mir besonders tief eingeprägt. Es war kurz nach Kriegsende, und ich war mit ihm beim alliierten Kommando in Bagnoli gewesen, wo wir versucht hatten, unser von den Engländern beschlagnahmtes Haus am Vomero zurückzubekommen. Auf einem sonnigen Weg stolperte mein Vater und fiel der Länge nach hin. Im ersten Augenblick befürchtete ich, er habe sich ein Bein gebrochen, und versuchte, ihn aufzuheben, aber es gelang mir nicht. Er war zu schwer für meine damaligen Kräfte, schließlich war er schon über sechsundsechzig und ich noch nicht einmal sechzehn. Ich sah mich in der Hoffnung um, jemanden zu entdecken, der mir hätte helfen können, aber die Straße war menschenleer.

«Setz dich hin und mach dir keine Sorgen», sagte er, «irgendwann kommt schon jemand vorbei. Ich glaube nicht, daß ich mir etwas gebrochen habe. Und überhaupt, warum sollen wir uns so beeilen: Das Haus haben wir ohnehin verloren... das Geschäft ebenso... Wir haben also gar nichts zu tun. Das Schlimme ist nur, daß ich zu alt bin, um neu anzufangen, und du bist noch zu klein, um meine Stelle einzunehmen. Vielleicht hätte ich doch früher heiraten sollen.»

Er nahm meine Hand und drückte sie: So blieben wir ein paar Minuten lang stumm sitzen.

Mama

Über meine Mutter habe ich in allen meinen Büchern geschrieben, und manchmal denke ich, dies hat mir Glück gebracht. Wer weiß, vielleicht hat sie für mich höheren Orts ein gutes Wort eingelegt? Nun, falls es dazu je eine Gelegenheit gegeben hat, so tat sie es bestimmt, das hätte ganz zu ihr gepaßt. Ich erinnere mich an eine scheinbar unbedeutende Geschichte, die sich vor vielen Jahren ereignet hat, als ich noch am Vomero wohnte: Wir saßen zu Hause im Wohnzimmer, und im Fernsehen sang Ella Fitzgerald *Tenderly*.

«Ich kann wirklich nicht verstehen», platzte meine Mutter nach einer Weile heraus, «warum die von der RAI so eine singen lassen! Gott, ich meine, wenn sie wenigstens schön wäre ... aber die da ist auch noch häßlich!»

«Na hör mal, Mama», antwortete ich, «'die da', wie du sie nennst, ist Ella Fitzgerald.»

«Das mag sein, wer will, aber meiner Meinung nach sollten die Neger für die Neger und die Weißen für die Weißen singen, denn warum hätte uns der Herrgott denn sonst mit verschiedener Hautfarbe geschaffen? Und da wir in Italien nun einmal weiß sind, sollen sie hier Nilla Pizzi singen lassen, sonst muß ich womöglich noch zu Feder und Papier greifen und an die RAI schreiben.»

Genau in dem Augenblick klingelte das Telefon: Es war die RAI mit einer Publikumsumfrage. Mama war am Apparat.

«Eine Frage», hob eine Frauenstimme an, «verfolgen Sie gerade das Fernsehprogramm?»

«Nein», erwiderte Mama, «ich gucke es an.»

«Und was gucken Sie an?»

«Das habe ich doch gesagt: das Fernsehen.»

«Gut, aber welches Programm?» fragte die Frauenstimme schon etwas ungeduldig weiter.

«Aha, ich habe verstanden: Sie wollen wissen, was ich sehe? Ich sehe die schwarze Sängerin.»

«Ella Fitzgerald? Dann sagen Sie mir bitte: Gefällt Ihnen diese Sängerin wenig, einigermaßen, gut oder außerordentlich gut?»

«Außerordentlich gut.»

«Danke.»

«Ich danke Ihnen. Wenn Sie wollen, können Sie mich ruhig jeden Abend anrufen: Manchmal schlafe ich ein wenig ein, aber meistens gucke ich bis zum Schluß...», fuhr Mama fort, die am liebsten ein Gespräch über die Programme angefangen hätte, aber das Fräulein von der Publikumsumfrage hatte schon aufgelegt.

Als sie sich wieder hingesetzt hatte, konnte ich mich nicht zurückhalten, sie wegen ihrer widersprüchlichen Äußerungen zu kritisieren.

«Vor zwei Minuten hast du hier noch protestiert und behauptet, du wolltest die Schwarze nicht hören, und jetzt sagst du, daß sie dir außerordentlich gut gefällt.»

«Ja, ich weiß», erwiderte sie, «aber wenn ich gesagt hätte, daß sie mir nicht gefällt, hätten die von der RAI sie entlassen, und das wäre nicht gerecht: Wo die doch schon so schwarz ist...»

Daher meine ich: Wenn Mama Ella Fitzgerald geholfen hat, wie sollte sie da ihrem eigenen Sohn nicht helfen?

Als junges Mädchen ging meine Mutter immer nur eine einzige Straße entlang, nämlich die von der Via Mancini zur Kirche der Madonna mit den drei Kronen: Etwas anderes, einmal eine Reise aus Neapel heraus, einen Ausflug mit ihren Freundinnen oder gar ein Tanzfest, gab es nicht. Von irgendwelchen Verlobten natürlich ganz zu schweigen. Sie hieß Giulia Panetta, war 1883 in der Duchesca geboren und mit Vierzig noch ledig. Auf der Straße wurde sie achtungsvoll gegrüßt, aber hinter ihrem Rücken tuschelten die Leute: «Keiner hat sie gewollt», als wäre es ein Verbrechen, daß sie keinen Ehemann gefunden hatte.

Mama hatte sich schon damit abgefunden, als alte Jungfer zu sterben, als im Haus meiner Großmutter ein über hundertfünfzig Kilo schweres Hünenweib auftauchte, das in ganz Neapel als Donna Amalia, die Krake, bekannt war.

«Hören Sie», sagte die Krake keuchend, nachdem sie sich schwerfällig in einen Sessel hatte fallen lassen, «ich kenne da einen sehr brauchbaren Mann. Eine wirklich sehr gute Partie für Ihre Tochter Giulia!»

«Sehr reich?» fragte meine Großmutter.

«Ich habe gesagt, brauchbar, ich habe nicht gesagt, reich», erklärte die Krake und fuhr fort: «Er hat bei niemandem Schulden.»

«Und wie ist er?» fragte meine Mutter dazwischen. «Ist er ein schöner Mann?»

«Er hat blaue Augen. Hier, sehen Sie selbst, ich lüge nicht. Da ist sein Foto.»

«Du liebe Zeit, ist der häßlich!» jammerte meine Mutter. «Der hat ja ganz weiße Haare, der ist uralt!»

«Meine Liebe, machen wir uns doch nichts vor, du bist ja auch nicht mehr die Jüngste», erwiderte die Krake. «Wahrscheinlich seid ihr für Kinder beide zu alt, aber ihr könnt euch wenigstens gegenseitig Gesellschaft leisten.»

Kinder kamen aber dann doch noch: Zuerst meine Schwester Clara und dann fünf Jahre nach der Eheschließung ich, der ersehnte männliche Erbe. So verdanke ich mein Leben wahrscheinlich der professionellen Erfahrung der Heiratsvermittlerin Donna Amalia.

Meine Mutter lehrte mich die strengste Konsumfeindlichkeit. Anstatt «Nichts wird geschaffen und nichts wird zerstört», hieß ihre Devise «Nichts wird gekauft und nichts wird weggeworfen». Sie bewahrte einfach alles auf, was ins Haus kam, und füllte die Schubladen mit lauter unnützen Dingen: leere Fadenrollen, Packungen mit verfallenen Medikamenten, Bleistiftstummel, leere Batterien, Parfümfläschchen ohne Parfüm, alte Notizbücher, Bindfäden. Wenn jemand gegen ihren Fimmel, alles aufzubewahren, protestierte, antwortete sie lächelnd: «Das kann man bestimmt noch brauchen», und das größte Glück für sie war, wenn jemand aus der Familie sie fragte: «Hast du zufällig ein Stück braunes Leder?»

«Kalbsleder oder Wildleder?»

«Wildleder.»

«Das habe ich, und wie: Du kannst selber in der zweiten Schublade der Kommode nachsehen, ganz hinten unter der Schachtel mit den abgelaufenen Kalendern.»

Die Ehe hatte sie nicht vom Glauben abgebracht, im Gegenteil, ihre Bindung an die Kirche wurde im Laufe der Zeit immer enger. Jeden Morgen Punkt sieben ging sie zur Kommunion, und jeden Morgen weigerte sich der Pfarrer, ihr die Beichte abzunehmen. Der Ärmste hatte sie sogar verwarnt.

«Donna Giulia», sagte er zu ihr, «wenn man keine schlimmen Sünden begangen hat, ist es eine Sünde, wenn man die Beichte ablegen will.»

«Dann habe ich Ihrer Meinung nach gestern gesündigt?»

«Sicher haben Sie gesündigt.»

«Dann müssen Sie mir also die Beichte abnehmen!»

Zu Hause hatte sie sich neben dem Ehebett einen kleinen Altar aufgebaut (eine Marmorplatte und einen Betstuhl), wo zwischen Votivkerzen und vertrockneten Blumen die Fotos aller Verstorbenen der Familie an der Wand hingen.

Für jeden Verstorbenen betete sie jeden Abend zwölf Gebete. Da sie aber kein Latein konnte und schon über ein halbes Jahrhundert lang immer dieselben Litaneien herunterbetete, waren die Wörter allmählich so verstümmelt, daß sie jeden Sinn verloren hatten. Jedes Gebet begann mit einem «requia materna» (anstatt *requiem aeternam*) und endete mit einem schönen «scatt inpace ammenn» (*requiescat in pace*, Amen), wobei sie das letzte Wort stets aussprach, als würde es mit zwei «M» und zwei «N» geschrieben.

Zu unserer größten Überraschung gesellte sich dann auch noch das Foto von Marilyn Monroe zu den Bildern der verstorbenen Familienangehörigen. Fortan gab es auch für sie zwölf Requiems.

«Das arme Ding», sagte Mama, «was hat sie für ein unglückliches Ende gefunden!»

Eines Morgens sah ich ihr vom Balkon aus nach, wie sie sich zur

Kirche aufmachte: Je weiter sie sich entfernte, desto kleiner wurde sie. Tatsächlich ist sie mit zunehmendem Alter immer kleiner geworden, so daß ich fast annehme, daß sie nicht gestorben ist wie andere Leute, sondern daß sie jeden Tag kleiner geworden ist, bis sie schließlich in ihr winziges Paradies der von der Zeit und dem vielen Küssen etwas abgenutzten Heiligenfigürchen und Fotos hineinpaßte und heute noch genau neben Marilyn Monroe in Winzigformat weiterlebt.

2. KAPITEL

Der Sex

Ich glaube, ich habe durch zwei Erfahrungen in meinem Leben begriffen, was Erotik ist: Bei der ersten war ich zehn Jahre alt und besuchte die Umberto-I-Schule von Neapel, die zweite hatte ich in den sechziger Jahren bei einer Ausstellung futuristischer Kunst.

Wie jeden Samstag war ich in der Matrosenuniform der faschistischen Jugend von zu Hause weggegangen. Ich befand mich noch auf der Straße, als ich von der Turnhalle her schon das Geschrei meines Turnlehrers Carosone (den wir wegen seiner karottenroten Haare Carotone nannten) hörte. Drinnen sah ich ihn umringt von den Schülern der 3b auf einem Podest stehen und wie ein Besessener brüllen. Seine Halsadern waren so geschwollen, daß man Angst haben mußte, sie würden jeden Moment platzen.

«Wehe euch!» schrie er. «Wenn ich das Schwein erwische, das diese Sauerei hier hinterlassen hat, reiße ich ihm den Arsch auf!»

Kraftausdrücke galten entsprechend der faschistischen Ethik als besonderes Zeichen von Männlichkeit, und Carotone hielt sich für einen Experten auf diesem Gebiet. Im Schulzimmer hätte er sich vielleicht etwas kontrolliert, aber hier in der Turnhalle und vor allem an einem Samstag gab es kein Halten mehr.

Die Jungen drängten sich um ihn und rempelten sich gegenseitig in höchster Erregung feixend an. Alle wollten die «Sauerei» sehen, die den Turnlehrer so rasend gemacht hatte. Ich drängte mich ebenfalls vor, konnte aber nichts sehen.

«Wir sind doch hier nicht im Puff!» polterte Carotone weiter. «Wir sind hier in einer faschistischen Turnhalle, und wenn das einer von euch vergessen haben sollte, trete ich ihm so lange in den Arsch, bis er sich daran erinnert! Kapiert?»

33

Ich bückte mich und entdeckte zwischen den Beinen der anderen Jungen hindurch etwas, das mir wie ein unschuldiger milchweißer Luftballon erschien, in Wirklichkeit aber ein Vorkriegspräservativ aus Gummi war, so dick wie ein Chirurgenhandschuh, bis zum äußersten aufgeblasen und mit einem Bindfaden zugebunden.

«Was ist denn passiert?» fragte ich einen aus der 3b.

«Das kannst du noch nicht verstehen!» antwortete der mit Kennermiene. «Dazu bist du noch zu klein!»

Da fing mein Herz so furchtbar stark zu klopfen an, daß ich befürchtete, die andern könnten es hören. Ich hatte Angst und fühlte mich gleichzeitig ganz merkwürdig erregt: Irgendwie hatte ich begriffen, daß da auf dem Boden etwas Geheimnisvolles lag, das mit Sex zu tun hatte.

Die zweite Erfahrung machte ich dann auf der eingangs erwähnten Ausstellung. Ich hielt mich bereits für einen reifen Mann und war überzeugt, alles über den Sex zu wissen, was man so wissen muß, als ich einem Freund aus meiner Kindheit begegnete, der sich leidenschaftlich für moderne Kunst interessierte.

«Heute wird in der Galerie ‹Zweitausend› eine Tastausstellung eröffnet», sagte er. «Die dürfen wir uns nicht entgehen lassen!»

Die Kunst der Futuristen hat mir, ehrlich gesagt, eigentlich nie gefallen: Da war kein Bild, kein Gedicht, kein Theaterstück, das ich wirklich mochte, und trotzdem habe ich sie, wer weiß warum, immer sympathisch gefunden. Daß sie die Schönheit da suchten, wo sie keiner suchte, systematisch mit der Tradition brachen und die ständige Erneuerung als Lebensbedingung ansahen, übte auf mich eine unwiderstehliche Anziehungskraft aus. Dasselbe ließ sich natürlich über jede Form der Avantgarde sagen: Die Kunst braucht immer Bahnbrecher, die der menschlichen Kreativität neue Perspektiven erschließen und es ertragen können, daß die Gemäßigten – wie zum Beispiel ich – dann das Gesicht verziehen.

Die Futuristen sagten: «Warum sollen nur das Auge und das Gehör ästhetische Freuden genießen? Warum hat sich kein Künstler je darum bemüht, auch dem Tastsinn ein wenig Lust zu bereiten? Was hat der Tastsinn euch denn Böses getan, daß ihr ihn so vernachlässigt?» Und so erfanden sie also das Tasttheater: Zwischen der Bühne und den Sitzreihen lief ein Band aus unterschiedlich rauhen Materialien hin und her: Seide, Jute, Samt, Frottee, Papier und alles mögliche andere. Der Zuschauer sollte gemäß ihrer wahnwitzigen Vorstellung mit verbundenen Augen dasitzen, um sich besser auf das konzentrieren zu können, was ihm da durch die Finger lief; gleichzeitig sollten einige Schauspieler, ebenfalls Futuristen, zu diesen Stoffen passende Geräusche erzeugen. Nun weiß ich nicht, ob diese Art Theater je verwirklicht worden ist, aber ich möchte doch bezweifeln, daß ein Publikum dafür freiwillig Eintritt bezahlt.

Aber kehren wir zu der Ausstellung zurück: Die Sammlung bestand aus großen Holzkisten, und die Besucher wurden gebeten, ihre Hände hineinzustecken. An folgende Titel kann ich mich noch erinnern: «Halbflüssige Unendlichkeit», «Ewigkeit», «Vorhölle Jugend», «Zielbahnhof». Im Innern der Kiste waren die verschiedensten Gegenstände versteckt: Nägel, nasse Tücher, Bürsten, Watte, Wäscheklammern. Wer seine Hand in einen dieser Behälter steckte, mußte unwillkürlich lachen. In einem Werk mit dem Titel «Schuldgefühl» war ein volles Marmeladeglas ohne Deckel versteckt. Jedesmal, wenn ein Besucher da hineinfaßte, gab es einen Lacherfolg bei den Anwesenden. Das Ganze war fast eine Art Vergnügungspark.

Mitten im Ausstellungssaal thronte eine Skulptur mit dem Titel «Erotik». An den Namen des Künstlers kann ich mich nicht mehr erinnern, an das Objekt dafür um so besser. Es handelte sich um eine quadratische, etwa vierzig auf vierzig Zentimeter große und fünf Zentimeter dicke Gummiplatte. In dieser Gummiplatte befanden sich, jeweils in Sechserreihen angeordnet, sechsunddreißig Löcher. Auf einem Schild stand: «Stecken Sie einen Finger in Ihr Lieblingsloch, aber vorsichtig, denn in einem der Löcher verbirgt sich ein mit der Spitze nach oben gerichteter Nagel.» Ich steckte unverzüglich meinen Zeigefinger in das erste Loch oben links, und da ich darin keinen Nagel fand, begann ich ganz vorsichtig, auch alle anderen Löcher zu erforschen: Je weiter ich damit vorankam, desto größer wurde meine Angst, mich in den Finger zu stechen. Erst ganz am Schluß, als mir bewußt wurde, daß es in keinem einzigen Loch einen Nagel gab, verstand ich, was der Künstler hatte sagen wollen.

Die Erotik ist wie ein dunkler Raum, den man voller Neugier und mit einem bißchen Angst betritt. Erotik ist das raschere Herzklopfen bei der Begegnung mit dem Mysterium. Erotik ist, wenn man zur Eroberung Amerikas aufbricht, ohne genau zu wissen, ob es auf der anderen Seite auch wirklich ein Amerika gibt. Erotik ist der Besitz der geliebten Person vermischt mit der Angst, sie zu verlieren. Erotik ist die ständige Suche nach der Grenze.

Ich frage mich, ob die heutige Jugend dank der veränderten Sitten wirklich so viel mehr über Sex weiß als wir damals Ende der vierziger Jahre. Wir bezogen unsere Informationen aus *Mammiferi di lusso* und *Lady Chatterley's Lover*, zu deren Lektüre wir uns auf dem Klo einschlossen, aber weder Pitigrilli noch Lawrence konnten uns mangelnde persönliche Erfahrung ersetzen. Eine von Kopf bis Fuß nackte Frau haben wir, ehrlich gesagt, nie gesehen. Die Glücklichsten hatten durchs Schlüsselloch den Busen des Dienstmädchens, wenn es sich gerade umzog, auch nur mehr erahnt als wirklich gesehen. Aber außer mit den nackten Frauen hatten wir auch große Probleme mit den bekleideten: Wenn wir zum Beispiel einen «Schwof» organisierten, gab es bei insgesamt vierzig Beteiligten nie mehr als fünf «Damen», die meist nicht gerade Schönheiten waren und außerdem immer schon vor acht Uhr abends zu Hause sein mußten.

Da es noch keine Discotheken gab, versammelten wir uns im Haus des am wenigsten Armen oder zumindest bei einem, der ein paar Mortadella-Brötchen und ein bißchen Sprudel auftischen konnte. Der Discjockey war kein Professioneller, wie das heute wohl so üblich ist, sondern einfach derjenige von uns mit den meisten Pickeln im Gesicht. Er erklärte sich nur deshalb bereit, das schwierige Amt des Plattenauflegens zu übernehmen, um überhaupt eingeladen zu werden. Die Aufgabe erforderte Geschicklichkeit und Konzentration. Der Ärmste mußte nämlich erstens die Platte vorsichtig in die Hand nehmen und durfte sie nie fallen lassen (die Schellackplatten zerbrachen beim leisesten Aufprall), zweitens nach jedem Schlager das Grammophon aufziehen, ohne die Kurbel dabei aber über den Punkt hinauszudrehen, an dem die Feder zersprang, drittens nach jedem zweiten Tanz die Nadel wechseln, viertens vermeiden, daß diese über die Platte kratzte und sie für alle Zeiten beschädigte.

Wir kannten nur zwei Rhythmen: Foxtrott und Slow. Beim ersten machten wir Rabatz, beim zweiten wurde der «Pflasterstein» probiert, das heißt, wir versuchten der Partnerin eng auf den Leib zu rücken, um herauszubekommen, ob sie «mitmachte oder nicht». Da sie regelmäßig «nicht mitmachte», wurde sie mit Dank für den soeben gewährten Tanz höflich wieder an ihren Platz geleitet. Die Umgangsformen für Tänzer wurden, außer natürlich dem «Pflasterstein», in entsprechenden «Tanzschulen für klassischen und modernen Gesellschaftstanz» gelehrt.

Wir haßten die melodischen Schlagersänger vom Typ Carlo Buti oder Oscar Carboni und begeisterten uns dafür für die erotischen Stimmchen des Trios Lescano. Was die Tanzkapellen betraf, waren wir in zwei Lager gespalten: Die einen mochten lieber Barzizza, die anderen Angelini. Von der älteren Generation trennte uns ein Abgrund: Mein Vater sah rhythmische Schlagermusik als einen Ausdruck des moralischen Verfalls an. Wenn er Ernesto Bonino *Conosci mia cugina* singen hörte, rief er «Afrika» und verließ aus Protest den Raum. Natalino Otto haßte er geradezu; der war in seinen Augen nur «ein großer Schuft und ganz und gar unwürdig, von einer staatlichen Rundfunkanstalt wie EIAR gesendet zu werden». Als er ihn zum erstenmal *Ritmo, ritmo, ritmo per favore* singen hörte, drohte er uns lapidar: «Ihr endet alle noch im Gefängnis», und redete mindestens eine Woche lang nicht mehr mit uns. Damit er nicht auch noch Mick Jagger erleben mußte, rief ihn Gott Ende der vierziger Jahre gnädigerweise zu sich!

Erst in der vierten Grundschulklasse erfuhr ich, wie Kinder entstehen. Die genauen Einzelheiten, auch die unwahrscheinlichsten, lieferte mir ein Mitschüler, ein gewisser De Matteis, Sohn eines Konservenfabrikanten, der von allen sehr darum beneidet wurde, daß er von einem Chauffeur im Auto zur Schule begleitet wurde.

Jeden Tag um eins fragte er den Schuldiener beim Hinausgehen: «Ist das Auto schon da?»

«Jawohl, junger Herr», erwiderte der Schuldiener und nahm Habtachtstellung ein (zu seiner Entschuldigung muß man allerdings sagen, daß er vom Papa De Matteis' sowohl an Ostern wie auch an Weihnachten ein paar ansehnliche Scheine erhielt, während unsere überaus knauserigen Eltern ihm nie auch nur eine Lira zusteckten).

Eines Tages verkündete mir De Matteis auf dem Klo die große Neuigkeit: «Ich weiß alles!»

«Was, alles?» fragte ich.

«Alles, alles!» erwiderte er und machte dabei mit den Fingern einen Geschlechtsakt nach: Er steckte immer wieder den rechten Zeigefinger in ein Rund, das er aus Daumen und Zeigefinger der linken Hand bildete. Und dann erzählte er mir, obwohl kein Mensch in der Nähe war, alles ins Ohr.

«Neeein!» rief ich ungläubig aus.

«Dooch!» erwiderte er wie elektrisiert. «Deine Mutter und dein Vater machen es auch.»

Bei der Vorstellung wurde mir gleich ganz übel.

«Und das ist noch nicht alles», fuhr De Matteis fort, «dann gibt's auch noch die Bubis!»

«Bubi» war die schlimmste Beleidigung, die man sich vorstellen konnte. Hatten wir einen ausfindig gemacht, war er erledigt. Er wurde sofort eingekreist und von einem «Bubii, Bubii» grölenden Chor nach Hause begleitet. Ich habe irgendwo gelesen, daß alle Individuen bisexuell geboren werden und sich erst im Laufe der Zeit in die eine oder andere Richtung spezialisieren. Also, ich bin ganz sicher, wenn ich als Junge auch nur die leiseste

38

Verführung gespürt hätte, wäre mir vor lauter Angst, nachher «Bubi» geschimpft zu werden, alles vergangen.

Zwischen vierzehn und achtzehn onanierte ich wie viele Jungen dieses Alters Abend für Abend von zehn bis Mitternacht mit großer Hingabe. Da es einfach unmöglich war, gleichaltrige Mädchen zu finden, die zu irgendeiner, auch nur oberflächlichen sexuellen Beziehung bereit gewesen wären, pflegte ich eben das «einsame Laster». Allerdings machten mir dabei der heilige Sebastian und Don Attanasio das Leben schwer.

In der Pfarrkirche von Santa Lucia gab es eine riesenhafte Darstellung des Martyriums des heiligen Sebastian. Ich kann mich an die Stricke, mit denen der Heilige an die Säule festgebunden war, an den zum Himmel gerichteten Blick des Märtyrers und an die wie Nadeln in einem Nadelkissen in seinem Körper steckenden Pfeile – vor allem an jenen, der seine Kehle durchbohrte, was mich am meisten beeindruckte – noch genau erinnern. Gut, es war kein großes Meisterwerk, aber als Kinderschreck konnte der heilige Sebastian es ohne weiteres mit jeder Figur aus einem Horrorfilm aufnehmen.

Pfarrer Don Attanasio war noch furchterregender als das Bild: Wenn ich zur Beichte kam, nahm er mir diese nicht nur im Stehen und außerhalb des Beichtstuhls ab, sondern er kam auch gleich zur Sache.

«Hast du unzüchtige Handlungen begangen?»

«Ja.»

«Allein oder zusammen mit anderen?»

«Allein.»

«Siehst du den heiligen Sebastian an?»

«Ja.»

«Dann hör mir mal gut zu: Jedesmal, wenn du es machst, wird der heilige Sebastian von einem Pfeil durchbohrt! Du bist doch ein elender Schuft, ein gnadenloser Flegel! Geh mir aus den Augen, damit ich dich nicht mehr sehen muß!»

«Und die Buße?»

«Drei Ave Marias für jeden Pfeil, der den heiligen Sebastian durchbohrt hat.»

Es gab acht Pfeile (einschließlich jenem, der ihm durch die Kehle ging), also dreimal acht ... vierundzwanzig Ave Marias.

Aber damit nicht genug: Der heilige Sebastian hat mich noch jahrelang verfolgt. Wenn ich mit einer Frau zusammen war, kam er mir regelmäßig im schönsten Augenblick mitsamt all seinen verdammten Pfeilen in den Sinn.

Gelegenheiten, uns zu erregen, gab es zahlreiche. In der Schule zeigten sie uns zum Beispiel jedes Jahr einmal den gleichen Film: *Prozeß und Tod des Sokrates* mit Ermete Zacconi, einen der langweiligsten Spielfilme, den Italien je hervorgebracht hat. Allerdings sah man gegen Ende des Films, kurz bevor Sokrates den Schierlingsbecher leert, sieben Maiden vor dem heiligen Schiff tanzen, und bei einer von ihnen, einer hübschen Blondine, zeichnete sich, als sie einen Lorbeerkranz zum Himmel emporhob, unter der Tunika der Busen ab. An der Stelle fingen dann die Wildesten unter uns mit ihrer Nummer an, wobei sie aber sehr darauf achten mußten, keinen Muckser von sich zu geben, da Carotone mit einem Riemen, den er beim leisesten Geräusch ins Dunkel sausen ließ, im Gang auf und ab wanderte.

Nun, es waren eben schwere Zeiten. Zum Glück gab es da noch das Foto mit dem Brustbild einer Schwarzen, das Onkel Luigi aus Ostafrika mitgebracht hatte: Wir tauften sie «Schwarzes Frätzchen» und verliebten uns in sie. Im Gesicht war sie nicht besonders, aber man sah beide Brüste, und das reichte schon, um unser Blut in Wallung zu bringen. Wenn Onkel Luigi in seinen Club ging, schlossen wir uns in seinem Zimmer ein, stellten das Foto senkrecht auf den Schreibtisch und betrachteten es in andächtiger Stille, die aber gar nicht so andächtig war, wofür der heilige Sebastian Zeuge ist.

Die Vernarrtheit in das Schwarze Frätzchen und in Afrikanerinnen im allgemeinen steigerte sich ins Unermeßliche, als wir bei einem Besuch der Übersee-Triennale den Bauchtanz der Abessinierin Manubia zu den rhythmischen Klängen von vielleicht zehn

Bongos sahen. Im ganzen Leben hätten wir uns nie vorgestellt, daß eine Frau einzig durch das Bewegen ihres Bauches, als hätte dieser eine eigene Seele, eine solche Sinnlichkeit ausdrücken könnte. Sogar Onkel Luigi, der doch schon ganz andere Darbietungen gesehen hatte, konnte den Ausruf: «Herr im Himmel, dem fehlt nur noch die Sprache!» nicht unterdrücken. So schufen die Titten des Schwarzen Frätzchens in Kombination mit Manubias Bauch bei uns die Grundlage für ein demokratisches und antirassistisches Bewußtsein, das uns auch heute noch begleitet.

Eines Tages bemerkte Onkel Luigi jedoch, daß sein Foto irgendwie ... wie soll ich sagen ... mitgenommen aussah, und er beschloß, es in eine Schublade seiner Kommode einzuschließen. Aber von einem so kleinen Hindernis ließen wir uns nicht entmutigen: Filuccio, der hochgeschossene und spindeldürre Sohn eines Portiers in der Via Marino Turchi, nahm die obere Schublade heraus, streckte seinen durch den Hunger in der Kriegszeit und durch sexuelle Erregung skelettartig abgemagerten Arm aus und zog das Foto mit den Fingerspitzen heraus. Da frage ich mich dann doch, ob ein Junge von heute, dem überall *Playboys* ins Auge springen, sich diese riesige Freude überhaupt vorstellen kann, die wir an jenem Tag empfanden, als es Filuccio gelungen war, das Foto des Schwarzen Frätzchens aus Onkel Luigis Schublade zu fischen?

Ich wurde volljährig, noch bevor die Freudenhäuser geschlossen wurden, und da ich mich nun einmal entschieden habe, die ganze Wahrheit zu erzählen, gestehe ich hiermit, daß ich sie auch aufgesucht habe. Allerdings muß ich sagen, daß ich nie ein Stammkunde gewesen bin, sondern im Gegenteil nur bei bestimmten Gelegenheiten und nicht gerade aus sexuellen Motiven dort war.

Es begann, als ich sechzehn war, großen Hunger hatte und von zu Hause keinen Pfennig zu erwarten hatte. Ein Schulkamerad namens Criscuolo, genannt der Kümmerling, führte mich in das Alkoholgeschäft ein.

«Komm mit zu meinem Onkel Alfonso. Ich rede mit ihm, stelle dich vor, sage, daß du ein Klassenkamerad bist, und das wäre doch gelacht, wenn er dir nicht auch Flaschen geben würde.»

«Ist das denn tatsächlich dein Onkel?»

«Du liebe Zeit!» antwortete der Kümmerling und verzog angewidert das Gesicht. «Alle nennen ihn Onkel, aber er ist niemandes Onkel. Früher war er Mesner in der Kirche San Domenico Maggiore, aber dann haben sie ihn hinausgeschmissen, weil er das Geld aus den Sammelbüchsen stahl. Da hat er das Schnapsgeschäft angefangen. Er stellt in Casavatore schottischen Whisky her. Die Arbeit ist einfach: Wir tragen die Flaschen in die Puffs, und er gibt uns pro Flasche zehn Lire.»

Die Arbeit war ganz und gar nicht einfach, vor allem deshalb, weil man ständig Gefahr lief, von der amerikanischen MP geschnappt zu werden und wegen Verkaufs von verfälschten Produkten im Gefängnis zu landen.

Onkel Alfonso war ein Zwitter, halb Pfarrer und halb Camorraboss: Er trug eine Brille wie ein Bücherwurm und hatte eine heisere Stimme wie ein Hafenarbeiter. Während er in bestimmten Augenblicken voller Sorge um unsere Moral schien, konnte er uns im nächsten Moment schon mit dem Tod drohen, falls wir ihn auch nur um eine einzige Lira betrügen würden …

«Also Jungs, hört gut zu: Wenn ihr in die Puffs geht, seht euch da nie um. Bekreuzigt euch, guckt immer schön auf den Boden und übergebt die Flaschen der Madame. Vorschrift Nummer eins: Gebt die Flaschen nicht aus der Hand, bevor sie bezahlt worden sind. Vorschrift Nummer zwei: Merkt euch die Preise! Neunhundert Lire für die Kiste Whisky, siebenhundertachtzig für die Kiste Gin! Vorschrift Nummer drei: Vergeßt nicht, die leeren Flaschen mitzunehmen. Vorschrift Nummer vier: Schaut nicht auf die Flittchen, sondern aufs Geld. Wenn die Abrechnung nachher nicht stimmt, kriegt ihr Prügel! Vorschrift Nummer fünf: Trinkt nie von Onkel Alfonsos Old Scotch, der ist das reine Gift! Ein Schluck, und ihr fallt sofort tot um!»

«Aber die Amerikaner trinken ihn doch auch!»

«Ja, aber denen passiert nichts, weil das keine Christenmenschen sind!»

Entgegen Onkel Alfonsos Vorschriften guckten wir natürlich, und wie! Einmal durchquerte ich mit der Ausrede, den Whisky in die Küche tragen zu wollen, das ganze Puff. Auf einem Sofa saßen drei amerikanische Soldaten, darunter ein farbiger Sergeant, und warteten auf die «Fräuleins». Im Gang begegnete ich einer Riesenmadame im reichverzierten Negligé, die *Allein gehe ich durch die Stadt* sang. Ihre Schenkel waren nackt, und unter dem flatternden Negligé sah man ihre schwarze Spitzenunterhose.

In der Küche war noch eine, die gerade Kaffee kochte: Sie hieß Ketty, war sehr viel hübscher als die auf dem Gang und hatte einen Bubikopf. Sie sah mir zu, wie ich die Flaschen ablud und sagte: «Schau mal an, was für ein hübsches Kerlchen! Den möchte man ja gleich vernaschen!» Dies war jedenfalls das erste Kompliment, das ich von einer Frau erhielt.

Ketty trat in meine erotische Phantasiewelt und beherrschte sie lange Zeit. Ich träumte mit offenen Augen von diesem Fräulein mit dem roten Mund und dem einladenden Blick. Ich dachte weniger an den Geschlechtsakt als daran, wie ich ihre Brüste küßte und mich von ihr streicheln ließ. Ich träumte, daß ich reich und berühmt wäre (und sogar eine Isotta Fraschini hätte) und sie mit der Selbstsicherheit des Stammgastes besuchte. Ich würde dann sagen: «Sagt der Ketty, daß ich da bin», und einen Brillantring hätte ich ihr auch geschenkt.

Von nun an begann ich die Jahre, die Monate und die Tage bis zu meinem achtzehnten Geburtstag zu zählen. Filuccio war schon mit sechzehn einmal dort gewesen. Angeblich hatte er sein Geburtsdatum mit Hilfe von Tintenfleckenentferner gefälscht und keiner hatte etwas gemerkt. Allerdings rasierte sich Filuccio schon und war mindestens eine Handbreit größer als ich. Aber ich hätte auch viel zu große Angst gehabt, einen gefälschten Ausweis vorzuzeigen: Bei meinem üblichen Pech hätten sie mich bestimmt gleich beim ersten Versuch geschnappt. Man hatte mir erzählt, daß die Polizei sofort meinen Vater informieren würde, wenn sie mich erwischte, und da hätte ich ebensogut gleich Selbstmord begehen können.

Dann wurde ich achtzehn und erlebte endlich die heißersehnte Initiation. Ketty war inzwischen, nachdem man das System des zweiwöchigen Wechsels eingeführt hatte, wer weiß wo. Vielleicht hätte ich sie ja aufspüren können, wenn ich mich überall nach ihr erkundigt hätte, aber möglicherweise hatte sie ihre Arbeit ja aufgegeben und war jetzt verheiratet...

Von älteren Freunden begleitet, zog ich ins «98», das einzige neapolitanische Bordell, das für Amerikaner noch *off limits* war. Es war ein trüber Tag: Es regnete nicht, aber es sah nach einem Gewitter aus. Nicht, daß ich Angst gehabt hätte, naß zu werden (ich hatte ja auch Papas Schirm dabei), aber für einen so wichtigen Anlaß hätte ich mir einen milden Sommerabend gewünscht. Ich warf einen Blick zum Himmel und hatte den Eindruck, daß sich alle Wolken Neapels über der Via Nardones gesammelt hatten: Je weiter ich in dieser Straße voranschritt, desto tiefer hingen sie herab, um mich zu erdrücken. Wetten, dachte ich, daß ausgerechnet heute die Welt untergeht. Ein größeres Pech konnte man sich doch gar nicht vorstellen: auf dem Weg zu den Nutten in flagranti erwischt! Da wäre ich, ohne noch vors Jüngste Gericht zu kommen, direkt in der Hölle gelandet.

«Gleich gibt es ein Gewitter», raunte ich. «Vielleicht kommen wir lieber morgen wieder.»

«Es kann dir doch egal sein, wenn es regnet», sagte Nuzzo Neri grinsend. «Du mußt ja nicht im Freien bumsen!»

Ich sagte nichts, schon deshalb, weil ein apokalyptisches Donnern mir die Sprache verschlug. Die Fensterscheiben in der Via Nardones fingen wie von Panik ergriffen an zu zittern. Ich preßte meine hundert Lire für die Prostituierte fest in der Hand zusammen (zehn quadratische Banknoten zu zehn Amlire*, die ich in den letzten drei Monaten mühsam zusammengespart hatte) und dachte instinktiv an Don Attanasio, an den heiligen Sebastian und

---

* italienische Alliierten-Lira (Anm. d. Übers.)

an meinen Vater. Ich tröstete mich mit dem Gedanken, daß sie mich ja nicht würden dort hineingehen sehen.

Ich spannte den Schirm auf.

«Was treibst du da?» fragte Nuzzo. «Du machst den Schirm auf, obwohl es gar nicht regnet?»

«Es fängt gleich an.»

«Ich glaube, du hast einfach die Hosen voll», erwiderte er jetzt so richtig bösartig. «Du hast dich bepißt, und jetzt denkst du, es regnet.»

Allgemeines Gelächter verschlimmerte noch meine Schmach.

Das «98» hatte ein kompliziertes System von Mattglastüren, die verhinderten, daß ein Eintretender sehen konnte, wer gerade hinausging. Offenbar verwechselte ich die Türen und trat durch die falsche ein, durch jene, an der «Ausgang» stand. Eine zahnlose Alte hielt mich sofort auf: «Junger Mann, Sie haben sich in der Tür geirrt: Rein geht's da drüben!»

Der Schirm war verboten: Ich mußte ihn an der Garderobe abgeben. Dann verlangten sie meinen Ausweis. Ich zeigte ihn zitternd. Jemand sagte: «Setzen Sie sich!» und ich gehorchte sofort und wagte nicht einmal, den Blick vom Fußboden zu heben. Ich beneidete Nuzzo sehr, der im Gegensatz zu mir so ziemlich alle grüßte: die Garderobenfrau, die Gäste und die Fräuleins.

Die Prostituierte war häßlich und unsympathisch, und zwar ging das so, daß sie mich wählte, und nicht etwa ich sie. Ehrlich gesagt, saß da in einer Ecke eine, die mir gut gefallen hätte, und zwar schon deshalb, weil sie jünger und kleiner war. Ich wollte ihr gerade schon zuwinken, als diese Häßliche auf mich zukam, mich am Ärmel packte und mich mitzog.

«Geh zahlen und dann komm mit!» befahl sie und ging zur Treppe.

Ich hörte Filuccio, der mir ein anfeuerndes «Los!» zurief. Ich zog meine vom Schweiß schon ganz zusammengeklebten hundert Lire aus der Tasche und händigte sie wie in Trance einer gewissen Crudelia de Mont aus, die an der Kasse saß.

Wer weiß, warum einem beim Gedanken an ein Bordell als

erstes immer der Hintern der die Treppe hinaufgehenden Prostituierten und dann die blaugeränderten Kacheln im Korridor einfallen.

«Zieh die Hose aus!»

Ich zog sie aus, und nach einer kurzen Inspektion, um zu sehen, ob ich Küchenschaben oder sonstige Insekten an mir hatte, nahm sie eine FLIT-Spritze und pustete mir eine kalte Wolke Desinfektionsmittel zwischen die Beine. Damit schwanden auch die letzten Hoffnungen auf eine bereits sehr unwahrscheinliche Erektion.

«O je!» kicherte die Megäre, «da haben wir ja einen Rodolfo Valentino! Aber macht nichts, ich brauche sowieso dringend eine Pause. Jetzt ziehst du dich brav wieder an, mein Bübchen, und dann setzt du dich zehn Minuten lang ganz ruhig hier aufs Bett und hältst die Schnauze. Ich muß mir ohnehin die Bluse nachnähen, die hier aufgeplatzt ist. Aber unten sagst du nichts, sonst nehmen dich alle deine Freunde hoch und sagen, daß du ein Schlappschwanz bist, der keinen hochkriegt.»

Als ich wieder im Freien war, mußte ich mich übergeben. Die Freunde wollten wissen, wie es gelaufen sei, aber ich weigerte mich zu sprechen.

«Na ja», sagte Nuzzo Neri, der mich trösten wollte, «du hast ja bloß eine Scheißnummer abgegeben!»

Und Papas Schirm hatte ich auch vergessen.

Ein paar Jahre später studierte ich das Ingenieurwesen. Eine ganze Weile suchte ich kein Bordell mehr auf, oder höchstens am Tag der Immatrikulationsfeier, da bei solch wichtigen Anlässen ein «Besuch der Wallfahrtsorte» obligatorisch war. Dann lernte ich Agostino Belluscio kennen, der wegen seiner Löckchen Püppi genannt wurde, und damit begann die Periode der Pension Gianna.

Die Pension Gianna war ein Puff, in dem es ganz human zuging: Die Mädchen stammten alle aus Venetien, mit Ausnahme Concettinas, die in Aversa geboren war und die doppelte Funktion einer Prostituierten und Saalvorsteherin innehatte. Bei Gianna herrschte eine familiäre Atmosphäre, und hier gab es nicht den sonst üblichen vierzehntägigen Wechsel der Mädchen. Der Stammgast blieb einer einzigen Prostituierten «treu» und ging immer nur mit ihr ins Bett. Es gab da einen Gast aus Gallarate, einen gewissen Herrn Mario, der schon seit über sechs Jahren mit der Venezianerin Luisella verlobt war. Wenn er auf Geschäftsreise unterwegs war, rief er sie an und schrieb ihr Postkarten, und an Ostern und Weihnachten machte er ihr Geschenke. Luisella sah aus wie eine typische Fellini-Figur: Sie hatte zwei riesige Brüste vom Format der Provolone-Käse von Auricchio. Als Mario einmal über diese Brüste redete, schloß er die Augen und sagte: «Die sind meine Schweiz!»

Luisella und Mario waren so eingespielt, daß der gute Mann sogar seinen Schlafanzug, seine Pantoffeln und ein Wollhemd zum Wechseln in ihrem Zimmer deponiert hatte. Und manchmal lud Signora Gianna sie sonntags beide zum Essen ein.

Püppi hatte trotz seiner sage und schreibe dreiundzwanzig Jahre den zweijährigen Vorbereitungskurs noch immer nicht beendet: Er war mit der Chemie eingebrochen und hatte es danach nicht mehr geschafft. Schließlich versuchte sogar der Lehrstuhlinhaber Professor Bonifacio, ihn von dem Vorhaben abzubringen.

«Belluscio», sagte Bonifacio eines Tages, «wie oft hast du jetzt versucht, in Chemie durchzukommen?»

«Viermal.»

«Und ich habe dich viermal durchfallen lassen. Stimmt's, Bellù?»

«Das stimmt.»

«Also dann haßt du mich jetzt?»

«Du liebe Zeit, Herr Professor, das würde ich mir nie erlauben!»

«Also Belluscio, es hat doch keinen Sinn, daß du es leugnest: Du haßt mich! Und wenn du könntest, würdest du mich umbringen!»

«Aber wie sollte ich denn ...»

«Bellù, du hast die Wahl: Entweder du gibst zu, daß du mich am liebsten umbringen würdest, oder ich werfe dich aus dem Hörsaal.»

Nun versuchte Püppi, sich aus der Zwickmühle zu befreien, indem er einen Mittelweg vorschlug:

«Ehrlich gesagt, habe ich manchmal daran gedacht, aber dann habe ich es sofort bereut...»

«Nein, Bellù, du willst mich nicht verstehen», erklärte Bonifacio, «du mußt laut und deutlich sagen: ‹Ich würde Sie am liebsten umbringen.›»

«Ich würde Sie am liebsten umbringen», wiederholte Belluscio wie ein Automat.

«Dabei solltest du mir dankbar sein.»

«Ich sollte Ihnen dankbar sein?»

«Ganz richtig, mein lieber Belluscio, denn ich habe dich immer wieder durchfallen lassen, damit du das Fach wechselst.»

«Nach fünf Jahren?»

«Besser, du schreibst fünf Jahre in den Wind, als daß du noch einmal zehn Jahre einem Studienabschluß nachjagst, für den du nicht geschaffen bist. Belluscio, von Mann zu Mann muß ich dir ganz ehrlich sagen, daß du zum Ingenieur nicht geeignet bist! Vielleicht hast du das Zeug zu einem hervorragenden Arzt, zu einem Philosophen, einem Dichter, zu einem zweiten Giacomo Leopardi, aber bestimmt nicht zu einem Ingenieur! Warum willst du dann weitermachen? Warum willst du unbedingt gegen deine Natur vorgehen?»

«Weil mein Großvater Ingenieur war, weil mein Vater Ingenieur ist und weil sogar mein Onkel Ingenieur ist!» jammerte Püppi. «Ich kann doch nicht bloß wegen der Chemie mit einer Familientradition brechen... bei allem Respekt vor der Materie natürlich. Und schon gar nicht jetzt, da ich einen so tüchtigen Kollegen gefunden habe, der mit mir arbeiten will.»

Mit dem tüchtigen Kollegen war ich gemeint, und der Ort, an dem wir uns immer zur Arbeit trafen, war die Pension Gianna. Für diese zumindest etwas ungewöhnliche Wahl gab es drei Gründe:

Erstens bestand Bonifacio auf Anwesenheit im Unterricht, zweitens lag die Pension Gianna in der Via Mezzocannone, nämlich genau gegenüber der Fakultät für Chemie, und drittens bezog Püppi von Gianna ein kleines Gehalt, weil er die Buchhaltung ihres Etablissements führte.

Normalerweise studierten wir von acht bis eins. Wir hatten die Schlüssel sowohl vom Hoftor wie von der Haustür, gingen hinein und begannen zu arbeiten, ohne jemanden zu wecken. Wir genossen dort himmlische Ruhe.

Heute ist das Wort «Bordell» geradezu ein Synonym für Lärm, aber ich muß wirklich sagen, daß es keinen ruhigeren Ort auf der Welt gibt als ein Puff in den frühen Morgenstunden: Die Mädchen schlafen noch, das Telefon klingelt nicht, die Gäste können nicht herein, und alles ist still.

Gegen ein Uhr belebte sich das Haus. Als erste tauchte Signora Gianna auf: Sie setzte sich zu uns und verlangte die Abrechnung vom Vorabend. Und einmal im Monat machte ihr Püppi auch eine Aufstellung der «einfachen», «doppelten» und «halbstündigen» Leistungen der Prostituierten.

«Die Stefi hat wieder ausgesetzt!» beklagte sich dann etwa Gianna. «Dieses verflixte Mädchen hat einfach keine Begabung zur Nutte. Nicht, weil sie nicht schön genug wäre, bestimmt nicht, aber sie macht alles lustlos, und das merkt der Kunde.»

«Und könnten Sie sie nicht ein wenig anleiten?»

«Das mache ich doch», seufzte Signora Gianna, «aber auch für dieses Gewerbe braucht man Intelligenz, und diese treue Seele ist leider ein bißchen einfach! Theoretisch müßte ich sie sofort hinauswerfen, aber sie ist eben die Tochter einer sehr lieben Freundin, mit der ich im Norden über zwanzig Jahre lang zusammengearbeitet habe. Sagt selber, kann ich sie da einfach auf die Straße setzen? Ich habe ja immer zu ihrer Mutter gesagt: ‹Schick sie bloß nicht zu den Nonnen, da verdirbst du sie fürs ganze Leben!›»

Dann tauchten langsam die Damen auf, die meistens entweder im Schlafanzug oder im Morgenrock waren. Die eine brachte uns Milchkaffee, die andere blätterte neugierig in den Büchern, und wieder eine andere sah uns schweigend beim Lernen zu. Morgens wirkten sie alle hübscher als abends, wenn sie sozusagen in voller Montur waren. Wir wuchsen schließlich zu einer richtigen Familie zusammen: Püppi verlobte sich mit der Venezianerin, der Favoritin Signor Marios, und ich verband mich mit einem Mädchen namens Ernestina aus Mestre. Wir waren beide ungefähr gleich alt. Ihr verdanke ich alles, was ich heute über Sex weiß: Ohne Ernestina steckte ich wahrscheinlich immer noch in den Anfangsgründen.

Unsere Beziehung begann mit dem Schreibunterricht: Ernestina war Analphabetin, mußte aber zweimal im Monat ihrer Mutter schreiben. So kamen wir auf die Idee mit dem Tauschgeschäft. Sie selber hatte es mir vorgeschlagen: «Du bringst mir Schreiben bei, und ich lehre dich, wie man mit einer Frau schläft; die Briefmarken mußt aber du draufkleben, denn du bist der Mann.» Auch Signora Gianna gab uns ihren Segen: «Aber nur unter der Bedingung, daß ihr die Schweinerei morgens treibt, wenn keine Gäste hier sind!»

Ernestinas Mutter hatte offenbar keine Ahnung, welches Gewerbe ihre Tochter ausübte. Sie glaubte, Ernestina arbeite als Tänzerin in der vordersten Reihe in einer nicht näher beschriebenen Revue und sei ständig auf Tournee. Die arme Mutter schickte deshalb ihre Briefe immer postlagernd nach Neapel, und Ernestina ging jeden Montag nachsehen, ob etwas angekommen war. Da Ernestina breitestes Venezianisch sprach, mußte ich außer als Schreiber auch noch als Übersetzer herhalten. Ein von ihr diktierter Brief lautete etwa so:

«Liebe Mama, mir geht's gut und Du hoffe ich auch. Ich hab' massig Erfolg, grade heute wieder hat ein Zuschauer sehr geklatscht und sogar gewollt, daß ich's noch mal mache. Die Chefin ist sehr zufrieden mit mir und wird mich vielleicht in ein paar Monaten erhöhen. Was macht Lucia? Sag ihr, daß sie lernen muß, weil wenn man nicht lernt, muß man im Leben immer das machen, was die sagen, die gelernt haben. Liebe Mama, ich hab' Dich so gern, und wenn ich an Dich denke, erinnere ich mich, wie ich als Kind war, und dann könnte ich immer heulen. Deine Ernestina.»

Die Geschichte dauerte bis zur letzten Chemieprüfung. Bonifacio war an jenem Tag bester Laune und empfing Püppi mit einem Lächeln.

«Also gut, Belluscio, du hast gesiegt!» sagte er. «Diesmal lasse ich dich durchkommen. Ich bin zu jeder Schandtat bereit, nur damit du dich hier nie mehr blicken läßt.»

«Danke, Herr Professor, danke», erwiderte Belluscio, der seinen Ohren nicht traute.

«Machen wir es so, Bellù: Um ganz sicher zu gehen, stellst du selber die Fragen, die du willst.»

«Nein, Herr Professor, es ist besser, Sie fragen!»

«Gut, aber dann versuchen wir es mit ganz einfachen Fragen: Wo bist du denn besser vorbereitet, in der organischen oder in der anorganischen Chemie?»

«Das ist für mich gleich.»

«Ojeoje!» stöhnte Bonifacio auf. «Das fängt ja gut an. Aber gut, wenn du dich so prüfen lassen willst, dann versuchen wir jetzt einmal, die Formel von Saccharose zu schreiben.»

«Die Formel von Saccharose? An die erinnere ich mich genau.»

Püppi schnellte an die Tafel. Zuerst preßte er seine Hände an die Schläfen, als versuchte er, die Saccharose-Formel aus seinem Hirn herauszuquetschen, dann nahm er ein Stück Kreide und begann ganz oben links ein schönes $CHOH$ hinzuschreiben.

«CH_2OH», korrigierte Bonifacio.

«Ach ja, danke ... CH_2OH ...»

Und so ging es weiter. Püppi rang sich noch ein Kohlenstoffatom ab, und Bonifacio ließ es ihn wieder wegwischen. Nach langer Zeit, die allen wie eine Ewigkeit erschien, stand das Saccharose-Modell endlich vollständig da.

«Und damit hätten wir nun, Gott sei's gelobt, die Saccharose», seufzte der Professor und wischte sich mit einem Taschentuch den Schweiß ab. «Und wie nennen wir sie denn in der Praxis...?»

«He?»

«Bellù», fragte Bonifacio noch einmal, «was ist Saccharose?»

«Ich verstehe nicht, Herr Professor. Was wollen Sie denn jetzt wissen?» fragte Püppi völlig verstört.

«Ich will wissen, wie man Saccharose im Alltag nennt!»

«Die Saccharose?»

«Ganz richtig, mein Herr, die Saccharose», wiederholte der Professor mit stetig wachsender Nervosität.

Püppi antwortete nicht. Er begriff, daß die Prüfung schiefgelaufen war und daß Bonifacios Stimmung sich verändert hatte. Leider fiel ihm nicht ein, daß Saccharose und Zucker ein und dasselbe sind, so wiederholte er immer nur wie ein Idiot: «Die Saccharose... die Saccharose...», bis ihm der Professor schließlich eine letzte Brücke baute.

«Bellù», sagte Bonifacio geradezu flehentlich, «trinkst du denn morgens nicht Milch?»

«Doch.»

«Und was tust du da in deine Milch?»

«Brot», erwiderte Püppi treuherzig.

«Da mußt du noch sehr viel Brot essen, bevor du in Chemie durchkommst!» platzte Bonifacio heraus. «Bei mir jedenfalls nicht! Hast du verstanden, Bellù! Bei mir im ganzen Leben nicht!!!»

Belluscio kehrte an jenem Morgen mit Tränen in den Augen in die Pension zurück, und die Venezianerin nahm seinen Lockenkopf und verbarg ihn zwischen den mächtigen Provolones.

«Püppi, wein doch nicht! Wozu brauchst du die Chemie, solange es hier die Venezianerin gibt, die dich so gern hat!»

3. KAPITEL

Die erste Liebe

Die erste Liebe ist mir viermal begegnet, und zwar in jedem Lebensalter einmal: Zuerst erlebte ich die erste Liebe als Kind, dann als Heranwachsender, als junger Mann und schließlich als Erwachsener. Nun hoffe ich, daß meine erste Liebe als alter Mann nicht mehr allzu lange auf sich warten läßt.

Wenn ich meine, viermal die erste Liebe und nicht vier verschiedene Lieben erlebt zu haben, so deshalb, weil ich mich, so glaube ich zumindest, immer in dieselbe Person verliebt habe, das heißt in ein etwas launisches Mädchen, das wie die Göttin Tethys, die sich nicht von Peleus beherrschen lassen wollte, immer wieder einen anderen Namen und ein anderes Aussehen annahm. Und so erschien es mir einmal mit roten Haaren, ein anderes Mal mit grünen Augen, dann mit schwarzem Haar und beim letzten Mal schließlich mit Lippen, so rosig wie Korallen. Dagegen bin ich (das weiß ich genau) nie derselbe Mann gewesen: Der Luciano, der sich mit neun Jahren unsterblich in Lilly verliebte, hatte außer seinem Namen nichts gemein mit den anderen Lucianos, die nach ihm kamen und sich einer nach dem anderen mit neunzehn, mit neunundzwanzig und mit einundfünfzig Jahren verliebten. Daher ist dies nicht die Geschichte von einem Mann und vier Frauen, sondern die von einer Frau und vier Männern, die allesamt in sie verliebt waren.

John Keats, der englische Dichter aus dem 19. Jahrhundert, der als erst Fünfundzwanzigjähriger starb, entdeckte eines Tages auf einer griechischen Urne eine Darstellung der Ewigen Liebe. Es handelte sich um ein junges Mädchen und einen jungen Mann, die einander aus diametral entgegengesetzten Richtungen verfolgten. Da die Urne rund war und die Zeichnung ganz symme-

53

trisch, ließ sich nicht sagen, wer nun hinter wem herlief. Es war nur deutlich zu erkennen, daß alle beide gleichzeitig das Bedürfnis hatten, zu fliehen und den anderen zu verfolgen. «Heard melodies are sweet, but those unheard are sweater»*, seufzt der Dichter und schließt: «Bold Lover, never, never canst thou kiss ... for ever wilt thou love, and she be fair».**

Um besser zu verstehen, wer diejenige ist, die vor mir flieht (oder die mir nachläuft), und um herauszubekommen, wie sie eigentlich ist, diese – wie Keats sie nennt – «unangetastete Braut des Schweigens», werde ich jetzt einmal versuchen zu erzählen, wie es mir bisher mit ihr ergangen ist.

Lilly

Ich verliebte mich, wie gesagt, zum erstenmal mit neun Jahren: Sie war ein Jahr jünger als ich, und wir wohnten beide in der Via Marino Turchi 31 in Santa Lucia; ich im dritten Stock, sie im fünften. Die Begegnung fand auf dem Hof statt. Lilly hatte rote Haare, Sommersprossen und Zöpfe. Eine ganze Weile geschah nichts: Ich stand in einer Ecke und sah ihr zu, und sie fuhr auf ihren Rollschuhen herum, als wäre ich gar nicht da. Dann bemerkte sie mich plötzlich, und von da an glitt sie jedesmal, wenn sie an mir vorüberkam, etwa zehn Meter weit ohne mit den Rollschuhen weiterzutreten bewegungslos dahin. Sie sah mich dabei nicht an, kam aber jedesmal ein bißchen näher, und bei jeder Runde zuckte mein Herz stärker zusammen wie bei einem Schlagzeugsolo; je mehr Kreise sie zog, desto ewiger wurde meine Liebe zu ihr.

Schon nach wenigen Tagen waren wir unzertrennlich, und ich begann mich bald wie ein offizieller Verlobter zu verhalten. Ich ließ sie nicht aus den Augen und wurde eifersüchtig, wenn

---

* «Süß sind die gehörten Melodien, aber die ungehörten sind noch süßer.»
** «Kühner Liebhaber, nie, nie kannst du küssen ... auf ewig wirst du lieben und wird sie schön sein.»

irgendein anderer kleiner Junge das Wort an sie richtete. Ich kann nicht genau erklären, weshalb ich so in sie vernarrt war, jedenfalls war Lilly so vollkommen anders als alle anderen kleinen Mädchen, die ich bis dahin kennengelernt hatte, daß ich einfach von ihr fasziniert sein mußte. Wahrscheinlich kam diese Andersartigkeit vor allem durch den Einfluß der Mutter, die Ägypterin war, aber eine Ägypterin englischer Herkunft. Die Gewohnheiten in ihrer Familie fand ich umwerfend: So durften Lilly und ihr Bruder zum Beispiel zu Hause über alles reden, was sie wollten, was meiner Schwester und mir nie erlaubt wurde, außer wir hatten über 38 Grad Fieber.

Eines Tages sagte Lilly zu mir: «Morgen feiere ich meinen Geburtstag, komm um vier Uhr zu mir herauf.»

«Deinen Geburtstag!» antwortete ich hoch erstaunt. «Und der wird gefeiert?»

«Sicher. Feierst du denn deinen Geburtstag nicht?»

«Nie! Ich bekomme im ganzen Jahr nur zwei Geschenke: eines zum Namenstag, und eines bringt die Befana am Dreikönigsfest.»

«Und an Weihnachten?»

«Da wünschen sie mir fröhliche Weihnachten.»

«Gut, aber was legen sie dir unter den Baum?»

«Nichts, und außerdem haben wir gar keinen Baum, sondern bauen die Krippe auf.»

«Und du bekommst kein einziges kleines Geschenk?»

«Nein, aber wir essen mehr als sonst, und ich darf mir dann auch das Feuerwerk ansehen.»

Lillys Geburtstagsfeier war großartig: Alle Kinder saßen am Tisch und wurden wie Erwachsene bedient. Zum erstenmal in meinem Leben trank ich Schokolade (bis dahin hatte ich nicht einmal gewußt, daß man Schokolade auch trinken kann). Jeder hatte an seinem Platz ein Tischkärtchen mit seinem Namen darauf und daneben ein buntes Päckchen mit einem persönlichen Geschenk. Am Ende der Einladung wurden alle Lichter gelöscht und die Geburtstagstorte mit brennenden Kerzen hereingebracht. Ich war sprachlos: Feuer am Tisch! Heute gibt es, glaube ich, kein einziges Kind mehr, das über eine Torte mit Kerzen staunt, aber damals war das etwas anderes. Erst nach dem Krieg verbreiteten sich auch bei uns einige angelsächsische Traditionen, wie etwa der Weihnachtsbaum und das Lied *Jingle Bells*.

Bei unserem Verlöbnis spielte der Sex natürlich noch keine Rolle, obwohl ich es dann eines Tages doch «probiert» habe.

«Ziehen wir uns die Hosen herunter», sagte ich zu ihr, «und dann gucken wir uns an!»

«Zieh du dich zuerst aus», antwortete sie.

Ich überlegte nicht lange und zog mir die Hosen herunter, aber nachdem sie mich in aller Ruhe betrachtet hatte, blieb sie ganz ernst und wollte es mir nicht nachmachen. Von da an habe ich mich nie mehr als erster ausgezogen.

Aber dann wurde Lilly plötzlich ganz merkwürdig: Ihre Familie zog von einer Pension in die andere und änderte ihren Namen. Anfangs verstand ich diese ganze Geheimnistuerei nicht, aber dann erklärte mir jemand, daß sie Juden seien und daß es für sie sehr gefährlich wäre, wenn bekannt würde, wo sie wohnten. Lilly reiste ganz plötzlich und ohne sich von mir zu verabschieden nach Amerika ab. Ich weinte heftig: Hitler und Mussolini hatten meinen ersten Liebestraum zerstört.

Giselle

Neapel, Vomero, Jacopo-Sannazaro-Gymnasium, Oktober 1947: Ich ging in die Oberprima, sie war zwei Klassen unter mir und sechzehn Jahre alt. Ich sah sie jeden Morgen mit ihren von einem braunen Riemen zusammengehaltenen Büchern ankommen, stets gut gekleidet und sogar geschminkt. Dienstags hingegen traf ich sie Punkt halb elf in der Turnhalle: Um diese Zeit ging sie weg, und ich kam an. Mein Hauptproblem war, daß ich nicht rot werden durfte: Schon auf hundert Meter Entfernung brach in meinem Innern ein Feuersturm los, und je mehr ich versuchte, gleichgültig

56

zu wirken, desto heftiger loderte ich. Dann aber gewöhnte ich mich irgendwie daran. Es waren weniger ihre grünen Augen, die mich so verwirrten, als ihre Brustspitzen, die sich unter ihrem Turnhemd abzeichneten und gewiß nackt waren.

Eines Tages fühlte ich mich etwas mutiger als gewöhnlich und wagte es, sie anzusprechen.

«Wie heißt du?»

«Giselle, und ich wohne in der Via dei Mille.» Und dann fuhr sie gleich fort: «Die vom Vomero sind alle Rüpel.»

«Ich bin ja nicht vom Vomero.»

«Von wo bist du denn?»

«Ich bin von der Via dei Mille.»

«Ach, wie gut!» seufzte sie. «Ich hatte schon befürchtet, daß auch du vom Vomero stammst. Dann können wir uns ja morgen an der Piazza Amedeo verabreden und gemeinsam mit der Seilbahn hinauffahren.»

Ich wohnte gar nicht in der Via dei Mille, aber wie hätte ich ihr nach dem, was sie über die Leute vom Vomero gesagt hatte, gestehen sollen, daß meine Familie vor über einem Jahr dorthin gezogen war? Gut, ich hätte ihr erklären können, daß ich eigentlich von Santa Lucia stammte, aber wer weiß, welche Meinung sie von den Bewohnern von Santa Lucia gehabt hätte. Die Wahrheit ist, daß meine Geliebte ein wenig rassistisch war!

Das zweite Problem war, daß ich das Geld für die Seilbahn auftreiben mußte: Genau zwei Lire täglich (eine für die Auffahrt und eine für die Abfahrt) und außerdem auch noch ein bißchen Geld, um, was weiß ich, ein Eis oder Pralinen für sie zu kaufen. Ich stand jeden Morgen eine Stunde früher auf, um taufrisch zum Treffpunkt an der Piazza Amedeo zu erscheinen. Den ersten Weg abwärts hatte ich bereits zu Fuß hinter mir: Ich schoß den San-Francesco-Abhang hinunter und war in zehn, höchstens zwölf Minuten in der Via dei Mille. Wirklich schlimm war nur der Rückweg, wenn ich, nachdem ich sie bis nach Hause begleitet hatte, die elfhundertachtundzwanzig Stufen bis zum Vomero hinaufsteigen mußte, aber ich war jung, gesund und obendrein verliebt.

Im Jahr 1947 pro Woche zwanzig Lire zusammenzubekommen, war ein schwieriges Unternehmen. Als erstes landeten meine Schulbücher bei den Antiquariatsständen, dann opferte ich einen Jules Verne, den mir Onkel Luigi geschenkt hatte, und schließlich meine heißgeliebten Salgaris. Der Seeräuberzyklus reichte für zwei Wochen Seilbahn, *Minnehaha, die Skalpnehmerin* (roter Einband und Goldprägung) für drei Tage. Im Dezember war ich dann langsam am Ende: Ich sagte ihr, daß ich sie nur noch auf dem Hinweg begleiten könnte, da ich um eins zu einem Freund am Vomero müßte, um dort Hausaufgaben zu machen. Eines schlimmen Tages jedoch wurde mir schließlich bewußt, daß ich nichts mehr hatte, das ich noch hätte verkaufen können, und gab auf.

«Hör mal, Gisella...», hob ich mit gebrochener Stimme an.

«Giselle, bitte», korrigierte sie mich.

«Giselle, ich muß dir etwas Unangenehmes mitteilen: Mein Vater hat beschlossen, an den Vomero zu ziehen.»

«Na und? Auch wenn du umziehst, bleibst du doch immer einer aus der Via dei Mille.»

Das hat mich dann gerettet.

Den ersten Kuß haben wir uns in der Kammer gegeben, in der die Turngeräte verwahrt wurden. Es war an einem Dienstag, als wir Gymnastik hatten: Ich war etwas zu früh in die Turnhalle gegangen, und sie hatte sich etwas länger dort aufgehalten als nötig. Ich küßte sie inmitten von Speeren, Keulen und «Pferden» aus Kunstleder mit aller Heftigkeit, wagte aber nicht, ihre Brüste zu berühren. Und Gott allein weiß, wie gern ich das getan hätte!

Eines Tages erzählte uns unser Lateinlehrer Valenza von den Ruinen von Baia und daß man dort die Stimme des Gottes Merkur als Echo noch immer vernehmen könne. Da Baia nur zweiundzwanzig Kilometer von Neapel entfernt liegt, wurde für den darauffolgenden Sonntag sofort ein Schulausflug organisiert, an dem zu meiner riesigen Freude auch Giselles Klasse teilnehmen sollte.

Als wir uns dann im Tempel befanden, konnte kein Mensch Merkurs Echo hören, weil natürlich alle durcheinanderschrien, am lautesten unser Lateinlehrer, der absolute Stille verlangte, damit wir das Echo hören könnten: Die einzigen, die seinen Anweisungen folgten, waren Giselle und ich. Die Wahrheit ist, daß wir gar nicht anwesend waren: Im allgemeinen Gedränge hin und her geschoben, hatten wir nichts anderes im Sinn, als uns an der Hand zu halten und auf unsere Herzen zu hören. Merkur war mir vollkommen gleichgültig, ich suchte immer nur nach einer dunklen Ecke, einem geheimen Winkel, irgendeiner Felsspalte, um ihr einen Kuß geben zu können.

Am frühen Nachmittag fuhren wir nach Bacoli weiter, um die «Zimmer Agrippinas» zu besichtigen, und während dort alle Verstecken spielten, verdrückten Giselle und ich uns ans Meer. Unser Lateinlehrer sah uns, unternahm aber nichts, um uns aufzuhalten, und dafür ist ihm ewiger Dank sicher!

An einem sehr steinigen kleinen Strand legten wir uns nebeneinander. Es war Winter, weit und breit gab es keine Menschenseele, und wir konnten ungestört all die Küsse und Zärtlichkeiten tauschen, von denen ich in den letzten zwei Monaten geträumt hatte. Ich lag mit dem Rücken auf dem Boden, und sie bettete sich auf mich, um mich mit den Zeichen ihrer Zuneigung zu bedecken (oder vielleicht auch nur, um sich nicht schmutzig zu machen). Ich fühlte sofort einen heftigen Schmerz im Rücken: Ein kleiner Stein drückte mich genau zwischen den Schulterblättern. Ich sagte nichts, um den magischen Augenblick nicht zu zerstören, aber bevor wir gingen, hob ich den Stein unbemerkt auf und steckte ihn in die Tasche.

Dann kamen die Feiertage, und wir sahen uns nicht mehr so oft. Ich rief sie jeden Tag an, aber ihre Familienangehörigen sagten mir immer, Giselle sei nicht da. Ich verbrachte meine ganzen Weihnachtsferien damit, die Via dei Mille auf und ab zu wandern, und eines Morgens begegnete ich ihr endlich. Sie war sehr nett.

«Ciao, mon amour, wo hast du dich denn herumgetrieben, daß man dich nicht mehr sieht?» plapperte sie keck drauflos, als wäre ich derjenige gewesen, der vom Erdboden verschwunden war. Sie sah so hinreißend aus!

«Eigentlich nirgends», erwiderte ich mit gleichgültiger Miene. «Nur hier so...»

«Hör mal», fuhr sie ganz unbefangen fort. «An Silvester machen wir bei uns zu Hause eine Fete: Da kommen die Capeces und die Minutolos, die Caracciolos, die Torre Padulas, die Imperialis und die Pignatellis. Willst du auch kommen?»

Ich hatte keine Ahnung, wer die Capeces, Minutolos und alle die anderen waren, deren Namen sie genannt hatte, aber die Vorstellung, eine ganze Nacht an ihrer Seite verbringen zu können, elektrisierte mich so sehr, daß ich von dem Tag an vor Aufregung nicht mehr schlafen konnte. Ich war so glücklich, daß ich darüber ein schreckliches Detail fast vergessen hätte, nämlich ihre Frage: «Hast du einen Smoking?»

Natürlich hatte ich keinen, bejahte aber trotzdem, wie immer, wenn sie mir in die Augen sah.

Ganz Weihnachten war von der Smokingfrage überschattet. Mein Vater hätte mit gutem Recht am liebsten die Eltern des Mädchens angerufen, um ihnen seine Meinung zu sagen.

«Eine Schande», wiederholte er immer wieder. «Ganz Italien nagt hier am Hungertuch, und die feiern Feste im Smoking! Die müßte man doch glatt verhaften lassen!»

Meine arme Mutter hingegen hatte genau erfaßt, wie wichtig dieses Fest für mich war, und versuchte zunächst einmal, in der Verwandtschaft herumzufragen, ob uns jemand einen Abendanzug leihen konnte, aber außer Onkel Luigi, der sich gerade im Ausland aufhielt, hatte es keiner je zu einem Smoking gebracht. So beschlossen wir – natürlich, ohne meinem Vater etwas davon zu sagen –, zu einem Kleiderverleiher zu gehen.

In der Via Giordano am Vomero gab es eine Spezialfirma namens «Pecoriello und Söhne» für Gesellschaftskleidung und entsprechendes Zubehör. Ich kann mich nicht mehr genau erinnern, wieviel ein Pecoriello-Smoking im Jahr 1947 kostete, aber ich werde nie den Streit vergessen, der sich zwischen meiner Mutter und dem Kleiderverleiher entwickelte, als das Thema Kaution zur Sprache kam. Mama verstand diese Forderung als persönliche Beleidigung und verließ den Laden. Der Verleiher lief ihr auf der Straße nach und versicherte ihr, daß er ausnahmsweise diesmal auf die Kaution verzichten werde. Aber abgesehen davon gab es auch noch das Problem der Größe: Da ich mager war wie ein Fakir, hätte man bestimmt in ganz Neapel keinen Smoking aufgetrieben, dessen Hosen nicht an mir heruntergerutscht wären. Andererseits weigerte sich Cavaliere Pecoriello strikt, auch nur die kleinste Änderung an dem Anzug vorzunehmen. Schließlich einigten wir uns darauf, daß meine Mutter an der Hose hinten eine Naht anbringen sollte («aber um Gottes willen nur eine Heftnaht, nur eine Heftnaht!») und daß Pecoriello uns ohne Aufpreis ein Paar Hosenträger lieh.

Ich weiß, es fällt schwer, sich vorzustellen, daß ich einmal so mager war, aber es stimmt tatsächlich: Ich war damals so klapperdürr, daß meine Freunde mich «Auschwitz» nannten. Ich ging nie an den Strand, weil man bei mir alle Rippen zählen konnte. Heute ist es genau umgekehrt: Ich ziehe keine Badehose an, weil ich Angst habe, zu dick zu sein. Da muß ich mich doch wirklich fragen, ob es in meinem Leben je einen Zeitpunkt gegeben hat, zu dem ich gerade richtig war? Ich kann mich nicht daran erinnern: Es muß wohl irgendwann einmal im Winter gewesen sein.

Aber zurück zu Giselle und der Silvesterfeier 1947. Es war eine der schlimmsten Nächte meines Lebens: Sie liebte mich nicht mehr! In diesen verdammten Weihnachtsferien mußte irgend etwas geschehen sein ...

«Ciao, wie geht's?» sagte sie zur Begrüßung und richtete danach kein einziges Wort mehr an mich.

Ich kannte niemanden. Sie dagegen kannte alle: Sie lachte mit den Torre Padulas, schwatzte mit den Caracciolos, verbrüderte sich mit den Pignatellis und redete pausenlos über Leute, von denen ich noch nie gehört hatte. Im übrigen verstand ich nicht einmal richtig, worüber sie sprachen.

«Gestern abend», vertraute sie einem an, der ein total dümmliches Gesicht hatte, «habe ich den Sanfedele dabei erwischt, wie er es mit Annarita getrieben hat.»

«Tatsächlich?» erwiderte der Dümmliche. «Stimmt das denn, daß er mit der Aurelia seines Vetters groß angibt?»

Für mich war das alles sinnloses Gerede: Das einzige, was ich verstand, war, daß ich Gisella oder vielmehr Giselle verloren hatte. Der Strand von Bacoli verblaßte von einem Augenblick zum anderen zur bloßen Erinnerung. Nach Mitternacht fing sie dann mit einem Alten, einem Dreißigjährigen, einem gewissen Gian Filippo von Sonstwas, zu tanzen an. Ich traute meinen Augen nicht: Giselle, «meine» Giselle, einem solchen Gecken vollkommen hörig! Deshalb also hatte sie all diese Tage nichts von mir wissen wollen, deshalb also hatte sie sich am Telefon verleugnen lassen! Am meisten regte mich dabei auf, daß diese beiden schamlosen Personen sich nach den jeweiligen Tänzen nicht etwa trennten, sondern eng umarmt stehenblieben, bis die Musik weiterging. Dabei mußte man ja für jede Melodie zuerst das Grammophon aufziehen, die Nadel wechseln und den Arm so sorgfältig aufsetzen, daß die Platte nicht verkratzt wurde: eine Operation, die gut und gern zwei Minuten dauerte.

Da mußte ich doch irgendwie reagieren, bloß wie? Schließlich kam mir eine großartige Idee: Ich beschloß, auf die Terrasse hinauszugehen und das Wohnzimmer nicht mehr zu betreten. Dort draußen wollte ich so lange bleiben, bis sie mich hereinholen würde.

«Habt ihr Luciano gesehen?» würde sie dann alle Leute fragen.

«Welchen Luciano?»

«Luciano De Crescenzo ... den vom Vomero!»

«Nie von ihm gehört», würden sie ihr antworten.

Die Nacht war kalt, worüber ich mich natürlich freute: Durch die Kälte wurde mein Leiden noch gesteigert. In der Zwischenzeit legte ich mir schon die Antworten zurecht.

«Was treibst du denn hier draußen?» würde sie fragen.

«Jetzt erst fällt dir auf, daß ich nicht da war!» würde ich dann antworten und sie verbittert ansehen.

Leider aber kam sie nie. Statt dessen fing es an zu regnen, und trotzdem rührte ich mich nicht von der Stelle. Sehr gut, dachte ich, dann bin ich richtig klatschnaß, wenn sie kommt. (Ich könnte jetzt auch sagen, daß sich die Regentropfen mit meinen Tränen vermischten, aber ich sage es nicht.) Der Smoking von Pecoriello hing wie ein Fetzen an mir herab.

Am nächsten Tag kam mir der Stein von Bacoli in die Hände, und anstatt ihn wegzuwerfen, was ich schon gleich im ersten Augenblick hätte tun sollen, schrieb ich ein Gedicht darauf:

> Eiskalter kleiner Stein,
> Deinen Gestaden beraubt,
> Des innigen Kusses beraubt,
> mit dem das Meer dich bestürmte,
> vergiß jenen herrlichen Strand
> vergiß, wie auch ich vergesse.

Ich war eben noch jung.

Gilda

Über meine dritte erste Liebe zu reden ist für mich schwierig, wenn nicht gar unmöglich, da gerade erst siebenundzwanzig Jahre seit dieser Ehe vergangen sind und ich immer noch nicht recht weiß, was ich dazu sagen soll. Genau wie die Historiker brauche auch ich einen Zeitfilter, um die Gründe des Herzens zu verstehen, und schließlich geht es hier ja auch um meine Frau, da wird man mir vielleicht nachsehen, wenn es mir nicht gelingt, so ganz aufrichtig zu sein.

Als ich sie das erste Mal sah, trug sie weiße Kniestrümpfe und einen orangeroten Dufflecoat: Sie war siebzehn Jahre alt, ich neunundzwanzig. Drei Jahre Verlobungszeit und vier Jahre Ehe. Ich erinnere mich an all diese Jahre mit Vergnügen, außer an das letzte.

Unsere erste Begegnung verlief ungefähr so: «Wie heißt du?»
«Gilda.»

Als sie ihren Namen sagte, war es um mich schon geschehen, und ich verliebte mich in sie. Die Geschichte könnte auch hier enden: Alles übrige ist nebensächlich.

Meine Mutter war vom ersten Augenblick an gegen diese Ehe. Sie hatte sich für mich eine reiche Erbin erträumt, und Gilda, die Ärmste, hatte außer Schönheit und Intelligenz nichts zu bieten. Es gab anfangs endlosen Streit in der Familie. Mein Schwager, der über einen entwickelten Geschäftssinn verfügte, wandte ein, daß ein junger Mann, der vier Wohnungen besaß und den Diplomingenieur in der Tasche hatte, jede einwickeln könnte, sogar eine Millionärin.

Selbstverständlich heiratete ich trotzdem. Als aber dann nach vier Jahren die Trennung kam, sagten natürlich alle: «Ich habe es dir ja gleich gesagt» oder «Wer nicht hören will, muß fühlen», und ich konnte mich nur noch mit Sokrates trösten, der immer, wenn man ihn um Rat fragte, ob man nun heiraten solle oder nicht, antwortete: «Mach, was du willst, bereuen wirst du es in jedem Fall.»

Warum haben wir uns getrennt?

Weil so etwas eben vorkommt.

Als ich eines Morgens gerade beim Rasieren war, sagte meine Frau: «Ich gehe!»

Zuerst habe ich nicht verstanden, schon deshalb nicht, weil ich ihr den Rücken zuwandte.

«Warte noch fünf Minuten, dann komme ich mit», antwortete ich.

Dann drehte ich mich um und sah, daß sie einen Koffer in der Hand hatte. Sie wollte für immer gehen. Wir redeten, stritten und weinten (oder vielmehr: ich redete, stritt und weinte) und beschlossen, einen letzten Versuch zu wagen. Wir nutzten ein Reiseangebot, das mir IBM gemacht hatte, und flogen zusammen nach New York: zwei Wochen im Waldorf Astoria. Aber Gilda hielt es nicht aus, sie wollte schon nach einer Woche nach Italien zurück.

64

Wenn ich das so erzähle, könnte der Eindruck entstehen, daß die ganze Schuld bei ihr lag; in Wirklichkeit war diese, wie immer in solchen Fällen, bei beiden zu suchen. Die Wahrheit ist, daß wir eben beide noch nicht Sechzig und daher noch ziemlich unreif waren.

Der *day after* war wirklich schlimm: In der ersten Nacht ging ich zweimal den Corso Vittorio Emanuele hinauf und wieder hinab, das sind vier Kilometer hin und vier Kilometer zurück. Dann ging ich nach Hause mit dem festen Vorsatz, mir das Leben zu nehmen. Schon auf der Treppe wußte ich, daß ich nicht dazu fähig sein würde, aber der Gedanke daran verschaffte mir Erleichterung. Als Methode entschied ich mich für Gas: eine einfache, saubere Sache ohne Blutvergießen. Beim Gas muß man als einziges darauf achten, die Hauptsicherung herauszudrehen, damit niemand durch das Drücken auf den Klingelknopf (*sie*, die reuevoll nach Hause zurückkehrt) eine Explosion auslöst.

Sich einen Selbstmord auszumalen ist eine typische Unart von kleinen Jungen, die aus irgendeinem Grund bestraft worden sind. Sich den Schmerz der Eltern, die Tränen der Freunde, das Schuldbewußtsein jener vorzustellen, die sie zu der Unglückstat verleitet haben, bereitet ihnen höchstes Vergnügen. Ich als zumindest an Jahren reifer Mann brauchte eine etwas raffiniertere Inszenierung, vor allem aber eine schöne Selbstmordbegleitmusik. Das zweite Klavierkonzert von Rachmaninow schloß ich sofort aus, da es zu abgedroschen und auch zu romantisch war, was hätten da meine Freunde gesagt? Das Adagio von Albinoni? Noch schlimmer als Rachmaninow, das wurde ja bereits in den Kellerwohnungen gespielt. Ich brauchte etwas Zartes und zugleich Ungewöhnliches, ein raffiniertes Musikstück, das den Kenner verriet, so daß die Leute dann sagen würden: «Er ja, er war gebildet und sensibel, sie hingegen versteht überhaupt nichts von Musik.» Ich entschied mich für die vierte Sinfonie von Mahler unter der Leitung von Kubelik, allerdings erst ab dem dritten Satz, da sonst die Gefahr bestand, daß ich während des zweiten Satzes, der mir nicht gefiel, starb. Dann aber ergab sich die Schwierigkeit, daß es unter den

Platten mit fünfundvierzig Umdrehungen keinen Mahler gab, denn wenn ich die Sicherung herausschraubte, konnte ich ja den Stereoplattenspieler nicht benutzen, und der kleine Plattenspieler mit Batterieantrieb war für Langspielplatten nicht geeignet. Weiß Gott, so fragte ich mich, warum es unter den Fünfundvierzigern nichts Geeignetes für einen so endgültigen Schritt gab. So war ich gezwungen, das Vorhaben zu verschieben.

In der Zwischenzeit verfaßte ich Briefe, die man neben meiner Leiche finden sollte: einen an meine Mutter, einen an meine Frau, in dem ich ihr alles verzieh («was für ein guter Mensch Luciano im Grunde seines Herzens doch war!» sollten dann alle sagen), und einen an meine Tochter, den sie an ihrem achtzehnten Geburtstag lesen sollte. Vor allem der Brief an meine Tochter löste meinen Tränenstrom. Es ist furchtbar einfach zu weinen: Man braucht nur eine Träne fließen zu lassen, dann folgen die weiteren sofort nach. Man ist gerührt vom eigenen Weinen, und dann setzt ungefähr der gleiche Mechanismus ein wie bei Lawinen.

Fast ein Jahr lang war ich wie gelähmt: Ich kam nicht einmal auf den Gedanken, mit einer anderen Frau etwas Neues anzufangen. Dabei war ich mir im klaren, daß sich die Wiederaufnahme meines Sexuallebens nicht mehr lange hinausschieben ließ. In solchen Fällen kommt es leicht vor, daß man versucht, den Teufel mit dem Beelzebub auszutreiben. So wie es Rehabilitationszentren für Unfallopfer gibt, müßte es eigentlich auch Einrichtungen für gefühlsmäßig Geschädigte geben. Eines Tages sagte ein IBM-Kollege zu mir: «Warum versuchst du es nicht einmal mit der kleinen Lehrerin?»

Nur zwei Schritte vom Sitz der IBM in der Via Partenope entfernt konnte man einige der schönsten Prostituierten Neapels bewundern. Sie kamen normalerweise am späten Vormittag und setzten sich an die Tischchen der Bar *Caflisch* an der Uferpromenade. Sie waren so elegant und lässig, daß sie weniger wie Prostituierte, sondern eher wie junge Damen wirkten, die hier ein Sonnenbad nahmen. Vor allem eine hatte mein Interesse geweckt: beiges Kostüm, braune Krokodilledertasche, groß, mit Brille und braunen Haaren. Wegen der Brille nannten wir sie die «kleine Lehrerin». Ich faßte Mut und sprach sie an.

«Erlauben Sie?»

Sie antwortete nicht, sondern sah mich nur merkwürdig an. Unnötig zu sagen, daß ich höchst verwirrt war. Abgesehen davon, daß es immer schwierig ist, eine Prostituierte anzusprechen, befanden wir uns schließlich nur zwei Schritte von meinem Büro entfernt. Gut, es war ziemlich unwahrscheinlich, daß meine Kollegen um neun Uhr abends durch die Via Partenope kamen, aber wie oft war mein Chef nach dem Abendessen noch einmal in die Firma zurückgekehrt?

«Entschuldigen Sie», stammelte ich, «ich wollte wissen, wieviel ... und dann, ob die Sache ...»

«Hören Sie, Ingegnere», unterbrach sie mich lächelnd, «ich fürchte, daß die Sache, wie Sie das nennen, nicht geht.»

«Entschuldigen Sie, was haben Sie da gesagt?»

«Ich wollte sagen, daß es mit Ihnen wohl nicht klappt», erklärte die «kleine Lehrerin» sehr liebenswürdig. Und als sie sah, daß meine Verwirrung nur noch größer wurde, versuchte sie, etwas genauer zu erklären, was sie meinte. «Sehen Sie, ich arbeite ... wenn wir das einmal so nennen wollen ... hier bei *Caflisch*, aber ich gehe nur mit Leuten, die ich nicht kenne. Und Sie kenne ich nun eben schon seit eh und je, ich habe Sie schon gekannt, bevor Sie geheiratet haben. Ich kann mich auch noch erinnern, wie Ihre Frau und die Kleine Sie zur Essenszeit abgeholt haben. Übrigens habe ich sie jetzt schon lange nicht mehr gesehen.»

«Ach ja ... und deshalb bin ich ja auch ... ich lebe schon seit über einem Jahr getrennt.»

«Sollen wir nicht zusammen eine Pizza essen gehen?»

Ich wußte nicht gleich, was ich darauf antworten sollte.

«Keine Angst», fuhr sie fort, «da sieht uns niemand. Gleich hier hinter der Cappella Vecchia gibt es eine Pizzeria.»

Auf diese Weise half mir dann die «kleine Lehrerin» weiter, und zwar nicht als Prostituierte, sondern als Psychoanalytikerin. Wir verbrachten ein paar gemeinsame Abende, an denen ich ihr all meine Mißgeschicke erzählte; sie hörte mir stets sehr aufmerksam zu, gab mir nützliche Ratschläge, redete nie schlecht über Gilda, und vor allem, was das wichtigste war, sie bemitleidete mich nicht.

Nach ein paar Jahren verlangte Gilda die Nichtigkeitserklärung der Ehe. Da es damals in Italien noch keine Scheidung gab, bestand die einzige Möglichkeit darin, es bei der Rota Romana zu versuchen. Wir (das heißt sie, denn ich persönlich wollte ganz und gar nichts auflösen) setzten unsere ganze Hoffnung auf das «Fehlen der Einwilligung». Sie mußte mit anderen Worten die These vertreten, daß ihr Vater sie zur Ehe gezwungen hatte.

«Was hat Ihr Vater zu Ihnen gesagt?» fragte der geistliche Richter.

«Entweder du heiratest den De Crescenzo, oder ich jage dich aus dem Haus.»

«Und was haben Sie darauf geantwortet?»

«Nichts, denn damals war ich minderjährig und hätte ohne meine Familie nicht leben können.»

«Und der De Crescenzo hatte sich mit Ihrem Vater abgesprochen?»

«Ja, er hatte sich abgesprochen.»

«Also war Ihre Ehe keine Liebesehe?»

«Nein, es war eine Ehe nach Absprache.»

«Zwischen Ihrem Vater und dem De Crescenzo?»

«Ja genau, zwischen meinem Vater und dem De Crescenzo.»

Dabei war es doch eine Liebesheirat gewesen! Drei Verlobungsjahre, die wir Hand in Hand verbrachten, und wenn einer von uns sich nur ein wenig entfernte, lief der andere ihm gleich hinterher. Auch das erste Ehejahr verlief ganz wie bei Peynet. Unsere Flitterwochen wollten wir in Frankreich, in Nizza verbringen, aber unterwegs wurde ich so müde, daß wir nur bis Sestri Levante kamen. Es war am 11. August 1961, und in ganz Sestri gab es nicht einmal ein winziges Loch, in das wir uns hätten flüchten können. So verbrachten wir unsere erste Nacht im Auto auf dem Parkplatz eines Hotels. Als der Portier merkte, daß wir frisch verheiratet und auf Hochzeitsreise waren, lieh er uns Kissen.

Am meisten litt ich bei dem Prozeß darunter, daß man mich immer «der De Crescenzo» nannte. Auch sie sagte jedesmal, wenn sie gezwungen war, mich beim Namen zu nennen, «der De Crescenzo» und nicht einziges Mal einfach Luciano. «All die Liebesworte», hätte ich am liebsten zu ihr gesagt, «die Briefe, die Telefongespräche, die Zuwendungen und die Küsse, von wem kamen die denn sieben Jahre lang: vielleicht von dem De Crescenzo?»

Es war keineswegs so leicht, die Nichtigkeitserklärung der Ehe zu erreichen. Am aufwendigsten war die Zeugenvernehmung. Die Richter der Rota Romana befragten alle Leute, die uns und unsere Beziehung kannten, um die Richtigkeit unserer Aussagen zu überprüfen, und so waren meine Frau und ich gezwungen, eines Abends alle gemeinsamen Freunde zu versammeln und ihnen eine lange Liste der möglichen Fragen und Antworten auszuhändigen. Aber während sich unsere Freunde relativ leicht indoktrinieren ließen, war dies bei meiner Mutter ein Ding der Unmöglichkeit.

«Mama», fragte ich sie jeden Abend, «willst du, daß dein Sohn eine neue Familie gründet und nicht mehr allein durchs Leben geht?»

«Sicher will ich das, mein Herz!» erwiderte sie jedesmal und umarmte mich. «Wie kannst du daran zweifeln, daß ich als deine Mutter all dein Glück möchte!»

«Und du willst doch auch», fuhr ich mit sokratischer Beharrlichkeit fort, «daß ich eine neue Frau finde, mit der ich ein gemeinsames Leben führen kann?»

«Sicher, aber diesmal sucht dir deine Mama die passende Frau aus: eine schöne und tüchtige Ehefrau, nicht so eine wie die, unter der du so viel gelitten hast!»

«Dann hör mir jetzt einmal gut zu: Nächste Woche kommt ein Priester zu dir und verhört dich. Aber ich muß dir gleich eines sagen, Mama: Der verlangt von dir, daß du auf die Bibel schwörst!

Du mußt aber nun, wenn du mich wirklich gern hast, eine kleine Lüge sagen. Wir haben alle ausgesagt, daß Gilda mich nicht heiraten wollte, sondern von ihrem Vater dazu gezwungen worden ist.»

«Aber das stimmt doch nicht.»

«Das weiß ich ja, aber wir müssen das so aussagen, sonst bestätigen die Priester nicht das ‹Fehlen der Einwilligung›, und ohne dieses ‹Fehlen der Einwilligung› kann ich mich auch nicht neu verheiraten.»

«Und wenn ich mich verspreche?»

«Wenn du dich versprichst, sitzen wir alle miteinander in der Patsche: Wir, weil wir nicht heiraten können, und die Rota Romana, weil sie ein paar Millionen verliert, wenn sie die Nichtigkeitserklärung nicht aussprechen kann.»

Eine ganze Woche lang probten wir wie im Theater.

«Frau De Crescenzo», sagte ich, während ich ihre Hand ergriff und aufs Telefonbuch legte, «schwören Sie, daß Sie die Wahrheit sagen werden, die volle Wahrheit und nichts anderes als die Wahrheit!»

«Ich schwöre!»

«Stimmt es, daß Ihre Schwiegertochter Ihren Sohn nicht heiraten wollte und von ihrem Vater dazu gezwungen worden ist?»

«Das stimmt.»

«Und stimmt es, daß Ihre Schwiegertochter von ihrem Vater aus dem Hause gejagt worden wäre, wenn sie der Ehe nicht zugestimmt hätte?»

«Das stimmt.»

«Und daß Ihr Sohn sich mit seinem zukünftigen Schwiegervater abgesprochen hatte?»

«Das stimmt.»

Sie antwortete auf alles «das stimmt, das stimmt», aber als dann der Inquisitor kam und sie anstatt auf das Telefonbuch auf die Bibel schwören ließ, sagte sie die volle Wahrheit.

«Padre», platzte sie weinend heraus, «es stimmt ja nicht, daß ihr Vater sie gezwungen hatte, und es stimmt auch nicht, daß sie nicht wollte! Und wie sie wollte! Die einzige, die nicht wollte, war ich, und das ist die Wahrheit!» Und dann fuhr sie aus Angst, daß wir sie von draußen hören könnten, flüsternd fort: «Eine ganze Woche proben sie jetzt schon mit mir.»

Der Inquisitor hielt Mamas Aussage mit folgenden Worten fest: «Das Verhör der Mutter des De Crescenzo ergab nur bedeutungslose Aussagen, da die Dame bereits fünfundachtzig Jahre alt ist und unter beginnender Arteriosklerose leidet.»

Und auf diese Weise erreichten wir dann die Nichtigkeitserklärung.

Heute sind Gilda und ich sogenannte gute Freunde, aber ehrlich gesagt gefällt mir diese Definition nicht besonders: Meiner Meinung nach sind wir mehr als das.

Irenea

Irenea, Tochter des Hypnos und der Nacht, war eine Waldnymphe, die jenen im Traum erschien, die in den Wassern des Flusses Alpheos badeten. Ich lernte sie in Caserta bei den Dreharbeiten zu einem gemeinsamen Film kennen. Ich kann mich noch an das Schloß, an den Park und an die großen Säle erinnern, die sie wie eine Prinzessin durchschritt, als hätte sie schon ihr Leben lang dort gewohnt.

An einem Film mitzuwirken bedeutet für einen Schauspieler vor allem Warten: Von zehn Stunden muß man fast immer neun warten, um schließlich eine Stunde zu arbeiten. So hatte ich also genügend Zeit, sie kennenzulernen und ihr Gelegenheit zu bieten, mich kennenzulernen. Daraus entwickelte sich eine äußerst merkwürdige Geschichte, die ich auch heute noch kaum glauben kann.

Es war eigentlich weniger eine Liebesgeschichte, als eine geistige Besitzergreifung. Wir zogen uns am liebsten aus dem ganzen Durcheinander, das in den Kulissen herrschte, in eine Ecke zurück und tauschten Gedanken aus. Dabei redeten wir über alles mögliche: über Wissenschaft, Literatur, Philosophie und was uns sonst so in den Sinn kam. Irenea war außerordentlich wissensdurstig: An einem Tag erzählte ich ihr über das Leben des heiligen Simeon, an einem anderen über die Relativitätstheorie, und wieder an einem anderen erklärte ich ihr, warum ich glaube, daß die Spinnen die letzten Bewohner unseres Planeten sein werden. Sie beschrieb mir dafür die Orte, die sie gesehen hatte oder die sie noch zu sehen wünschte: die riesige Halde, auf der New Yorks Müll abgeladen wurde, einen Punkt vor der Bucht von Shannon, wo sich einmal im Jahr mehr als zweitausend Wale versammelten, die italienische Forschungsstation in der Antarktis, die Dörfer im Inneren Chinas, Mexiko von Vera Cruz bis Mexico City mit dem Jeep auf der Route von Cortez. Am Ende jeder Erzählung fragte sie mich immer: «Warum fahren wir da nicht einmal zusammen hin?» Und ich erklärte mich jedesmal einverstanden, gleichgültig, ob sie nun die dreißig Grad unter Null in der Antarktis oder die Riesenstechmücken am Äquator für uns aussuchte. Ich folgte ihren Vorschlägen blind und stimmte mich auf die jeweils geplante Reise ein: So beschaffte ich mir an einem Tag das Tagebuch von Diaz über die Eroberung Mexikos und an einem anderen eine Schallplatte mit den Gesängen der Wale im Pazifik. Unsere Beziehung schloß einen gewissen Austausch von Zärtlichkeiten nicht aus: Eines Tages sagte ich am Telefon zu ihr: «Ich mag dich sehr.» Und sie raunte zurück: «Auch ich mag dich sehr.» Vielleicht hat sie aber auch nur gesagt: «Auch mir geht's sehr gut.» Die Leitung war gestört.

Wir reisten dann aber weder nach China noch in die Antarktis oder an den Äquator, sondern fuhren nach Capri, und dies war trotz der geringen Entfernung gewiß die gefährlichste Wahl, die wir hatten treffen können. Capri ist ein ganz besonderer Felsen. Eines Tages wird bestimmt einmal ein spezieller Geigerzähler erfunden, mit dem sich die erotische Ausstrahlung dieser Klippen messen läßt, und dann wird sich ja herausstellen, daß kein Ort auf der Welt so erotisierend wirkt wie Capri. In über zweitausend Jahren haben sich Millionen von Menschen beim Anblick der

Faraglioni verliebt, und das läßt sich nur damit erklären, daß diese Klippen etwas ganz Besonderes ausstrahlen. Von dieser Theorie überzeugt, schleppte ich Irenea zum Aussichtspunkt des Monacone genau an die Stelle, wo die Zeit so lange stehenbleibt, wie ein Mann und eine Frau sich dort küssen.

«Liebst du mich?» fragte ich sie.

«Ja», erwiderte sie, «aber ich schäme mich deshalb.»

«Warum schämst du dich denn?»

«Weil ich mich vom Mond habe hereinlegen lassen: Ich finde das für eine ehemalige Achtundsechzigerin etwas lächerlich.»

«Gut, dann kommen wir ein anderes Mal wieder nach Capri, wenn kein Mond da ist oder wenn es in Strömen regnet, und dann frage ich dich wieder, ob du mich liebst.»

Wir kehrten nach Rom zurück, und von da an begann das Irenea-Geheimnis.

Alles fing mit einem Telefongespräch an.

«Luciano, könnten wir nicht irgendwohin zum Abendessen gehen, ich brauche ein wenig Ablenkung ... Nein, hole mich nicht im Hotel ab. Du weißt doch, da sind die Fotografen ... Treffen wir uns am Tiber ... um neun ... neben dem Zeitungskiosk am Largo Augusto.»

Im Auto war sie ganz zärtlich. Als wir dann im Restaurant saßen, sah sie mir tief in die Augen.

«Liebst du mich wirklich? Sagst du das nicht nur so, weil du einfach in die Liebe verliebt bist?»

«Wie kannst du daran zweifeln? Du weißt doch ganz genau, wie sehr ich von dir abhängig bin, ich halte mir jeden Abend frei, weil ich immer hoffe, daß du mich vielleicht im letzten Augenblick noch anrufst.»

«Also gut, wenn du mich wirklich liebst, dann bring mich von hier fort. Ich kann hier nicht mehr bleiben: Gehen wir nach Mailand, nach Paris, nach China, wohin du willst, Hauptsache weg von Rom.»

«Von mir aus können wir sofort abreisen: Entscheide du, wohin du willst.»

«Dann gehen wir nach Capri.»

«Morgen früh um zehn hole ich dich ab.»

In dem Augenblick kam ein Kellner an den Tisch und streckte ihr einen kleinen Briefumschlag entgegen.

«Das ist eine Nachricht für Sie.»

Irenea las den Zettel, dann erhob sie sich, ohne mir irgendeine Erklärung abzugeben, und sagte: «Entschuldige, ich muß mal telefonieren.»

Es vergingen zehn Minuten, eine Viertelstunde, eine Ewigkeit, und ich begann, mir Sorgen zu machen. Nach zwanzig Minuten hielt ich es nicht mehr aus und fragte nach dem Telefon. Man zeigte mir die Telefonkabine in einer Ecke der Vorhalle, aber dort war Irenea nicht. Als ich gerade wieder zu unserem Tisch zurückkehren wollte, sah ich sie von der Straße hereinkommen.

«Entschuldige», sagte sie wieder, «ich habe familiäre Schwierigkeiten. Was hatten wir jetzt zuletzt abgemacht?»

Das Klima hatte sich verändert: Capri lag in weiter Ferne. Auch der Tonfall ihrer Stimme hatte sich verändert. Natürlich kam mir der Verdacht, daß ein Mann dabei im Spiel war.

«Nichts Wichtiges», antwortete ich so gleichgültig wie möglich. «Wir hatten beschlossen, noch einmal nach Capri zu fahren. Wenn du das immer noch möchtest, hole ich dich morgen früh um zehn ab.»

Zuerst sagte sie nichts. Sie schälte einen Apfel und ließ mich im ungewissen, ob sie nun nach Capri wollte oder nicht, aber dann gab sie sich plötzlich einen Ruck, als wollte sie sich von etwas befreien, das sie bedrückte, und griff mich mit gesenktem Kopf an: «Hör mal, Luciano, ich glaube, wir beide haben uns nicht mehr viel zu sagen. Vielleicht wäre es besser, wenn wir uns eine Weile nicht mehr treffen würden!»

Von dem Abend an wurde unsere Beziehung immer schwieriger. Irenea wurde für mich so etwas wie Doktor Jekyll und Mister Hyde: An einem Tag war sie lieb, zärtlich und voller Aufmerksamkeiten, und am nächsten Tag wieder distanziert, kühl und auch ein wenig grausam. An einem Tag säuselte sie: «Liebster Luciano, verlaß mich nicht!», und am nächsten ging sie nicht einmal ans Telefon. Ich gewöhnte mich schnell daran, sie Irenea eins und Irenea zwei zu nennen, und jedesmal, wenn ich ins Hotel ging, um sie abzuholen, war ich gespannt, mit welcher von den beiden ich wieder herauskommen würde.

Nach ein paar Tagen klärte sich alles auf. Wir mußten beide aus beruflichen Gründen nach Bologna: Sie, um Lou Reed zu interviewen, und ich, um bei ich weiß nicht mehr welchem Rotary Club eine Auszeichnung abzuholen. Wir nahmen im Hotel Carlton zwei nebeneinanderliegende Zimmer, Nummer 222 und 224, und verabredeten, uns im Hotel wieder zu treffen, sobald wir unsere Verpflichtungen hinter uns gebracht hatten. Ich kehrte als erster zurück: Es war mir zur Enttäuschung der Rotarier gelungen, mich vor der Diskussion zu drücken und mit meiner Plakette unterm Arm zu verschwinden. Sie hingegen kehrte einfach nicht zurück: Mitternacht war längst vorbei; es wurde ein Uhr, zwei Uhr, und jedesmal fuhr ich beim kleinsten Geräusch des Aufzugs hoch. Ich sah auf die Uhr, wanderte ans Fenster, setzte mich in den Sessel. Meine Wut steigerte sich so sehr, daß ich, als sie endlich aus einem Taxi stieg, entschlossen war, ihr aus dem Weg zu gehen. Während sie mit dem Aufzug herauffuhr, stürzte ich Hals über Kopf die Treppe hinab.

Ich verließ das Hotel und streifte ziellos durch Bologna. Ja, und wem begegnete ich da auf der Straße? Tatsächlich Irenea, müde und niedergeschlagener denn je!

«Rette mich!» flehte sie mich an. «Bring mich fort von hier!»

Wir flüchteten noch in derselben Nacht und holten nicht einmal unser Gepäck aus dem Hotel ab. Am nächsten Morgen kamen wir am Argentario an und verlebten dort in der Cala Moresca vor Gott und den Menschen verborgen zwei Tage außerhalb von Raum und Zeit: Irenea, die ganz zärtlich und weich war, wollte mir die Strände von Uccellina und insbesondere eine bestimmte Strandpartie zeigen, an die sie sich voller Nostalgie erinnerte, da sie als Kind dort ihre Ferien verbracht hatte. Wir blieben am Rand eines Waldes stehen, der wundersam unberührt wirkte. Die einzigen Anzeichen von Leben waren Wildschweinspuren auf dem Sand. Im Schatten einer Strandkiefer erzählte mir Irenea ihr Drama.

Vor einigen Jahren, als sie sich vor tausend Verpflichtungen, Fototerminen, Interviews und Fernsehauftritten nicht mehr retten konnte, lernte Irenea ein Mädchen kennen, das «genauso» aussah wie sie. Diese ungewöhnliche Ähnlichkeit brachte sie auf die Idee, die Doppelgängerin anzustellen und sich von ihr gelegentlich vertreten zu lassen. Das Schlimme war nur, daß diese Frau, obwohl sie gleich aussah, einen furchtbaren Charakter hatte: Sie war kalt und rational und ließ während der Arbeit keinerlei Zerstreuungen zu. Schon nach kürzester Zeit hatte die übertüchtige Irenea zwei alles in der Hand: Sie entschied, was jeweils getan werden mußte, mit wem man sich traf usw. Selbstverständlich rangierte ich an erster Stelle der nichterlaubten «Zerstreuungen».

Nachdem wir vom Argentario wieder zurückgekehrt waren, begleitete ich Irenea am 9. Juni um elf Uhr zum Hotel Plaza in Rom, und das war glaube ich das letzte Mal, daß ich sie sah. An den folgenden Tagen versuchte ich wirklich alles, um sie zu treffen, aber es war einfach unmöglich: Stets antwortete ihre Doppelgängerin am Telefon, die immer wieder eine andere Ausrede fand, um nicht mit mir ausgehen zu müssen.

An ihrem Geburtstag organisierte ich ihr zu Ehren ein Fest bei mir zu Hause. Da konnte sie einfach nicht nein sagen. Während des ganzen Abendessens war sie reizend und liebenswert, und ich fragte mich tatsächlich, wer nun diese wunderschöne Frau war, die jedermann ein Lächeln schenkte: Irenea oder die Doppelgängerin? Meine Geliebte, die heute einmal freien Ausgang hatte (dafür aber schwören mußte, Distanz zu halten?), oder die niederträchtige Nummer zwei, die immer größere Vollkommenheit in der Kunst der Nachahmung erreichte? Ich ließ sie keinen Moment aus den Augen.

Sie fühlte sich beobachtet, drehte sich plötzlich zu mir um und fragte: «Warum siehst du mich so an?»

«Weil ich mich gerade erinnert habe, wie wir zusammen zum Wunder des heiligen Gennaro gegangen sind.»

«Ja und?»

«Weißt du noch, was du mir da ins Ohr geflüstert hast, als der Heilige sein Wunder tat?»

«Was denn?»

«Daß das Blut sich verflüssigte, weil die Gläubigen es mit allzuviel Liebe betrachteten. Und dann hast du noch hinzugefügt: ‹Wenn du mich mit ebensoviel Liebe ansiehst, dann zergehe ich für dich.› Ja, und jetzt sehe ich dich eben an.»

«Habe ich das wirklich so gesagt?»

Nein, das war sie nicht: Die wirkliche Irenea hätte mir etwas ganz anderes geantwortet.

Am nächsten Tag flog sie nach Amerika ab, und ich sah sie nie wieder. Als ich aber dann eines Nachts durch die Via del Corso nach Hause ging, hörte ich aus den Luftschächten im Untergeschoß des Hotels Plaza ein Stöhnen; das war ihre Stimme, Ireneas Stimme.

«Luciano, mein Lucianino.»

«Irenea ... Irenea, wo bist du?» schrie ich in höchster Verzweiflung und bückte mich zu den dunklen Schächten des Hotels hinab, aber ich bekam keine Antwort. Ein Passant hörte mich schreien und lief eilends davon.

Irenea war nie nach Amerika abgereist, sondern in den Verliesen des Hotels Plaza gefangen! Was sollte ich tun? Von dem Nachtportier eine Erklärung verlangen? Einen Tunnel graben, um in den Eingeweiden der Erde nach ihr zu suchen? Ich habe gehört, daß man durch ein ganzes System von Stollen und Tunnels vom Trajansforum bis zur Piazza del Popolo gelangen kann. Seither treibe ich mich jede Nacht in der Nähe des Hotels herum und hoffe, sie noch einmal zu hören. Aber seither sind schon acht Jahre vergangen, und ich habe nie mehr etwas von ihr vernommen.

Irenea, falls dir dieser Text je vor Augen kommt, möchte ich dir sagen, daß ich dich retten werde, daß ich dich aus den Klauen deiner Kerkermeisterin befreien und dich, wenn ich dich endlich wieder umarmen darf, auf die Augen und aufs Haar küssen werde und auf deinen Mundwinkel, der so aufleuchtet, wenn du lachst.

Ich weiß genau, daß diese Irenea-Geschichte nicht besonders glaubwürdig klingt. Und ich weiß auch, daß ich an jenem Abend in Bologna wahrscheinlich im Sessel eingeschlafen bin. Sagen wir, es war ein Traum, sagen wir, auch die früheren Geschichten waren nur ein Traum, aber eines ist doch sicher: Ich habe die Frauen, die ich geliebt habe, wirklich geliebt, und ich liebe vor allem auch den leeren Platz, den sie neben mir hinterlassen haben.

4. KAPITEL

Santa Lucia

Fortunatina war einen Meter zehn, höchstens einen Meter zwanzig groß und hatte dermaßen krumme Beine, daß die Gassenjungen von Santa Lucia ihre Bälle zwischen den Beinen durchschossen, sobald sie ihrer nur ansichtig wurden, und «Tor» schrien, wenn der Ball auf der anderen Seite wieder herauskam. Alle nannten sie die «Krummbeinige», vor allem auch, weil sie beim Gehen immer wie ein Metronom hin und her wankte: Ticktackticktack.

Schwer zu schätzen, wie alt die Ärmste war; man konnte sie ebensogut für zwanzig wie für fünfzig halten. Die Falten in ihrem Gesicht verliehen ihr das Aussehen einer weisen Greisin, während die himmelblauen, äußerst lebhaften hellen Augen eigentlich nur zu einer jungen Frau paßten. Ihr Familienname Dusich oder Tusbich ließ auf eine slawische Herkunft schließen, was dem Gerücht Glaubwürdigkeit verlieh, sie sei aus einer Schaustellerbude geflohen, wo sie als «lebendes Phänomen» aufgetreten war.

Santa Lucia ist eine Straße, die gleichzeitig auch eine Grenze bildet: Sie trennt die Häuser der Reichen von jenen der Armen, die stattlichen Mietshäuser am Meeresufer von den dürftigen Behausungen des Pallonetto, die eleganten Geschäfte auf der linken Straßenseite von den ärmlichen Krämerläden auf der rechten Straßenseite.

Die Krummbeinige lebte in einem Kellergeschoß, einem ehemaligen Lagerraum, der einem gewissen Obsthändler namens Armando Mezalengua gehörte: Dieser war ein anständiger, sehr freundlicher und vor allem sehr frommer Mann. Mezalengua plagte nur eine einzige Angst – nämlich die, daß sich herumsprechen könnte, daß er ein gutes Herz hatte; daher bat er auch

Fortunatina, niemandem zu erzählen, daß er keine Miete verlangte. Dieses Souterrain, das unter einer der vielen Außentreppen des Pallonetto lag, war so niedrig, daß seine Bewohnerin darin gerade aufrecht stehen konnte, und verfügte weder über hygienische Einrichtungen noch über elektrisches Licht. Dies war für die Krummbeinige jedoch kein sehr großes Unglück, denn in einem Notfall half ihr Recchietella, bekannter unter dem Namen «hinkender Müllmann»; er wohnte im Souterrain neben ihr und verschaffte ihr je nachdem Zugang zur Toilette oder lieh ihr ein elektrisches Kabel samt einer schon brennenden Glühbirne.

Der Müllmann, nicht zu verwechseln mit dem Straßenkehrer, stand damals auf der untersten Stufe in der Hierarchie der Stadtreinigung. Der Müllmann holte den Abfall direkt aus den Häusern der Bewohner, während der Straßenkehrer sich damit begnügte, die Straßen zu fegen. Das Symbol des Müllmanns war der Sack, während das des Straßenkehrers der Besen war. Vergebens hatte Recchietella geltend gemacht, daß er als Junge Kinderlähmung gehabt habe und mit diesem lahmen Bein niemals schnell genug die Treppen hinauf und hinunter komme. Man beschied ihm, daß eine Beförderung nur nach entsprechenden Dienstjahren erfolgen könne, dafür sei er noch zu jung.

Im Laufe der Zeit nahm die gegenseitige Höflichkeit der beiden noch zu: Wenn der Müllmann nach Hause kam, konnte er sicher sein, daß die Krummbeinige ihm inzwischen alles fein säuberlich in Ordnung gebracht hatte, und Recchietella revanchierte sich dann damit, daß er seiner Freundin hin und wieder einen «Bronzo» oder einen «Nickel»* neben das Lämpchen der Madonna von Pompei legte.

Doch eines Tages verschwand Fortunatina aus dem Viertel. Keiner sah sie mehr vor der Kirche von Santa Lucia um ein Almosen betteln oder zwischen den an Land gezogenen Fischerbooten wie ein Mistkäfer herumwackeln, weil sie hoffte, daß die Fischer ihr ein paar aussortierte Fischchen zuwerfen würden.

* Ein Bronzo entsprach fünf, ein Nickel zehn Centesimi.

Eines Abends vernahm Armando Mezalengua, als er an Fortunatinas Souterrain vorbeikam, ein leises Geräusch, das fast wie ein Wimmern klang. Er klopfte heftig, aber niemand antwortete. Wer war bloß in diesem Kellerloch der Krummbeinigen eingesperrt? Ein Bettler? Ein Hund? Eine Katze? Ein Gespenst? Die ersten Neugierigen näherten sich bereits. Jemand legte das Ohr an die Tür und sagte: «Ich höre ein Atmen, eine Art qualvolles Röcheln.» Da faßte Mezalengua endlich Mut und stieß die Tür zu dem Verlies mit Gewalt auf. Im tiefen Dunkel mitten im Raum entdeckte er Fortunatina auf einer Matratze aus Lumpen. Sie hatte einen gewaltigen Bauch: Sie war schwanger!

Das Unglaubliche war geschehen: Irgend jemand hatte sich mit der Krummbeinigen gepaart! Und es war dann schließlich auch gar nicht so schwer, sich vorzustellen, wer dieser Jemand wohl gewesen war!

«Aber warum hast du bloß keinem was davon gesagt?» fragte Mezalengua.

«Weil ich mich für ihn geschämt habe», erwiderte die Krummbeinige treuherzig. «Es durfte sich doch nicht herumsprechen, daß er den Mut gehabt hat, mit mir ins Bett zu gehen.»

Die Vaterschaft zahlte sich für Recchietella aus: Innerhalb von zwei Monaten avancierte er zum Straßenkehrer. Es war ein reines Vergnügen, ihn in Santa Lucia straßauf, straßab fegen zu sehen: Sein steifes Bein und der Besen bewegten sich unisono voran, wobei sie sich einmal auseinanderspreizten und dann wieder parallel voranbewegten. Das Ganze wurde begleitet vom rhythmischen Wechsel des Schleifgeräusches, das einerseits vom Sorgobesen und andererseits von dem lahmen Bein verursacht wurde. In der Zwischenzeit war ganz Santa Lucia damit beschäftigt, Fortunatina zu helfen. Es wurde eine Tombola veranstaltet, deren Erlös zur Anschaffung einer Wiege und der nötigen Ausstattung für das Neugeborene diente.

Sie gebar ein schönes und gesundes Kind: Es hatte gerade und schlanke Beine und die blauen Augen seiner Mutter.

Dann brach der Krieg aus, und Recchietella, der Mitglied der

Faschistischen Partei war, wurde zum Zugführer der UNPA* ernannt, und das war ein sehr verantwortungsvolles Amt. Er war nun dafür verantwortlich, daß die Verdunkelungsvorschriften von allen eingehalten wurden. Dafür wurde er mit einem Helm, einer Schaufel, zwei Sandsäcken, einem Feuerlöscher, einer Gasmaske und einem Dreirad ausgerüstet. Endlich konnte er sich für all die Demütigungen rächen, die er als Müllmann erlebt hatte. Jene hochmütigen Hausmeister, die ihm immer verboten hatten, den Aufzug zu benutzen, weil sie behaupteten, daß der Sack «stinke», bekamen jetzt schon beim kleinsten Verstoß eine Strafe aufgebrummt. Ein offenes Treppenhausfenster, eine nicht ausreichend verdunkelte Fensterscheibe hatten sofort eine Vorladung bei der Polizei zur Folge.

Auch Fortunatina hatte einen sozialen Aufstieg hinter sich: Sie bettelte nicht mehr auf dem Kirchplatz von Santa Lucia, sondern arbeitete jetzt mit Totono, dem «Fünfundzwanziger», zusammen. Dieser wurde so genannt, weil er seine Karriere als Schwarzhändler mit dem Verkauf von Becherchen begann, die fünfundzwanzig Kaffeebohnen enthielten. Fortunatina war für die Auslieferung der Ware zuständig. Da man sich einfach nicht vorstellen konnte, daß jemand den Mut haben würde, bei ihr eine Leibesvisitation durchzuführen, transportierte sie ungestört Zucker, Kaffee und Öl in die Häuser der «Herrschaften».

Alles lief wunderbar, bis in Neapel an einem Augustsonntag ein furchtbarer Feuersturm ausbrach: Ein mit Sprengstoff beladenes Schiff war im Hafen explodiert und säte überall Tod und Verwüstung. Die Anker dieses Schiffes wurden sogar auf dem Vomerohügel gefunden! Gerade im Augenblick der Explosion überquerte Recchietella auf dem Motorrad den Hafenvorplatz, um zur Erstkommunion seines Sohnes zu gehen. Von ihm fand man nichts mehr, nicht einmal seine Gasmaske. Jemand ging in die Kirche, um Fortunatina zu benachrichtigen. Sie sagte nichts, sondern nahm ihren Jungen bei der Hand, vertraute ihn dem Pfarrer an und

* nationaler Luftschutzverband (Anm. d. Übers.)

ging dann mit ihrem wackligen Schritt langsam in Richtung ihrer Behausung davon. Diejenigen, die ihr folgten, berichteten, daß sie die Tür hinter sich schloß und daß das Souterrain gleich darauf strahlend hell wie von hundert Lampen und tausend Kerzen erleuchtet schien. Als alles vorüber war, drangen die Leute in die Kellerwohnung ein, fanden dort aber niemanden mehr: Fortunatina hatte sich einfach aufgelöst.

Dies ist das Stadtviertel, in dem ich geboren bin, ein Stadtviertel, in dem die Frauen aus den Kellerwohnungen in Sommernächten, wenn es zu heiß zum Schlafen ist, solche Geschichten erzählen. Dann fangen sie an: «Es war einmal eine Krummbeinige und ein hinkender Müllmann, die sich so sehr liebten ...» und enden mit einem Satz, der mehr einen Wunsch als ihre Überzeugung ausdrückt: «Und jetzt sind sie alle beide bei den Engeln: Sie sind groß und kräftig und tollen wie die Kinder über die Wiesen des Paradieses.»

Santa Lucia war mit größter Wahrscheinlichkeit die erste feste Niederlassung der Griechen in Kampanien. Im 9. Jahrhundert v. Chr. ließ sich eine Meute Achäer (mit anderen Worten anatolische Seeleute) von der glücklichen Küste so bezaubern, daß sie beschloß, am Strand von Chiatamone zu landen und eine neue Stadt zu gründen: Partenope. Die Gegend bot alles, was ein griechischer Kolonisator nur wünschen konnte: einen geschützten kleinen Hafen in einem ruhigen Golf, eine Insel (Megaride, heute Castell dell'Ovo), die so nahe lag, daß sie für die Seewacht geeignet war, den Echia-Berg im Rücken, der sich für die Errichtung einer Akropolis anbot, und schließlich im Hintergrund ein weites Tal (die heutige Via Chiaia), das vor eventuellen Angriffen von der Landseite her schützte.

Noch vor wenigen Jahren führte die Via Santa Lucia direkt ans Meer, bis in einem ehrgeizigen städtebaulichen Projekt das Ufer um etwa hundert Meter nach vorn verschoben und genau vor den Fischerhäusern ein neues Wohnviertel errichtet wurde: das Prachtviertel. Die Bewohner von Santa Lucia, die dreitausend

Jahre lang morgens beim Aufwachen als erstes aufs Meer hinausblicken konnten, hatten eines schönen Tages eine doppelte Reihe protziger Mietshäuser vor der Nase und haßten die neuen Bewohner verständlicherweise aus tiefster Seele; zu diesen neuen gehörte auch ich.

Es entwickelte sich eine Art gegenseitiger Apartheid: Wir, die wir uns für wohlhabend hielten, nannten sie die Dreckschweine, während sie uns Hurensöhne schimpften, da sie offenbar überzeugt waren, daß unsere Mütter nur mit ihren Einnahmen aus der Prostitution diese Häuser am Seeufer gekauft hatten. Das Gebiet teilte sich in zwei Zonen: Auf der einen Seite standen die neuen Wohnhäuser, auf der anderen die wie bei Bergbewohnern eng aneinandergeklebten elenden Behausungen in den verwinkelten Gassen des Pallonetto, wo die «Luciani» lebten. Zwischen beiden hindurch führte die Via Santa Lucia wie eine «Paulstraße»*, die zu überqueren allein schon gefährlich war.

Eine unsichtbare Mauer teilte dieses Stadtviertel: Wir besuchten die Pfarrkirche von Santa Lucia, sie die Kirche Santa Maria della Catena; wir kauften beim Gemüsehändler Menichiello, sie bei Armando Mezalengua; wir aßen unser Eis in der Bar *Garofalo* (wobei wir uns manchmal, allerdings nur wenn unsere Eltern dabei waren, sogar hinsetzten), sie in der Bar *Calone* und immer im Stehen; wir kauften Weißbrotstangen in der Dampfbäckerei *Fiorelli*, sie Bauernbrot und Pfefferbrezeln bei *Carmelina 'a Caivanese*. Jede Grenzüberschreitung wurde als Provokation empfunden.

Hin und wieder wurden regelrechte Strafexpeditionen organisiert. Wir bewaffneten uns mit Holzprügeln und nahmen die Deckel von Mülleimern als Schilde. Damit liefen wir schreiend wie Rothäute durch die Via Santa Lucia, um eine ballspielende Gruppe von «Luciani» zu überfallen. Beim nächstenmal drangen sie dann in unser Gebiet ein, und wir mußten uns gegen sie verteidigen. Eines der gefährlichsten Spiele in meiner Jugend war der «Steinhagel»: Wir verabredeten uns in den Molosiglio-Anla-

---

* Anspielung auf einen Roman von Ferenc Molnár, «Die Jungens der Paulstraße»

gen und fingen auf ein bestimmtes Zeichen an, uns gegenseitig mit möglichst vielen Steinen zu bewerfen. Dabei war es noch nicht einmal das Schlimmste, getroffen zu werden; viel schlimmer war es, blutend nach Hause zu kommen, weil man dann Gefahr lief, von den Eltern noch einmal verprügelt zu werden. Ich hatte großes Glück, weil ich einen äußerst starken Freund besaß: Er hieß Carlo Pedersoli (heute ist er bekannter unter dem Namen Bud Spencer), wohnte im gleichen Haus und war mein Klassenkamerad. Carlo war sehr sanftmütig, überragte mich aber um mindestens zehn Zentimeter und hielt die Apachen aus dem Pallonetto allein schon durch seine Statur auf gebührende Distanz.*

* Abgesehen von den Prügeleien war Santa Lucia ein sehr ruhiges Stadtviertel. Um einen Eindruck von der Atmosphäre zu vermitteln, die damals herrschte, zitiere ich hier einige vermischte Nachrichten aus der Tageszeitung Il Mattino:
«Die kleine Francesca De Cicco ist von einem gewissen Giuseppe Genovese mit dem Fahrrad angefahren worden. Die Sanitäter vom Loreto-Krankenhaus haben bei ihr Verletzungen an der Stirn festgestellt.» 10. Juli 1935.
«Pech hatte der Besitzer der Augusta Na-1785. Ein gewisser Puglisi fuhr das Auto unerlaubt aus der Garage und prallte aufgrund eines unvorsichtigen Manövers heftig gegen eine Mauer, wodurch der Wagen erheblich beschädigt wurde. Er ließ diesen am Straßenrand stehen, wo die Polizei ihn später fand.» 23. Juli 1935.
«Francesco Fiore bemerkte bei einer Fahrt mit der Straßenbahnlinie 3 auf der Höhe der Via Cesareo Console, daß ein Unbekannter versuchte, ihm die Brieftasche zu stehlen. Nachdem er den Gauner gepackt hatte, übergab er ihn dem Schutzmann Pasquale Gallo, der den Dieb zur Polizeiwache abführte. Dort wurde er als Salvatore Acri, sechzig Jahre, nicht vorbestraft, identifiziert.» 4. September 1935.
«Die neunundzwanzigjährige Anna Cuomo, wohnhaft in der Via Pallonetto 33, ist im Pellegrini-Spital ärztlich versorgt worden. Die Frau hat den Polizeibeamten erklärt, von ihrer Nachbarin, Filomena Bianchetti, achtundzwanzig Jahre, geschlagen und in den Mittelfinger der rechten Hand gebissen worden zu sein.» 5. November 1936.
«Gegen zwei Uhr nachmittags hat in der Via Santa Lucia eine Frau wie besessen losgeschrien, so daß alle, die sich in diesem Augenblick auf der Straße und in den vorüberfahrenden Straßenbahnen befanden, herbeigelaufen kamen. Die Frau, Giovanna Russo, vierzig Jahre, hatte ihre Tochter in den Armen eines Ladenbesitzers überrascht. Der Zwischenfall war vor allem deshalb so abscheulich, weil das Mädchen einundzwanzig Jahre alt ist, während ihr Liebhaber, Giuseppe Talamo, schon über fünfundvierzig Jahre zählt. Auf dem Polizeikommissariat sagte Talamo aus, daß das Mädchen bei ihm als Kassiererin arbeite, so daß ein vertraulicher Umgang natürlich sei.» 5. August 1939.
«In der Via Santa Lucia ist eine Straßenbahn mit einem Lastwagen zusammengestoßen. Glücklicherweise gab es keine Verletzten.» 15. August 1940.

85

Eines Sonntags ging ich nicht wie gewöhnlich zur Messe in unsere Pfarrkirche, sondern überquerte aus Neugier die Straße, um an der Messe in der Kirche Santa Maria della Catena, der Kirche der Luciani, teilzunehmen. Ich wollte das Grab des Admirals Francesco Caracciolo, des von Nelson gehenkten neapolitanischen Helden, vor allem aber das berühmte Madonnenbild mit den Goldketten einmal aus der Nähe sehen. Über die den Luciani so teure Madonna werden die verschiedensten Legenden erzählt: Die schönste hat mir der verkrüppelte Fischer Filuccio erzählt, der im Krieg durch eine Mine ein Bein verloren hatte und seitdem unten am Chiatamone Schwefelwasser verkaufte.

Die Geschichte trug sich Anfang des achtzehnten Jahrhunderts zu: Die Luciani waren in der ganzen Welt für ihre Geschicklichkeit beim Unterwasserfischen berühmt. Sie fischten nicht nur in großer Tiefe, sondern konnten auch sehr lange unter Wasser bleiben. Der Tüchtigste von allen war Ricciulillo, ein zwanzigjähriger Junge mit Kraushaar und dunkler Haut wie ein Sarazene. Ricciulillo war als erst Dreizehnjähriger Familienoberhaupt geworden, denn nach dem Tod seines Vaters mußte er für den Unterhalt seiner Mutter und seiner vier Geschwister sorgen. In jenen Tagen hatte ihm ein gewisser Don Gaetano, genannt 'o 'Nzalatiello, sehr geholfen; er besaß zwei Fischerboote und war der von allen anerkannte Boß des Hafens von Santa Lucia. Don Gaetano hatte eine Tochter, Regina, die zwei Jahre jünger war als Ricciulillo, und allen schien es das Normalste, daß die Familien sich auf eine Heirat der beiden einigten. Ricciulillo hätte dabei gewiß eine gute Partie gemacht: 'o 'Nzalatiello war reich und Regina seine einzige Tochter. Aber auch Don Gaetano hätte sich nicht zu beklagen brauchen, denn der Junge arbeitete erstklassig, und seine Tochter hatte sich schrecklich in ihn verliebt. Kurz, alle waren für die Hochzeit, außer Ricciulillo selber, der sich in der Zwischenzeit in ein anderes Mädchen, nämlich in Teresenella, verliebt hatte, die arm, aber natürlich anständig war.

Seine Weigerung wurde als Beleidigung angesehen, und von da an wurde Ricciulillo nicht mehr im Hause Don Gaetanos empfangen. Er fand auch keine Arbeit mehr, da in Santa Lucia 'o 'Nzalatiello das Sagen hatte und niemand mehr Fisch bei Ricciulillo kaufte. Eines Tages kam aber dann ein französischer Reeder nach Neapel und engagierte Ricciulillo und noch zehn andere Taucher für eine Bergungsarbeit in Marseille. Dies war eine zu schöne Gelegenheit, die er sich nicht entgehen lassen durfte: Auf diese Weise konnte Ricciulillo endlich genügend Geld verdienen, um Teresenella zu heiraten! Aber der Ärmste hatte die Rechnung ohne Regina gemacht.

Kaum hatte sich der Junge nach Frankreich eingeschifft, da wandte sich Regina an die Magierin Soricella, die in einer Grotte von Pizzofalcone ihren Zauber trieb, und bat sie, die Rivalin zu töten. Die Zauberin ließ sich zuerst eine Silbermünze geben, dann nahm sie eine lebende Sardine, der sie ein Stückchen Blei und eine Knoblauchzehe ins Maul steckte, um sie dann mit neunzehn Nadeln zu durchstechen, die den neunzehn Lebensjahren derjenigen entsprachen, die sterben sollte. Von da an litt Teresenella an einer geheimnisvollen Krankheit: Sie hatte immer hohes Fieber, konnte nachts nicht schlafen, und die Haut brannte ihr am ganzen Körper. Schließlich kam ihr zu Ohren, daß sie Opfer einer Hexerei geworden sei.

In der Zwischenzeit befand sich Ricciulillo auf der Rückreise von Marseille. Ein furchtbarer Sturm wühlte in jener Nacht die Wasser des Golfes auf, und die Wellen schlugen so hoch, daß sie sogar die Häuser der Luciani am Ufer überschwemmten. Der Südwest toste mit mehr als hundert Stundenkilometern dahin. Teresenella spürte intuitiv, daß sich ihr Geliebter in Lebensgefahr befand! Obwohl sie so hohes Fieber hatte, daß sie mit den Zähnen klapperte, ging sie zu Fuß bis ans Kap Posillipo, um das aus Frankreich zurückkehrende Schiff der Taucher als erste zu entdekken, und sie sah es genau in dem Augenblick, als es an der Untiefe von Pietra Salata zerschellte.

Als sich die Wasser am nächsten Morgen etwas beruhigt hatten, fanden einige Fischer die Reste des Schiffes und den zerschellten Kahn Teresenellas: Natürlich war das Mädchen aufs Meer hinausgefahren, um Ricciulillo zu Hilfe zu kommen. Später fand man dann am Strand von Trentaremi die Leichen eines sich zärtlich umarmenden Liebespaares. Neben ihnen lag ein vollkommen trockener Holzkasten mit einem Madonnenbild und einer Goldkette, ein Zeichen dafür, daß die Himmelskönigin sie in ewiger Ehe vereinigt hatte.

Die Luciani haben sich im Laufe der Zeiten nicht sehr verändert. Es wäre falsch, sie einfach nur als Neapolitaner oder, schlimmer noch, als Italiener zu bezeichnen. Im Krieg zog eine Gruppe von Familien aus dem Borgo Sant'Antonio Abate ins Pallonetto, nachdem ihre Häuser durch Bomben zerstört worden waren, aber selbst ihren Enkeln ist es noch nicht gelungen, von den Luciani als ihresgleichen angesehen zu werden. Man nennt sie immer noch «die aus dem Borgo» und sieht sie wie Ausländer an.

Als Kind habe ich die Königin der «Luciani» in der Kutsche ausfahren sehen; sie hatte ihren Gorilla dabei, der hinter ihr stand und ihr mit dem Fächer frische Luft zuwedelte. Ihr Blick war hochmütig, Haare und Augen waren schwarz wie die Nacht, und sie trug einen seidenen Schal sowie den hohen Einsteckkamm aus Schildpatt. Es hieß, sie habe ihren Geliebten umgebracht, nur weil er eine andere angesehen habe, und es hieß weiter, daß ein in sie verliebter «Luciano» das Verbrechen auf sich genommen habe. Und wenn in meinem Viertel so eine Sache erzählt wird, dann ist es praktisch so, als wäre sie wirklich passiert.

Ich erinnere mich noch an die Wasserverkäuferin Ninetta, die auch heute noch am Eingang zum Ruderverein in der Kurve der Via Cesareo Console steht. Ich erinnere mich noch an sie als blutjunges, sinnliches Mädchen, das immer lächelte, immer braungebrannt war und die Passanten mit ihrem Ruf «Ihr müßt trinken, trinken müßt ihr!» in die Knie zwang. Keiner konnte an ihr vorbei. Jedesmal, wenn sie sich niederbeugte, um einen kleinen, mit Wasser gefüllten Tonkrug hervorzuholen, ließ sie ganz kurz ihre Schenkel sehen, und dann wurde man von einem Schauder des Begehrens wie von einem Stromstoß durchzuckt. Sämtliche Mitglieder des Rudervereins waren in sie verliebt.

Ich habe auch Palummiello kennengelernt, einen fünfundachtzigjährigen Fischer, der nie schlief, sondern die ganze Nacht im Borgo Marinaro verbrachte und aufs Meer hinaussah. Er war sein Leben lang zur See gefahren und hatte die vollkommen zerknitterte Gesichtshaut und den leeren Blick eines alten Seemanns. Palummiello war ein Poet und hatte die Sirenen gesehen.

«Palummiè», fragten ihn die Kinder, «wie sahen die Sirenen denn aus?»

«Sie hatten eine silbrige Haut wie die Sardellen und Haare wie der Mond.»

«Und wo hast du sie denn gesehen?»

«Ich fuhr auf einem genuesischen Schiff, das Eisen aus England transportierte. Wir befanden uns vor der portugiesischen Küste, als in einer schlimmen Nacht ein Sturm losbrach, wie ihn keiner je erlebt hat. Da gab es weit und breit keinen Hafen, kein Loch, in das wir uns hätten flüchten können. Die Seeleute hätten am liebsten die ganze Fracht ins Meer geworfen, aber der Kapitän nahm ein Gewehr in die Hand und drohte jedem mit dem Tod, der wagte, sich auch nur an einem Scheibchen zu vergreifen. Ich stand am Ruder, als ich von Backbord plötzlich eine Bucht auftauchen sah. ‹Dort, dort!› schrie ich wie ein Besessener. ‹Hinter dem Kap da ist ein Ankerplatz!› Aber der Kapitän widersprach mir sofort. ‹Red keinen Blödsinn, Palummiè, an dieser Küste gibt es keine Buchten: Fahr weiter und halte den Kurs!› Dabei sah ich sie doch ganz genau: spiegelglattes Meer wie das Wasser in einem Weihwasserbecken ... Die Madonna della Catena soll mich verdammen, wenn das nicht wahr ist! Bis ich dann am Bug plötzlich auch sie vor mir sehe ...»

«Die Sirene?»

«Ja, die Sirene. Ich hatte schon von älteren Seeleuten gehört: ‹Palummiè, wenn du bei Sturm eine nackte Frau vor dir siehst, trau ihr nicht, das ist eine Halluzination! Die schickt dir der Teufel, damit du beim Sterben gerade an die Sünde denkst.› Aber diese war nicht einfach eine gewöhnliche Frau, das war keine Frau, mit der man ins Bett geht!»

«Aber wer war sie dann?»

«Das war Assuntina, die Frau, die ich mein ganzes Leben lang geliebt habe. Und sie sagte zu mir: ‹Komm Palummiè, komm und umarm mich, denn ich will dir einen Kuß geben!› Ich wollte schon das Steuer herumreißen, aber der Kapitän hat mir mit dem Gewehrkolben eine übergezogen, so daß ich zu Boden fiel.»

Die «Luciani» sind Seeleute, und Seeleute sind, wie alle wissen, keine normalen Leute: Wenn sie an Land sind, versammeln sie sich um die Boote und erzählen sich dann zum Zeitvertreib Geschichten, von denen eine unglaubwürdiger klingt als die andere. Sie reden über unbekannte Länder, über Tiere mit zwei Köpfen, über vom Teufel besessene Weiber und verborgene Schätze, zu denen man nur hinzureisen braucht, um sie nach Hause zu tragen. Vielleicht wäre es am besten, ihnen nicht einmal zuzuhören. Vor allem die «Luciani» erzählen ganz besonders viele Lügen. Daran ist meiner Meinung nach das Meer von Santa Lucia schuld, das sich die ganze Nacht bewegt und keinen einzigen Augenblick stillsteht. Wenn man ihm manchmal nach Sonnenuntergang auch nur ein halbes Stündchen zuhört, erscheint einem plötzlich alles möglich.

5. KAPITEL

Der Schulkamerad

Schulkameraden nennt man immer nur beim Familiennamen. Für mich war Masturzo einfach immer nur Masturzo: ein magerer großer Junge, der furchtbar schlecht in Mathematik war.

«$ax^2 + bx + c = 0$», wiederholte er nicht sehr überzeugt. «Was soll denn das bedeuten?»

«Das ist eine Gleichung zweiten Grades», antwortete ich.

«Und wer ist ‹a›?» fragte er weiter.

«Das ist einfach irgendeine Zahl.»

«Was für eine Zahl?»

«Ich habe doch gesagt, es ist einfach irgendeine Zahl», schrie ich am Rande meiner Geduld. «Daher schreibt man ‹a› und nicht eine Zahl!»

Zum Ausgleich war er dafür der beste Fußballspieler: Er war der offizielle Mittelstürmer des Gymnasiums und spielte oft auch mit denen von der Hauptschule. Ich half ihm bei den Mathematik-Hausaufgaben, und er ersparte mir dafür die Demütigung, bei der Auswahl der Mannschaft als letzter übrigzubleiben. Entsprechend einem ungeschriebenen Gesetz, das im Stadtpark galt, wählten die beiden Mannschaftsführer vor jeder Partie ihre Mitspieler aus. Je länger man unter jenen stand, die noch warteten, desto größer war die Schmach. Das Schlimmste, was einem passieren konnte, war einsam und allein wie ein räudiger Hund übrigzubleiben und von keinem gewollt zu werden, was jedesmal dann vorkam, wenn wir eine ungerade Zahl von Jungen waren: Wegen der für untauglich Angesehenen überboten sich die beiden Mannschaftsführer regelmäßig in geheuchelter Zuvorkommenheit. («Nimm ihn du...» «Nein danke, du kannst ihn ruhig nehmen.»)

Es war nach dem Zwischenzeugnis, daß Masturzo mich bat, ihm in Mathematik zu helfen.

«Von mir aus auch gleich. Soll ich zu dir nach Hause kommen?»

«Nein», erwiderte er, «besser, wir gehen zu dir.»

Als meine Mutter diesen hochgewachsenen Jungen sah, fragte sie ihn: «Wie alt bist du denn?»

«Ich bin sitzengeblieben.»

«Hast du noch Geschwister?»

«Meine Mutter erwartet ein Kind.»

«Und was macht dein Vater?»

«Der ist Fabrikant.»

Diese letzte Antwort verwunderte meine Mutter: Masturzo war schlecht, ja sogar sehr schlecht gekleidet, und in den vierziger Jahren konnte man vom Äußeren auf alles schließen: Wer arm war, war ärmlich gekleidet, und wer reich war, kleidete sich wie ein Reicher. Da mein Vater zum Beispiel ein Geschäft mitten im Zentrum hatte, lief ich stets mit Jackett und Krawatte, einer kurzen blauen Hose, die bis zu den Knien reichte, und weißen Kniestrümpfen herum. Wäre ich arm gewesen, hätte ich nicht nur solche Kleider nicht besessen, sondern ich hätte es mir auch gar nicht erlaubt, solche anzuziehen.

Meine Mutter machte sich offenbar Sorgen, was meine Freundschaft betraf: Sie lebte nach dem Motto: «Pflege nur Umgang mit Leuten, die besser sind als du, und lern von ihnen.»

«Geh doch gelegentlich auch mal zu ihm nach Hause», sagte sie zu mir, «und versuche herauszubekommen, was sein Vater für einen Beruf hat.»

Aber jedesmal, wenn ich den Vorschlag machte, zu ihm zu gehen, fand Masturzo irgendeinen Vorwand, um das zu verhindern.

«Der Ärmste», folgerte meine Mutter, «wahrscheinlich kann er dir bei sich zu Hause nichts anbieten, daher schämt er sich.»

Nicht, daß wir ihm viel angeboten hätten, aber irgendeine Kleinigkeit gab es immer: entweder ein Stück Kuchen oder ein bißchen Kastanienfladen, oder einen kleinen Schmelzkäse. Er hingegen war nach Meinung meiner Mutter arm und schämte sich dafür. Tatsache ist, daß es mir nicht gelang, zu ihm nach Hause zu gehen, und es wäre mir vielleicht auch nie gelungen, wenn seine Mutter nicht eines Tages vor der Schule auf mich gewartet hätte, um mir zu sagen, daß ihr Sohn krank sei und wegen der Hausaufgaben meine Hilfe brauche.

Er wohnte in der Via Egiziaca in Pizzofalcone in der Gegend des Montedidio. Das war eines der ärmsten und zugleich reichsten Stadtviertel von Neapel: Dort wohnten Adlige und einfache Leute, Gewerbetreibende und Hausierer, und neben vornehmen Wohnhäusern mit fürstlichen Innenhöfen (wie jenem der Serra di Cassano) gab es Elendsquartiere ohne Licht und sanitäre Einrichtungen. Für einen wie mich, der jeden Tag zu seinem Vater an die Piazza dei Martiri ging, war der Weg bis Pizzofalcone ein Kinderspiel: Ich brauchte nur ein Stück durch die Via Chiaia und dann den Aufzug nach Montedidio zu nehmen.

Masturzo lag im Ehebett seiner Eltern.

«Dies ist nicht mein Bett», erklärte er mir gleich als erstes. «Ich schlafe auf der Couch im Eßzimmer, ich liege hier nur, weil ich krank bin. Habt ihr heute gespielt?»

«Ja.»

«Mit wem?»

«Mit der Oberprima A.»

«Und wie ging es aus?»

«Wir haben 2 zu 0 verloren.»

«Verdammte Scheiße! Na warte nur, bis ich aufstehen kann, dann zeig' ich's diesen Schlappschwänzen und schieß ihnen ein Tor nach dem anderen rein!»

«Du schießt hier überhaupt nichts, verstanden!» schrie seine Mutter aus der Küche. «In diesem Haus darf keiner krank werden, schon weil wir uns keine unnötigen Ausgaben leisten können. Dein Freund darf jeden Tag krank werden, wenn er will, aber du nicht, er hat ein Geschäft an der Piazza dei Martiri. Aber du bist bei dem Beruf, den dein Vater ausübt, gezwungen, immer gesund zu sein.»

Schon wieder dieser mysteriöse Beruf des Vaters!

«Ist das denn die Möglichkeit, daß du einfach nicht rauskriegst, was er treibt!» fragte meine Mutter. «Was steht denn an der Tür?»

«Da steht Cav. Masturzo.»

«Dann ist er also Cavaliere?»

«So wird er angesprochen.»

«Aber was für ein Cavaliere denn?» beharrte meine Mutter. «Womit ernährt er bloß seine Familie?»

«Er reist.»

«Woher weißt du das?»

«Weil der Hausmeister der Via Egiziaca einmal zu ihm gesagt hat: ‹Guten Tag, Cavaliè, wie war die Reise?›»

«Und was hat er geantwortet?»

«Er hat gesagt: ‹Gut.›»

«Und sonst nichts?»

«Und sonst nichts.»

Er war mager, kleiner als sein Sohn, vierzig Jahre alt, sah aber aus wie fünfzig, hatte schwarze Haare und trug einen nicht allzu dunklen blauen Anzug mit Nadelstreifen, stets glänzende schwarze Schuhe, einen mausgrauen Übergangsmantel, eine schwarze Krawatte wegen wer weiß welchem Trauerfall in der Familie und einen braunen Lederkoffer, der mit zwei dunkleren Riemen verstärkt war. Er reiste sehr viel: immer auf der Strecke Neapel–Reggio Calabria. Er fuhr dienstags ab und kehrte freitags zurück.

«Am Freitag oder am Dienstag soll man weder heiraten noch verreisen!» sagte er immer grinsend. «Wenn dieses Sprichwort stimmen würde, müßte ich schon längst tot sein.»

Wenn er von einer Reise zurückkam, machte er, noch bevor er seine Frau mit einem Kuß begrüßte, die Tür zu einem geheimnisvollen kleinen Raum am Ende des Korridors auf und stellte dort seinen Koffer ab. Dann trat er ins Eßzimmer, setzte sich dort in einen alten, mit Stoff bezogenen Sessel, streckte die Beine aus und schloß die Augen, wie um seine Heimkehr zu genießen.

Mit so geschlossenen Augen fragte er dann seinen Sohn: «Hast du deine Aufgaben gemacht?»

«Ja.»

«Wer's glaubt, wird selig», sagte er nicht gerade überzeugt.

Der Cavaliere schloß sich den ganzen Samstag und jeden Sonntagnachmittag in dem kleinen Raum ein. Als er eines Tages einmal für fünf Minuten herauskam, um ins Bad zu gehen, forderte mich Masturzo auf hineinzugehen.

«Aber schnell», sagte er, «er kommt gleich zurück.»

Aber wir waren noch nicht am anderen Ende des Korridors, als Masturzos Mutter dazwischentrat.

«Wie oft soll ich dir noch sagen, daß dein Vater verboten hat, sein Labor zu betreten!»

Bei dem Wort Labor fielen mir gleich Cagliostro und Paracelsus ein. Ich stellte mir den Cavaliere vor, wie er mit dem Alchimisten-mantel um die Schultern furchtbar gefährliche Experimente auf der Suche nach dem Stein der Weisen machte; soweit ich verstanden hatte, hätte auch einzig und allein der Stein der Weisen die Geldprobleme im Hause Masturzo gelöst. Eines Abends sah ich ihn mit einem Destillierkolben aus dem Zimmerchen kommen: Seine Haare waren ganz zerzaust, und er blickte wahrhaft diabolisch.

«Warum fragst du ihn denn nicht selber?» sagte meine Mutter. «Du fragst ihn ganz ruhig so nebenbei, als interessierte es dich an sich gar nicht. Du sagst einfach: ‹Cavaliè, was treiben Sie eigentlich den ganzen Tag in Ihrem Labor?›»

«Das habe ich ihn ja schon gefragt, und er hat geantwortet, daß er neue Parfümkreationen erfindet.»

«Dann ist er also Parfümhersteller?»

«Riechen tut's dort schon. Aber ich weiß ja auch nicht.»

Die Tür zu seinem Labor hatte eine Scheibe aus Mattglas, und wenn der Cavaliere arbeitete, erahnte man dahinter seine über den Experimentiertisch gebeugte Gestalt. Eines Tages erschien er an der Tür und sagte zu seiner Frau: «Carmè, sei doch so nett und frag unten bei Lampo, ob die Aufkleber fertig sind.»

Das Geheimnis klärte sich eines Tages auf, als dem Cavaliere schlecht wurde. Wir lernten wie gewöhnlich im Eßzimmer, als wir plötzlich das Geräusch von zersplitterndem Glas und gleich darauf einen dumpfen Schlag hörten. Hals über Kopf stürzten wir ins Labor und fanden den armen Mann inmitten einer Unmenge zerbrochener Fläschchen auf dem Boden liegend. Durchdringender Parfümgeruch erfüllte das ganze Haus.

Während wir ihm wieder auf die Beine halfen, sah ich einen großen Marmortisch, ein Spülbecken, eine Apothekerwaage, einen kleinen Glastrichter und dann Flaschen und Fläschchen in jeder nur vorstellbaren Form: röhrenförmige, kolbenförmige, runde, flache, kleine, große, durchsichtige, hellblaue, rosarote, mit und ohne Zerstäuber.

Wir führten ihn nicht ohne Mühe ins Schlafzimmer. Er hatte sich inzwischen ein wenig erholt und forderte uns auf, ruhig zu bleiben. Er wiederholte immer wieder: «Es ist nicht schlimm, es ist nicht schlimm», aber es war klar, daß er dies mehr zu seiner eigenen Beruhigung als an uns gewandt sagte.

«Ich habe ein Glas eiskaltes Wasser getrunken, das ist mir nicht gut bekommen.»

Er legte sich voll angezogen, mit Schuhen und allem, auf die Atlasdecke des Ehebetts.

«Papa, wie geht es dir?» fragte Masturzo.

«Jetzt geht es mir besser. Aber lauf mal und hol den Arzt.»

Ich blieb allein bei dem Cavaliere. Ich setzte mich auf einen Stuhl neben seinem Bett und leistete ihm stumm Gesellschaft. Masturzos Mutter war kurz vor dem Zwischenfall weggegangen, und es bestand keine Hoffnung, daß sie vor einer Stunde zurückkam: So konnte ich nur schweigend auf die Ankunft des Arztes warten.

Dann schloß der Cavaliere plötzlich die Augen, und ich erschrak fürchterlich. Selbst wenn ich ganz nahe an sein Gesicht gerückt wäre (was ich aber keinesfalls getan hätte), wäre es mir unmöglich gewesen festzustellen, ob er tot war oder nur schlief. Schließlich hatte ich noch nie einen Toten so aus der Nähe gesehen. Zwar war die arme Tante Olimpia gestorben, aber ich hatte sie nicht zu Gesicht bekommen. Plötzlich erinnerte ich mich an einen Kriminalfilm, in dem der Detektiv, um herauszubekommen, ob das Opfer tot war oder lebte, diesem einen Spiegel vor den Mund gehalten hatte. Nun, einen Spiegel hätte es schon gegeben: Er stand genau vor mir auf dem Toilettentisch... ich hätte ihn ja, genau wie der Detektiv, dem Cavaliere vor den Mund halten können... aber was, wenn er dann gerade in dem Augenblick aufgewacht wäre... was hätte ich dann zu ihm sagen sollen?

Ich beschloβ, nicht weiter darüber nachzudenken, und um nicht immer auf den Cavaliere zu sehen, starrte ich auf die Wand hinter dem Kopfende des Bettes.

Sie war mit einer Tapete beklebt, die auf cremegelbem Grund ein Muster aus braunen Ästen, Blättern und Blüten hatte. Nachdem ich sie so eine Weile betrachtet hatte, stellte ich mir vor, Kapitän eines Segelschiffes zu sein und durch einen Archipel zu navigieren, der ganz aus braunen Blättern und Blüten bestand. Der cremefarbene Grund war das Meer. Ich erfand, um von einem Punkt der Wand zu einem anderen zu gelangen, immer kompliziertere Routen: Vor allem die Äste zwangen mich zu umständlichen Umschiffungen.

Ich weiß nicht, wie lange ich auf diese Weise über die Schlafzimmerwand navigierte, ich erinnere mich nur noch, daβ Masturzo, seine Mutter und der Arzt alle im gleichen Augenblick eintrafen. Endlich konnte ich aus diesem Zimmer flüchten und mich ins Eβzimmer zurückziehen, wo ich anfing, mich auf die Klausur in Geschichte vorzubereiten, als wäre gar nichts geschehen.

«25. Juli 1848, Piemontesische Niederlage in Custoza und Rückzug nach Mailand. Karl Albert verläβt die Stadt unter feindlichen Kundgebungen der Bevölkerung...»

Aber da sah ich aus den Augenwinkeln am Boden vor der Tür des Eβzimmers ein Parfümfläschchen liegen. Es war gewiβ bis hierher gerollt, als wir den Cavaliere in sein Schlafzimmer führten. Ich hob es auf und blickte fasziniert auf das Etikett: Darauf war ein Strand im Mondenschein und der leuchtende Aufdruck *Nuit d'Amour – Paris* abgebildet.

Genau in diesem Augenblick hörte ich den Arzt sagen: «Cavaliè, Sie haben es selber in der Hand: Wenn Sie nicht dauernd durch ganz Italien kutschieren, können Sie noch hundert Jahre leben.»

«Sechs würden mir schon reichen», erwiderte der Cavaliere. «So lange dauert es noch, bis mein Sohn mich ablösen kann.»

Von jenem Abend an wurden Masturzo und ich seine vertrauten Assistenten. Die Firma stellte die Serie *Nuit d'Amour* her (der Werbespruch lautete: «Ein Tropfen Nuit d'Amour und Sie fühlen sich in Paris»). Wir produzierten auch eine billigere Reihe mit den Namen *Zauber des Orients*, doch beschloß der Cavaliere eines Tages, die Fabrikation einzustellen.

«Paris bleibt Paris», erklärte er. «Der Orient ist den Leuten doch vollkommen wurscht.»

Der Cavaliere kaufte die Essenzen literweise und goß sie, nachdem er sie großzügig verdünnt hatte, mit Hilfe des kleinen Glasrichters, der mir so sehr gefiel, in die Fläschchen. Ich kann mich noch an die Namen der Essenzen erinnern: Menthol, Bergamottöl, Zedrat, Zibet, graue Ambra... ebenso an die beliebtesten Parfüms: *Bois de Rose*, *Petit Grain* und *Tabac d'Harar*. Alles exotische Namen, die mich in meiner Phantasie in ferne Länder voller schmachtender bereitwilliger Frauen führten.

Wir Jungen hatten die Aufgabe, die Fläschchen zu waschen und mit Etiketten zu versehen, sowie jeden Dienstag nachmittag den Koffer vorzubereiten. Den Koffer hatte Masturzos Papa selber entworfen; er enthielt Muster seines gesamten Warenangebotes. Man brauchte ihn nur aufzumachen (wie ein Buch, sagte der Cavaliere), und dann sah man wie in einem Schaufenster die ganze Auslage. Er war in viele kleine, mit rotem Samt ausgeschlagene Fächer eingeteilt, und in der Mitte befand sich die «Riesenflasche», ein besonders großes Exemplar, das über Jahre nicht verkauft worden war, weil es zuviel kostete.

«Tatsache ist, daß ich nie den richtigen Liebhaber dafür gefunden habe», erklärte der Cavaliere mit Nachdruck. «In Paris hätte

ich so ein Ding doch in Windeseile verkauft, aber hier in Italien ...
wo auf der Strecke Neapel–Reggio Calabria ja doch nur ein paar
Trottel reisen ... wem sollte ich da so etwas verkaufen!»

Dienstag für Dienstag reiste der wackere Mann nach Reggio
Calabria: in seine «Filiale», wie er das nannte. Selbstverständlich
reiste er dritter Klasse und machte nur ein paar Blitzbesuche in
den besseren Klassen, um dort möglichst etwas zu verkaufen. Im
Laufe der Zeit hatte er sich, dank so manchem Parfümfläschchen
zu Weihnachten, mit allen Kontrolleuren angefreundet, so daß
niemand mehr etwas dagegen einzuwenden hatte, daß er die
Klassengrenze überschritt. Zum Bahnhof fuhr er mit der Straßenbahnlinie 1 von der Piazza San Ferdinando, und nach seinem
Herzinfarkt begleiteten sein Sohn und ich ihn dorthin, um ihm
den Koffer zu tragen. Masturzo war erst vierzehn, aber kräftig wie
ein Zwanzigjähriger.

Während wir ihn so begleiteten, erzählte uns der Cavaliere, wie
das damals in Paris gewesen war. Als unanfechtbaren Beweis zog
er dazu ein Foto aus der Brieftasche, das ihn mit dem Fahrrad vor
dem Eiffelturm zeigte. Er war Verkäufer bei Guerlain gewesen und
hatte am Montparnasse, nur zwei Schritte von der berühmten
Coupole entfernt, gewohnt. Er sagte auch, daß er, wenn er nur in
Frankreich geblieben wäre, die schönste Parfümerie von ganz
Paris hätte bekommen können, im Faubourg Saint-Honoré. Die
Besitzerin, die Witwe Clermont, hatte sich anscheinend wahnsinnig in ihn verliebt und wäre zu allem bereit gewesen, wenn er sie
dafür geheiratet hätte.

«Aber wie hätte ich darauf eingehen sollen?» rechtfertigte er
sich an seinen Sohn gewandt. «Damals war ich doch schon mit
deiner Mutter verlobt. Wir haben uns jede Woche geschrieben.
Was glaubst du, was die gesagt hätte, wenn ich nicht nach Neapel
zurückgekehrt wäre! So mußte ich mich eben von der Witwe, von
Paris und von der Parfümerie im Faubourg Saint-Honoré verabschieden.»

«Bist du mal in den Folies-Bergère gewesen?»

«Praktisch jeden Abend: Ich hatte mich mit einer Garderobenfrau aus Marseille angefreundet, einer Blonden namens Monique. Ich lieferte ihr das Parfüm, und sie verkaufte es an die Gäste. Wir haben uns den Erlös geteilt.»

«Und warum bist du weg aus Paris?»

«Weil ich Heimweh nach Neapel hatte.»

Aber da war er nicht ganz ehrlich: Einmal hörten wir ihn trällern: «Paris... c'est une blonde...»

Am meisten an dieser Arbeit gefiel mir das Flaschensammeln. Sonntag vormittags begleiteten Masturzo und ich den Cavaliere in die Via Foria, und dort machten wir uns inmitten der Verkaufsstände der Altwarenhändler auf die Suche.

«Das Fläschchen», legte uns der Cavaliere ans Herz, «muß anonym sein: Wenn es eine allzu bekannte Form hat, zum Beispiel wie das von Chanel, ist es nachher schwierig, es für *Nuit d'Amour* auszugeben. Und *Mignons* dürft ihr auch keine nehmen, da merkt gleich jeder, daß die vom Likör sind.»

Kreuz und quer durchstreiften wir den lausigsten und buntesten Flohmarkt der Welt, auf dem ein wildes Geschrei herrschte. Aus verrostetem Schrott Fläschchen auszugraben war für uns eine reine Lust: Manchmal bekamen wir sie auch umsonst.

«Schenken Sie mir dieses Fläschchen?» fragte ich die Altwarenhändler, und oft bekam ich es wirklich, ohne dafür einen Heller bezahlen zu müssen.

Nach dieser Erfahrung wurde mir klar, daß ich auch sehr gut als Bettler durchgekommen wäre.

Eines Nachmittags kehrte der Cavaliere in bester Laune zurück: Er hatte die Riesenflasche verkauft. «Wer hat die bloß gekauft?»

«Eine Dame aus Ferrara.»

«Und wie kam es dazu?»

«Wie der Zufall so spielt: Am Dienstag habe ich den Zug um zwanzig Uhr zwanzig verpaßt, und der nächste ging erst um dreiundzwanzig vierzig. ‹Was mach ich jetzt bloß?› habe ich mich gefragt, ‹soll ich vielleicht wieder mit dem vollen Koffer nach Hause?

Lohnt sich doch gar nicht!› Und so habe ich beschlossen, ein Stündchen im Wartesaal zu schlafen, aber anstatt in die dritte Klasse zu gehen, wo die Sitze steinhart sind, ging ich in die erste, wo es Ledersofas gibt, denn es ist doch so mit den Wartesälen: Wer kontrolliert einen da schon?»

«Und die Dame aus Ferrara?»

«Die saß da schon, mutterseelenallein, mit einem Fuchspelz um den Hals und einem flaschengrünen Hütchen. ‹Haben Sie ein Streichholz?› fragte sie mich, und ich habe es ihr gegeben. Nun, sie hat eben, wie der Zufall so spielt, kein Streichholz gehabt: Hätte sie ein Streichholz gehabt, dann hätte ich ihr auch nicht die Riesenflasche verkauft. Aber so haben wir, um uns die Zeit zu vertreiben, ein Gespräch angefangen, ihr wißt ja, wie das so geht. Ich habe ihr zuerst mal erzählt, was ich beruflich so mache, und dann habe ich sie gefragt, was sie denn so treibt. ‹Ich bin Unternehmerin›, hat sie da geantwortet und angefangen zu lachen. In der Zwischenzeit habe ich schon mal den Koffer aufgemacht. ‹Was ist denn das da?› hat sie gefragt und auf die Riesenflasche gedeutet. ‹Das ist *Nuit d'Amour* im Riesenformat›, habe ich geantwortet, da hat sie wieder gelacht. Na ja, und dann hat ein Wort das andere gegeben, und am Schluß habe ich ihr die Riesenflasche für fünfundzwanzig Lire verkauft, mit fünf Lire Rabatt.»

An jenem Abend lud uns der Cavaliere alle in die Pizzeria ein. Auch ich durfte mit.

«Viermal Margherita zu einer halben Lira», bestellte der Cavaliere, «aber damit das klar ist: den Teig dünn und viel Mozzarella drauf, Rotwein je nach Verzehr.»

Das war im Mai, aber man fühlte sich schon fast wie im Sommer. Der Cavaliere trank die ganze Flasche Wein allein aus. Nach einer Weile hörte ich ihn dann wie im Selbstgespräch sagen: «Trotzdem, irgendwie tut es mir auch leid...»

Der Cavaliere starb an einem Donnerstag im Juli in Reggio Calabria. Als der Anruf kam, spielten Masturzo und ich bei mir zu

Hause gerade Monopoly. Die Beerdigung fand zwei Tage später in Neapel mit dem städtischen Leichenwagen statt.

Zusammen mit der Leiche war aus Kalabrien auch eine Dame mittleren Alters mit einem etwa achtjährigen Jungen eingetroffen, der den gleichen melancholischen Blick hatte wie der Cavaliere: Sie waren seine «Filiale». Die Dame und der Junge hielten sich während der ganzen Beerdigung immer abseits, als wollten sie nicht gesehen werden.

Die beiden Frauen, Masturzos Mutter und jene aus Reggio Calabria, kannten sich wohl schon seit langem, auch wenn sie sich mit größter Wahrscheinlichkeit noch nie gesehen hatten. Wenn sie reich gewesen wären, hätten sie vielleicht gestritten, da sie aber arm waren, konnten sie sich dies nicht leisten. Sie schlossen sich ins Schlafzimmer ein und redeten stundenlang miteinander. Der Junge war bei Masturzo und mir geblieben. Er stand regungslos da, starrte auf den Boden, sagte nichts und wollte auch nichts essen. Erst als er die Kirschen sah, hob er kurz den Blick, streckte ein dünnes weißes Händchen aus und aß die Kirschen eine nach der anderen langsam, aber sicher auf.

6. KAPITEL

Der Nachbar

Im zweiten Stock meines Hauses befand sich die Pension Santoro oder, besser gesagt, das, was von der Pension Santoro noch übriggeblieben war: ein einziger Gast, ein gewisser Michele Cupiello, der außerdem schon ein bißchen alt war.

Meine Mutter erzählte immer, daß die Santoros vor dem Ersten Weltkrieg zahlreiche Häuser besessen hätten, darunter auch das Hotel Esperia am Bahnhof, daß aber nach dem Tod des Gründers, des seligen Cavaliere Ernesto, der älteste Sohn Arturo den ganzen Besitz einschließlich des Hotels im Club Italia auf eine einzige Baccarat-Karte gesetzt und verspielt hatte.

«Arturo hatte neun, die Bank zehn, da ist er, ohne ein Sterbenswörtchen zu sagen, einfach aufgestanden und hat sich aus dem Fenster gestürzt.»

Die Erzählung meiner Mutter klang ehrlich gesagt nicht gerade glaubwürdig: Abgesehen davon, daß es beim Baccarat gar keine Zehn gibt, wie hätte Santoro denn durch einen Sturz aus den Clubfenstern Selbstmord verüben können, da diese doch direkt aufs Meer hinausgingen und im übrigen nicht höher als drei Meter lagen?

«Das weiß ich auch nicht», antwortete sie auf diese Einwände, «ich weiß nur, daß er sich hinausgestürzt hat und daß sie ihn vollkommen zerschmettert und noch mit den Karten in der Hand gefunden haben.»

«Auf einem Schiff?»

«Auf einem Schiff ... auf den Klippen ... woher soll ich das so genau wissen? Ich weiß nur, daß alle ein böses Ende nehmen, die sich aufs Spielen einlassen.»

Wie auch immer der arme Arturo gestorben ist, seine Witwe

jedenfalls zog nach dem Verlust des Hotels nach Santa Lucia und machte dort eine kleine Familienpension auf. Aber leider liefen die Geschäfte nicht ganz so, wie sie es erhofft hatte, und so war die Ärmste bald gezwungen, noch einmal zu verkleinern. Am Ende konnte sie nur noch ein möbliertes Zimmer untervermieten, eben jenes, das mittlerweile Michele Cupiello bewohnte.

Onkel Luigi hatte Mister Cupiello in Chicago kennengelernt.

«Cupiello», vertraute er uns an, «hieß in Amerika nicht Cupiello, sondern Scalese, und zwar Mike Scalese. Er hat, als er hierher nach Neapel kam, zur Sicherheit seinen Namen geändert. Aber das ist noch nicht alles: Wißt ihr, wie der in Chicago genannt wurde?»

Er unterbrach sich kurz und sah uns fragend an, um unsere Neugier noch zu steigern.

«Er wurde ‹die linke Hand von Al Capone› genannt.»

«Dann war er also ein Gangster?»

«Jawohl, und zwar ein gnadenloser», bestätigte Onkel Luigi. «Wenn ihr ihn jetzt so seht, haltet ihr ihn wohl für eine grundanständige Person, die ihr vielleicht sogar nach Hause zum Essen einladen würdet? Dann hört einmal genau zu: Der hat nie mehr als eine einzige Kugel verschleudert, und mit jedem Schuß legte er einen um! Al Capone hat zu ihm immer gesagt: ‹Der gehört dir› und ihm ein Foto gegeben, und am nächsten Tag lag dieser Mann mit einem Loch in der Stirn in der Leichenhalle! Ich habe einmal in einem Nachtklub in Chicago einen Freund getroffen, einen gewissen De Simone, der hat mir Mikes ganzes Leben erzählt.»

Darum liebten wir Onkel Luigi so sehr: weil er uns nämlich jeden Abend eine neue Geschichte erzählen konnte, und es waren immer Geschichten voller Abenteuer und schöner Frauen.

«Damals war ich gerade mit Rosita Consalvo verlobt, einem Halbblut mit amerikanischer Mutter und puertoricanischem Vater – die hatte einen Körper wie ein Panther. Rosita sang an einer Liane hängend ein Lied, das so ging: *Come my love, come on the tree with me ...*»

Er erhob sich, deutete einen Tanzschritt an und fing an zu singen. Wir sahen ihm voller Begeisterung zu.

«Wie ich eines Abends wartete, bis sie mit ihrer Nummer fertig war, pflanzte sich da ein junger Mann vor mir auf, der wie ein Gangster angezogen war. Das war De Simone, ein alter Schulkamerad von mir.»

«Noch ein Gangster!»

«Nein, De Simone war kein Gangster, aber er sah wie einer aus, und zwar deshalb, weil sein Onkel Charlie Fischetti, auch ‹Dreifingercharlie› genannt, ihm einen grauen Nadelstreifenanzug geschenkt hatte.»

«Aber warum haben sie den Cupiello ‹die linke Hand Al Capones› genannt?»

«Weil er seine linke Hand verloren hatte, um Al Capone das Leben zu retten», erwiderte Onkel Luigi.

«Deshalb also hat er immer einen schwarzen Lederhandschuh an?»

«Ja, und in dem Handschuh steckt nicht seine eigene Hand, sondern eine Hand aus Ebenholz, die Al Capone ihm vom besten Tischler Chicagos hat machen lassen.» Dann senkte er die Stimme, als stünde jemand zum Lauschen vor der Tür, und fügte hinzu: «In seinem Zimmer bewahrt er in einer mit einem Schloß verriegelten Holzkiste noch den Trommelrevolver auf, mit dem er die Bande von O'Banion umgelegt hat.»

Der Trommelrevolver! Von nun an konnten wir an nichts anderes mehr denken als an den Trommelrevolver Mike Scaleses: Ihn auch nur einen Augenblick sehen, berühren, beschnuppern zu dürfen war unser größter Wunsch. Edward G. Robinson und James Cagney, die Engel mit den schmutzigen Gesichtern, waren die Helden unserer Träume genauso wie Sandokan, der Schwarze Korsar und Tom Mix. Aber Gott weiß warum, uns waren die Gangster immer am sympathischsten: Daher war es ganz normal, daß wir der Gelegenheit entgegenfieberten, einen von ihnen persönlich kennenzulernen. Um näher an ihn heranzukommen, schlossen wir Freundschaft mit Giannino, dem neunjährigen Sohn des

Selbstmörders Arturo und Universalerben der Pension Santoro. Giannino fühlte sich sehr geschmeichelt durch die Tatsache, daß er von größeren Jungen gleichrangig behandelt wurde.

Mike Cupiello alias Scalese war ein vielleicht sechzigjähriger, untersetzter, grauhaariger Mann, der die meiste Zeit damit verbrachte, Opernmusik zu hören. Er setzte sich jeden Abend in eine Ecke des Wohnzimmers neben ein riesiges Grammophon der Marke His Master's Voice* und hörte sich da stundenlang und ohne sich von der Stelle zu rühren Opernmusik an: Am besten gefielen ihm die melodischen Stücke, und insbesondere «Amami Alfredo».

Wie alle Gangster redete Mike sehr wenig und nur, wenn es gar nicht zu vermeiden war. Er verdiente sich ein wenig Geld damit, daß er bei Auktionen im Auftrag des Versteigerers die Preise hochtrieb.

«Mister Cupiello», fragten wir ihn eines Abends, «Giannino hat uns gesagt, daß Sie einen Panzerkreuzer aus Streichhölzern bauen, stimmt das?»

Wie gewöhnlich antwortete er nicht, doch da er sich erhoben und uns freundlich angesehen hatte, schlossen wir, daß wir ihn auf sein Zimmer begleiten durften.

Genau wie von Onkel Luigi beschrieben, stand die mit einem Schloß verriegelte Kiste neben dem Bett und diente Cupiello als Kommode. Es war eine kleine, etwa einen Meter lange helle Holzkiste, wie sie bei Marineoffizieren gebräuchlich ist, und trug die Initialen eines Schiffsnamens: R. N. E. F. Sie barg ganz be-

---

* Was übrigens His Master's Voice betrifft, so hat mir Onkel Luigi eines Tages die wahre Geschichte des Hündchens auf dem Markenzeichen erzählt. Er sagte, der Hund habe Nipper geheißen und einem gewissen Barraud gehört, einem sehr alten Mann, der in einer Londoner Dachwohnung hauste. Als dieser Barraud seinen Tod nahen fühlte, nahm er eine Platte mit seiner Stimme auf und hinterließ seinem Bruder sowohl Nipper als auch das Grammophon, damit der Hund ihn von Zeit zu Zeit hören konnte. Der Bruder schließlich, der ein ganz talentierter Maler war, porträtierte den Hund, während er die Stimme seines Herrn hörte und verkaufte das Bild der Grammophone Co. Ltd.

stimmt etwas Schreckliches, warum wäre sie sonst mit einem Schloß verriegelt gewesen? Wir hätten ihn allzugern darum gebeten, uns den Trommelrevolver zu zeigen, aber keiner brachte den Mut auf, es zu tun. Nur Filuccio machte vor dem Weggehen einen Versuch.

«Und was ist denn da drin?» fragte er und deutete auf die Kiste.

Mike antwortete nur kurz angebunden: «Amerika.»

Neben dem Trommelrevolver verblaßte sogar der Panzerkreuzer, dabei war dieser prachtvoll. Er war von A bis Z nur aus Streichhölzern gebaut.

«Wir haben dazu über dreißigtausend Streichhölzer gebraucht», sagte Giannino, als hätte auch er daran mitgearbeitet.

Der Kreuzer hatte zwei Schornsteine, acht Rettungsboote, vier um 180 Grad drehbare Geschütze, eine italienische Flagge auf der höchsten Rahe, und am Heck stand ganz in Gold sein Name: R. N. EMANUELE FILIBERTO. Tatsächlich ein Kunstwerk, vor allem, da es von einem einhändigen Mann gebaut worden war.

Eines Tages beobachtete ich ihn, wie er gerade dabei war, an der Kommandobrücke einige Veränderungen vorzunehmen. Er benutzte seine Holzhand als Zwinge: Er klemmte die Streichhölzer zwischen die behandschuhten Finger und schnitzte, klebte und bemalte sie mit seiner gesunden Hand. Seine Bewegungen waren so flink, daß man, wenn man ihn so bei der Arbeit beobachtete, seine Behinderung ganz vergaß.

«Das ist eine Technik, die man im Gefängnis erlernt», erklärte Onkel Luigi. «Einmal wurde in allen Gefängnissen Amerikas ein Wettbewerb für das beste Schiffsmodell ausgeschrieben, den hat Jeremy Stockenhouse aus Sing-Sing gewonnen. Er baute eine spanische Galeone, und als Figur am Bug hat er eine Büste seiner von ihm selber erdrosselten Frau nachgebildet.»

Zu den vielen Dingen, die Cupiello konnte, gehörte auch das Klavierspielen, und er spielte sehr gut. Ich habe keine Ahnung, wie er das mit einer Hand schaffte, aber er setzte tatsächlich alle Akkorde. Er hatte in seinem Zimmer ein schwarzlackiertes, goldverziertes Klavier stehen, ein wahres Museumsstück. Mit Sicherheit stammte es aus der Zeit vor der Erfindung der Elektrizität, denn an seiner Vorderseite waren silberne Kandelaber angebracht. Wenn man ihn aus der Ferne, zum Beispiel vom Hof aus, spielen hörte, so hätte man nie gedacht, daß dies kein normaler Pianist war.

«Das ist doch klar», bemerkte Onkel Luigi, «damit hat er sich ja in Amerika durchgebracht: als Pianist. Erst später ist er Gangster geworden. Er hat überall gespielt, wo er damit ein paar Dollar verdienen konnte: in den Nachtbars, auf den Festen in Brooklyn, auf Hochzeiten. Dann hat er Al Capone kennengelernt, und sein Leben hat sich schlagartig verändert. Al verschaffte ihm eine Anstellung im *Colosimo's*, das war ein von ihm kontrollierter Nachtclub, und jeden Sonntag nahm er ihn, nachdem er die Blätterteigstückchen und Rumtörtchen gekauft hatte, zum Mittagessen mit zu sich nach Hause. Der Mama Teresa gefiel vor allem ein Lied von Pasquariello so gut: *Io m'arricordo 'e te*. Mike trällerte es für sie mit Falsettstimme, und Al Capone fing dann jedesmal zu flennen an. Denn so war der Schandbare nämlich: erbarmungslos mit seinen Feinden, zärtlich in der Familie.»

«Und warum ist Mike dann Gangster geworden?»

«Weil er sich in die blonde Rosy verliebt hat: ein Mädchen aus New Jersey, an sich nicht besonders groß, aber platinblond und mit dem schönsten Busen der ganzen South Wabash Avenue!» An dieser Stelle sah Onkel Luigi gen Himmel, als wollte er diesen zum Zeugen anrufen. «Rosys Brüste waren so prachtvoll, daß die Kellner vom *Colosimo's* sie Vesuv und Monte Somma getauft hatten. Mike lernte das Mädchen kennen, als sie Zigarren- und Zigarettenverkäuferin war. Sie trug ein sehr knappes Oberteil, das praktisch ihren ganzen Busen frei ließ, dazu Netzstrümpfe und ein Strumpfband mit roter Rose. Als sie sich dann mit Mike verlobte, ließ Al Capone sie als Empfangsdame arbeiten, damit sie nicht länger halbnackt zwischen den Tischen herumgehen mußte. Und wenn ihr jetzt ganz brav seid und mich nicht dauernd unterbrecht, erzähle ich euch die ganze Geschichte.»

Vor lauter Angst, er könnte es sich anders überlegen, hielten wir sogar die Luft an. Was für die Jugend von heute das Fernsehen ist, war für uns eben Onkel Luigi.

«Mike und Rosy hatten beschlossen, an Weihnachten zu heiraten. Al Capone höchstpersönlich wollte ihr Trauzeuge sein. Sie hatten bereits die Anzeigen verschickt, als die Iren O'Banions eines Nachts einen Überfall im *Colosimo's* machten und dort Maschinengewehrsalven losließen, um Al Capone umzulegen. Ohne auch nur einen Augenblick zu zögern, warf sich Mike schützend vor seinen Boss, und eine Kugel zerfetzte seine linke Hand. Aber Rosy, die genau neben Al Capone stand, wurde von sieben Kugeln getroffen und fiel tot um. Das Ganze hatte nicht einmal eine Minute gedauert. An Rosys Hals fand man ein Silberkettchen mit einem Medaillon, auf dem das von sieben Speeren durchbohrte Herz Jesu dargestellt war.»

Trotz ihres traurigen Endes konnten wir nicht umhin, uns Rosys noch bebenden Busen und das genau im Spalt zwischen ihren Brüsten baumelnde Herz-Jesu-Medaillon vorzustellen.

«Als die Polizei ihn im Krankenhaus verhörte», fuhr Onkel Luigi fort, «zeigte er seine schon gedruckte Heiratsanzeige vor, und da die arme Rosy keinen einzigen Angehörigen in Chicago hatte, ließ er sich zur Erinnerung das Medaillon mit den sieben Speeren geben. ‹Sieben von ihnen muß ich umbringen!› murmelte Mike dann, während der Polizeikommissar sein Zimmer verließ. Und tatsächlich: Kaum wurde er entlassen, legte er der Reihe nach sieben Iren von O'Banion um. Kurz, er wurde der schrecklichste Killer von ganz Chicago.»

Eines Tages kam ein Italo-Amerikaner nach Santa Lucia und fragte nach Mister Cupiello. Giannino begleitete ihn zu Mikes Zimmer und trommelte dann eilig uns zusammen. Wir liefen alle los, um uns den Neuankömmling anzusehen. Der Unbekannte behauptete, ein Saxophonist zu sein und mit Mike in Amerika in einer Band namens Beachboys gespielt zu haben, aber niemand glaubte ihm. Dank Onkel Luigi kannten wir uns in der amerikanischen Kriminalität viel zu gut aus, um nicht zu bemerken, daß es sich bei ihm um einen weiteren leibhaftigen Gangster handelte. Außerdem trug er ja auch den typischen grauen Nadelstreifen der Al-Capone-Gang. Das war praktisch wie eine Uniform.

«Ich weiß, wer das ist», behauptete Filuccio angeberisch.

«Ja, wer denn?»

«Das ist einer von der Schwarzen Hand.»

«Woher willst du das denn wissen?»

«Er trägt einen schwarzen Knopf am Kragen», erwiderte Filuccio.

«Idiot, den trägt er doch, weil jemand aus seiner Familie gestorben ist! Bildest du dir vielleicht ein, daß die von der Schwarzen Hand mit einem Abzeichen rumlaufen?»

Wir fingen an, im Gang der Pension Soldaten zu spielen, um uns so dem Zimmer, in dem sie miteinander redeten, immer weiter nähern zu können. Aber dann hat wohl einer von uns gegen die Tür gepoltert, denn von da an verstanden wir nichts mehr: Sie unterhielten sich in einer ganz merkwürdigen Sprache mit den seltsamsten Wörtern, die alle irgendwie auf *esia* endeten, eine unglaubliche Sprache, die weder Englisch noch Italienisch und schon gar nicht Neapolitanisch war.

«Das ist die Geheimsprache der Schwarzen Hand», behauptete Filuccio.

«Wer hat dir denn das erzählt?»

«Onkel Rafele», erwiderte er. «Auch ich habe einen Onkel, der in Amerika gewesen ist, und der erzählt nicht nur, was in Chicago passiert ist, sondern weiß auch, was an der Westküste los war.»

Das war natürlich gelogen: Alle Jungen von Santa Lucia beneideten mich um Onkel Luigi, und so erfand manchmal der eine oder andere von ihnen irgendeinen Verwandten, um mir Konkurrenz zu machen, aber zum Glück war Onkel Luigi einzigartig und unnachahmlich.

«Wenn das also nicht die Geheimsprache der Schwarzen Hand ist», fuhr Filuccio streitsüchtig fort, «dann erklärt mir doch mal, was das für eine Sprache sein soll?»

Es war die *parlesia**, eine traditionelle Redeweise, die unter den Musikanten Süditaliens immer noch gebräuchlich ist.

«Appunisce 'a chiarenza?»** fragte Mike seinen Freund und zeigte ihm eine Whiskyflasche.

«No, tengo 'a fegatesia addovà», erwiderte dieser und betastete sich die Leber. Dann fragte er zurück: «E tu che stai appunendo?»

«Uhm», heulte Mike und verzog seinen Mund.

«Appunisce quacche jamma?»

* Die *parlesia* besteht größtenteils aus neapolitanischen Wörtern und bedient sich vor allem zweier Verben: *appunire* und *spunire*. Das erstere hat bestätigende Bedeutung und verändert seinen Sinn je nach dem dazugehörigen Objekt. So kann *appunire* je nach dem Zusammenhang etwa bedeuten, etwas gern mögen, aber auch einen schönen Film ansehen, einen Kaffee annehmen, eine Person lieben oder an einem erfreulichen Ereignis teilnehmen. *Appunisce 'a machinesia?* kann bedeuten: «Gefällt dir dieses Auto?», aber auch «Willst du dieses Auto kaufen?» oder einfach: «Besitzt du ein Auto?» *Appunisce 'na jamma?* ist bereits persönlicher gemeint: Verstärkt durch das Wort *jamma* (Frau), entspricht es der Frage an einen Freund, ob er mit einer (schönen) Frau schläft. Und *'O jammo accauto appunisce 'a chiarenza»* ließe sich übersetzen mit: «Dieser Mann trinkt allzugern Whisky.»

Spunire hingegen hat immer negative Bedeutung. *Nu spuni bacarie* heißt etwa: «Rede keinen Blödsinn» und *l'aggia avuta spuni* bedeutet: «Ich mußte es verkaufen».

Jammo und *jamma* bezeichnen Mann und Frau, dazu gibt es die hierarchischen Varianten *'o jammone, 'a jammona, 'o jammetiello, 'a jammetella.* Beispiel: *'o jammone appunisce 'e tellose d'' a jammetella.* Übersetzung: «Dem Boss gefällt der Busen des Mädchens.» Weitere lebenswichtige Wörter sind: *addovà* bedeutet «Achtung», aber in eindeutig negativem Sinn; *'a pusteggia* bedeutet durch die Kneipen ziehen und für Geld singen, während *accauto e allauto* «dieser und jener» heißt. Ansonsten braucht man nur an alle italienischen Wörter die Endung *esia* anzuhängen: So wird aus «alberi» (Bäume), «tavole» (Tische) oder «montagne» (Berge) *alberesia, tavolesia, muntagnesia.*

** «Willst du einen Whisky?»
«Nein, meine Leber ist ganz kaputt. Und wie geht es dir?»
«Hm.»
«Hast du eine Frau?»
«Red keinen Blödsinn: Ich bringe mich alleine kaum durch, wie soll ich da auch noch eine Frau mit durchbringen?»
«Hast du wenigstens ein Auto?»
«Ich habe es verkaufen müssen.»
«Und wie schlägst du dich durch?»
«Ich kenne einen Herrn, der eine Galerie hat und jeden Abend eine Versteigerung macht, und dann gehe ich auch manchmal in die Kneipen und singe.»
«Ich habe verstanden: Du machst alles, was sich so anbietet, je nachdem.»

«Nu spuni bacarie: si nunn'appunisco a me, come vuò ca m'appunisco 'na jamma!»
«Appunisce armeno n'a machinesia?»
«L'aggia avuta spunì.»
«E comme abbusche 'a campesia?»
«Cunosco a 'nu jammone c'appunisce 'na gallaresia e fa l'astesia tutte e sere e po quacche vota appunisco a pusteggia.»
«Aggia appunito», schloß sein Freund, «fai accauto e allauto, a come vene vene.»

Wenn italienische Musikanten und Hausierer in ein fremdes Land kommen, haben sie das Bedürfnis, mit einem Kollegen Kontakt aufzunehmen. Dann ziehen sie durch die Kneipen und Spielsäle, und sobald sie einen entdecken, dessen Haare dunkel und dessen Augen schwarz sind, nähern sie sich ihm und fragen leise: «Appunisce 'a parlesia?», «Verstehst du unsere Sprache?», und das ist dann schon fast als Codewort zu verstehen und bedeutet einfach: Bist du einer von uns?

Um genauer herauszubekommen, was Mike so trieb, begannen wir, ihm nachzulaufen. Meist ging er in den Molosiglio-Park, setzte sich auf eine Bank und schaute eine halbe Stunde lang den Kinderfrauen, Soldaten und den ballspielenden Kindern zu. Einmal trat ein alter Mann auf ihn zu und übergab ihm ein dunkelblaues Paket. Mike nahm es entgegen und ging weg. Vielleicht enthielt das Paket ja nur einfache Kekse aus Castellammare oder Voiello-Spaghetti, aber warum, so fragten wir uns, hatte man es ihm dann auf so geheimnisvolle Weise übergeben? Und außerdem, warum hatte er es dann nicht sofort vor aller Augen bezahlt?

Ein anderes Lieblingsziel Mikes war der Hafen; anscheinend war er in seiner Jugend zur See gefahren.

«Er war Schiffsjunge auf einem Handelsschiff, das wertvollen Marmor von Genua nach Barcelona transportierte», erklärte Onkel Luigi. «Das Schiff hieß *Il Nettuno*. Es hatte eine Tonnage von sechs, höchstens sieben Tonnen. Eines schlimmen Tages im Ersten Weltkrieg wurde das *Nettuno* aber dann von einem deutschen Unterseeboot versenkt, und Mike trieb mit anderen Schiff-brüchigen vier Tage und vier Nächte, ohne etwas zu essen oder zu trinken, in einem Rettungsboot auf dem Meer. Dann kam der Kreuzer *Emanuele Filiberto*, eben jener, den er mit Streichhölzern nachgebildet hat, und rettete sie alle.»

Als wir ihm wieder einmal zum ich weiß nicht wievielten Male nachgingen, erwischten wir ihn dabei, wie er das Hauptpostamt betrat. Nuzzo Neri tat so, als müßte er einen Wechsel ausfüllen, und rückte ihm in der Schlange wie ein Blutegel auf den Leib. Als sie dann am Schalter standen, sah er, daß Mike einen Brief abholte, der aus den Vereinigten Staaten kam. Das erkannte er gleich an den Briefmarken. Ja, er war sogar so unverfroren, Mike um die Briefmarken zu bitten, und während dieser sie vom Brief-umschlag löste, konnte Nuzzo in aller Ruhe den Namen des Adres-saten lesen. Da stand: «Mr. Mike Cupiello, Grand Hotel Santoro, Via Marino Turchi, Neaples, Italy».

«Schade, daß ich nicht auch noch den Absender lesen konnte», bedauerte Nuzzo.

«Wozu brauchst du denn den zu lesen?» tröstete ihn Onkel Luigi. «Ich kann dir ja ganz genau sagen, wer der Absender ist: Al Capone höchstpersönlich! Er schickt ihm jeden Monat einen Scheck über fünfzig Dollar.»

Der Mythos, den wir um Mike aufgebaut hatten, wurde empfind-lich beschädigt, als eines Tages sein Bruder Carmine eintraf, Büffelzüchter aus Mondragone. Er kam ganz unerwartet am Heili-gen Abend an, als wir im Speisesaal der Pension gerade Tombola spielten, schob unsere Tombolatafel beiseite und stellte einen Topf mit fünf in Milch schwimmenden Mozzarellas auf den Tisch, die Signora Santoro gleich verschwinden ließ, ohne uns auch nur ein Stückchen zum Kosten zu geben.

Wenn Mike ein schweigsamer Mensch war, so ließ sich von seinem Bruder genau das Gegenteil sagen: Er schwatzte ununter-brochen. Eines Tages ließ er sich von Nuzzo und mir in die Via Chiaia führen, wo er eine Bruyèrepfeife kaufen wollte. Auf dem Weg dorthin erzählte er uns Mikes Leben von A bis Z, von seiner

Geburt bis zu diesem Tag. Wir waren entsetzt: Entweder Onkel Luigi oder der Herr Carmine hatte uns einen Haufen Lügen erzählt.

«Der arme Mike!» sagte der Bruder voller Mitleid. «Er hat mit dreißig seinen Arm auf den Docks von New York verloren: Beim Löschen einer Ladung wurde er unter einem Bündel schlecht vertäuter Rundhölzer begraben. Der Reeder gab ihm hundert Dollar und entließ ihn. Vielleicht hätte man den Arm ja retten können, aber aus Angst vor Wundbrand hat man ihn, noch bevor mein Bruder wieder zu Bewußtsein kam, zwei Zentimeter unterhalb des Ellbogens amputiert. Als er dann aufwachte, merkte er, daß er keinen Arm mehr hatte! Aber so war das damals: Die Emigranten wurden praktisch wie Tiere behandelt!»

«Und Rosy?» fragte ich anzüglich. «Die blonde Rosy?»

«Die blonde Rosy?» fragte er verwundert, daß mir eine so intime Einzelheit aus dem Leben seines Bruders bekannt zu sein schien. «Meinst du Rosa Javarone? Die Mike heiraten wollte?»

«Ja, die blonde Rosy», beharrte ich und starrte ihm in die Augen, um ihn möglichst in Verlegenheit zu bringen.

«Aber die war doch nicht blond, die hatte braune Haare.»

«Und warum haben sie dann nicht geheiratet?»

«Das war der nächste Schicksalsschlag!» seufzte Carmine mit ehrlichem Bedauern. «Sie kannten sich schon von Kindheit an, mit Achtzehn wollten sie heiraten, aber sie waren beide bitter arm. Da sagte Mike: ‹Ich gehe nach Amerika, und sobald ich das Geld beisammenhabe, kommst du nach.› Und so geschah es auch. Eines Tages schrieb er in einem Brief: ‹Komm nach New York, ich bin so weit, aber Dein Hochzeitskleid laß Dir lieber im Dorf machen, denn hier kostet es sehr viel.› So fuhr Rosa ab. Sie schiffte sich auf der *Cesare Battisti* ein. Ich habe sie selber zum Hafen begleitet. Es war ein ganz unvergeßlicher Tag: Der ganze Platz am Beverello-Kai war voll mit Leuten, da waren Hunderte von Emigranten, die nach Amerika abreisen wollten, und alle ihre Angehörigen, die sie zum Abschied hierherbegleitet hatten. Da waren Musikanten darunter, manche spielten Gitarre, manche sangen, und alle umarmten sich. Und dann waren auch alle ein bißchen blau, weil sie vor der Abreise noch einmal ordentlich gefeiert hatten. Und wie sie da alle noch lachten, tönte das Schiff plötzlich *tu tuuu*, und dann fingen alle zu weinen an. Die Besatzung schrie: ‹An Bord! Alle Mann an Bord, wir fahren ab!› Die Mütter kreischten los: Sie wollten ihre Söhne im letzten Augenblick doch nicht nach Amerika reisen lassen und klammerten sich an ihren Kleidern fest, damit sie nicht wegkonnten. Die Ehefrauen waren verzweifelt, die Kinder weinten. Und sie, diese armen Kerle, gingen mit Tränen in den Augen an Bord. Viele hatten ein farbiges Wollknäuel dabei, das sie bei der Abreise über die Bordwand werfen wollten, so daß sie ein Ende in der Hand hielten, während das andere Ende bei den Angehörigen auf dem Kai zurückblieb. Das Schiff setzte sich langsam in Bewegung, so langsam, als wollte es eigentlich nicht abfahren, die Wollknäuel entrollten sich eines nach dem andern, und ein paar Sekunden lang hatten wir den Eindruck, daß das Schiff es nicht schaffen würde, sie zu zerreißen. Aber dann legte es ab, und die Fäden flatterten wie ein farbiger Schweif noch eine Weile in der Luft. Dann sahen wir sie nicht mehr.»

«Und Rosa?»

«Rosa mußte gleich nach ihrer Ankunft in New York mit Lungenentzündung ins Bett. Zwei Wochen Krankheit bei vierzig Grad Fieber, ein Arzt, der die Lungenentzündung für Grippe hielt, dann starb die Ärmste fern von ihren Angehörigen und ihrer Heimat in Mikes Armen.»

Und Al Capone? Und der Trommelrevolver? Und die sieben Iren O'Banions? Und das Herz Jesu mit den sieben Speeren? Nein, der Herr Carmine hatte uns mit seinem ganzen Gerede keinen Augenblick überzeugt! Er hatte doch unserer Meinung nach nur eines im Sinn: vor aller Welt geheimzuhalten, daß sein Bruder einer der abgefeimtesten Gangster von ganz Chicago gewesen war. Und in der Tat wurde uns dies noch am selben Abend von Onkel Luigi bestätigt.

«Mike Scalese war gezwungen, nach Italien zurückzukehren,

um der Rache der Genna-Brüder zu entgehen. Wißt ihr überhaupt, wer die Genna-Brüder waren?»

«Nein, wer waren die?»

«Fünf Brüder, die in ganz Chicago als die ‹schrecklichen Gennas› bekannt waren. Sie hießen Sam, Angelo, Peter, Tony und Jim. Eines Tages setzte sich Angelo, den man auch den ‹Verfluchten› nannte, in den Kopf, Al Capone umzulegen. Er lud ihn zum Essen in ein Restaurant ein, und als sie dann beim Nachtisch angelangt waren, ließ er einen Killer mit Pistole hereinkommen. Aber da hatte er die Rechnung ohne Mike Scalese gemacht. Der hatte nämlich von Anfang an geahnt, daß das Ganze eine Falle war, denn Angelo Genna war allzu freundlich gewesen. Was machte er also? Er tat so, als wäre er betrunken, und setzte sich in einer Ecke des Speisesaals in einen Sessel, um zu schlafen. Dabei kontrollierte er aber aus den Augenwinkeln ständig den Eingang. Als er dann den Killer hereinkommen und die Pistole ziehen sah, hatte dieser nicht einmal mehr Zeit, den Hahn zu ziehen, so blitzartig hatte ihn Mike erledigt. Von da an mußte er sich, um der Rache der Gennas zu entgehen, ständig verstecken. Zuerst in Vera Cruz, dann in Marseille, schließlich in Neapel. Vorsichtshalber änderte er auch seinen Familiennamen. Und die Witwe Santoro hat ihm gleich am ersten Tag versprochen, daß sie ihn nie bei der Polizei melden würde. Heute weiß außer mir und Al Capone kein Mensch, wer er wirklich ist und wo er wohnt. Capone läßt ihm von Zeit zu Zeit über einen Vertrauensmann eine Nachricht zukommen. Im allgemeinen treffen sie sich dann im Molosiglio-Park.»

Ohne einen Augenblick zu zögern, glaubten wir sofort Onkel Luigis Version, denn schließlich hatten wir ja mit eigenen Augen gesehen, wie Mike Cupiello im Molosiglio-Park Al Capones Paket entgegengenommen hatte. Er war ganz sicher ein Gangster, und sein Bruder hatte uns nur eine romantische Geschichte erzählt, um die Wahrheit vor uns geheimzuhalten. Als Mike eines Tages nach Mondragone gegangen war, nutzten wir die Gelegenheit und betraten sein Zimmer. Mit einem krummen Nagel machten wir das Schloß der Holzkiste auf. Der Trommelrevolver war nicht drin, dafür fanden wir ein Hochzeitskleid, dessen Tüll schon ganz zerfetzt war, ein Medaillon mit dem von sieben Speeren durchbohrten Herzen Jesu und das Foto eines blonden Mädchens.

«Mir kommen die Haare braun vor», sagte Filuccio.

«Und mir kommen sie blond vor», erwiderte ich und schloß die Kiste.

7. KAPITEL

In Abrahams Schoß

Mag sein, daß es an meinem jugendlichen Alter lag, an meiner Unbekümmertheit, einem angeborenen Optimismus oder meinem fröhlichen Charakter, jedenfalls habe ich in meinem ganzen Leben nie so viel gelacht wie gerade während des Krieges. Dabei bin ich weiß Gott so manches Mal einer Tragödie nur um Haaresbreite dadurch entkommen, daß etwa ein Bomberpilot eine Sekunde früher oder später auf den Auslöser gedrückt hat, eine SS-Razzia statt in der einen Straßenrichtung in der anderen durchgeführt wurde oder in einem kleinen Dorf in der Ciociara statt marokkanischer die amerikanische Besatzung einzog. Tatsache ist, daß ich in meinem damaligen Lebensalter jede neue Erfahrung spannend fand: Luftschutzbunker, Dux-Lager, *Die kleinen Italienerinnen* und sogar die Kriegslieder gefielen mir, angefangen bei *Partono i sommergibili* bis *Camerata Richard benvenuto*.

Für mich begann der Krieg offiziell am 5. Mai 1938, dem Tag, als Hitler nach Neapel kam, um die Parade der italienischen Flotte abzunehmen. Wir hatten uns schon zwei Wochen lang für den großen Aufmarsch vorbereitet. Sie ließen uns in Sechserreihen so lange die Via Partenope auf und ab marschieren, bis wir uns vor Erschöpfung auf den Boden setzten; jedesmal, wenn ich an meinem Haus vorbeikam, streckte ich den rechten Arm noch ein wenig höher als die andern, damit mich meine Angehörigen, die auf dem Balkon standen, auch erkennen konnten. Ich war neuneinhalb Jahre alt, und gerade erst zum *Marinetto del Duce** ernannt worden. Unser Bataillon hatte einen Bestand von vierhundert Leuten, die fast alle in Santa Lucia und in Mergellina wohnten,

---

* Sonderkorps der faschistischen Jugend, Anm. d. Übers.

und unsere Uniform war wunderschön: Sie entsprach ganz genau jener der richtigen Seeleute, hatte aber außerdem noch weiße Patronentaschen für die Karabinerpatronen, die sie uns versprochen hatten, in Wahrheit aber nie gaben.

An jenem Morgen mußte ich sehr früh aufstehen, um mich um sieben Uhr am Molosiglio einzufinden. Am Abend zuvor hatte ich bis spät mit meinem Vater gestritten, weil er mir keine schwarzen Schuhe zu der Uniform kaufen wollte. Papa meinte, daß die braunen vollauf genügten.

«Du glaubst doch wohl nicht, daß Hitler bei alldem, was er um die Ohren hat, auch noch bemerkt, daß unter den vierhundert Jungen, die vor ihm vorbeimarschieren, einer ist, der braune Schuhe trägt? Wo denkst du hin!»

«Du machst es eben so, mein Liebling», schlug meine Mutter vor, «du versteckst dich ein bißchen und gehst genau in der Mitte der Reihe.»

«Wie soll ich mich denn verstecken? Der Comandante macht vor dem Aufmarsch bei jedem einzelnen genaue Inspektion!»

«Also gut, dann reibe ich sie dir jetzt mit schwarzer Schuhcreme ein, dann merkt keiner mehr, daß sie braun sind.»

Wie vorhergesehen, wurden wir genau kontrolliert. Es hieß, daß nur die Besten an der Parade teilnehmen durften, und zwar nicht mehr als zweihundert; wir mußten uns jeweils zu dritt aufstellen, und wenn bei einem einzigen nicht alles in perfekter Ordnung war, wurden alle drei ausgeschlossen. Als ich an die Reihe kam, zitterte ich wie Espenlaub.

«Braune Schuhe!» sagte der Comandante, «weg mit euch dreien!» und ging weiter.

Die andern beiden wurden jetzt natürlich wütend auf mich und meine braunen Schuhe und begannen, an mir herumzuzerren. Mit einem Ruck entwand ich mich ihnen und versuchte, in die Anlage zu flüchten, aber die beiden Grobiane schnappten mich gleich wieder.

«Dieser Mistkerl», schrien sie. «Der hat einfach braune Schuhe angezogen, der Schuft!»

Zuerst verprügelten sie mich, dann zogen sie mir die Schuhe aus und warfen sie ins Meer. Barfuß und verheult kehrte ich nach Hause zurück. Als mein Vater mich in diesem Zustand sah, wollte er gleich in den Molosiglio-Park, um den beiden Übeltätern eine Lektion zu erteilen, aber meine Mutter hielt ihn auf. «Laß das», sagte sie, «fang keinen Streit mit den Faschisten an. In solchen Zeiten soll man sich nur um seine eigenen Angelegenheiten kümmern.»

Nun weiß ich ja nicht, ob dieses Erlebnis ausreicht, mich als politisch Verfolgten auszuweisen, jedenfalls war jener «besondere Tag» für mich ein sehr schlechter Tag gewesen.

In den vierziger Jahren waren fast alle Italiener im Alltag Faschisten und dann beim Witzeerzählen die leidenschaftlichsten Antifaschisten. Eines der bedeutendsten Nester des satirischen neapolitanischen Widerstands war das Hinterzimmer im Geschäft meines Vaters an der Piazza dei Martiri. Unbestrittener Anführer beim Erzählen politischer Witze war Zuschneidemeister Don Eduardo, ein anarchistischer Marxist, der schrecklich in Signorina Bertoloni, eine unserer Verkäuferinnen, verliebt war. Jedesmal, wenn Signorina Bertoloni an ihm vorbeiging, faßte er sich mit beiden Händen an den Kopf und sah gen Himmel, als wollte er diesen zum Zeugen anrufen, und stöhnte: «Die macht mich noch wahnsinnig!»

Seine Leidenschaft für die Verkäuferin hinderte ihn aber nicht daran, jeden Tag einen neuen Witz gegen das Regime aufzutischen. Die Versammlungen fanden zwischen zwei und vier Uhr während der Mittagspause statt und zählten sämtliche Geschäftsleute unseres Platzes zu ihren Mitgliedern. Der Reihe nach rückten die Verschworenen an, sahen sich vorsichtig um und verschwanden sofort im Hinterzimmer. Don Eduardo wartete schweigend, bis der Ladenjunge das Rollgitter heruntergelassen hatte, dann setzte er sich mit herunterhängenden Beinen auf den Zuschneidetisch und erzählte mit ganz leiser Stimme den ersten Witz:

Eines Tages fährt Farinacci zur Inspektion aufs Land und fragt einen Bauern: «Womit fütterst du deine Hühner?»

«Exzellenz, womit soll ich sie wohl füttern!» ruft der Bauer aus. «Mit Mais.»

«Mit Mais!» schreit Farinacci. «Weißt du denn nicht, daß wir den Mais brauchen, um Brot für unsere Soldaten zu backen! Du undankbarer Kerl: Du liebst das Vaterland nicht!»

Um weitere peinliche Situationen dieser Art zu vermeiden, schickt nun der für die Landwirtschaft zuständige Parteiführer einen Motorradfahrer zu allen Bauern voraus, um sie davor zu warnen, «Mais» zu antworten.

Zweiter Gutshof, zweite Inspektion.

«Womit fütterst du deine Hühner?» fragt Farinacci auch hier den Bauern.

Der vom Motorradfahrer gewarnte Bauer hütet sich natürlich, «Mais» zu sagen, und erwidert: «Gerste, Exzellenz, wir füttern sie mit Gerste, weil Hühner anscheinend sehr gern Gerste fressen.»

«Gerste!» brüllt Farinacci. «Weißt du denn nicht, daß wir die Gerste brauchen, um Kaffee für unsere Soldaten zu kochen! Du undankbarer Kerl: Du liebst das Vaterland nicht!»

Wieder wird der Motorradfahrer losgeschickt, diesmal mit einem neuen Befehl: weder Mais noch Gerste. Bis dann beim zwanzigsten Gutshof die Lage wirklich schwierig wird. Die Liste der nicht nennbaren Futtermittel ist inzwischen lang: Mais, Gerste, Oliven, Johannisbrot, Erdnußsamen, Saubohnen, Haselnüsse und Pistazien, alles verboten. Aber Farinacci läßt nicht locker und stellt immer wieder dieselbe Frage:

«Womit fütterst du deine Hühner?»

«Exzellenz», erwidert der zwanzigste Bauer entnervt, «wenn Sie die Wahrheit wissen wollen: Wir geben ihnen jeden Morgen zwei Lire, da können sie sich selber kaufen, was sie wollen!»

Ein Witz verbreitete sich sofort in der ganzen Stadt: Ein einziger Bombenangriff, und er machte die Runde in allen Luftschutzräumen. Aber vielleicht sollten wir an dieser Stelle doch eine kurze

Abschweifung über Neapel und die Bombardierungen Anfang der vierziger Jahre einflechten.

Der erste Ritus war der des Voralarms: Es gab in der ganzen Stadt keinen einzigen Menschen, der nicht wenigstens «einen Vetter bei der Flak» hatte. Der Voralarm verbreitete sich, sobald ein alliiertes Flugzeug weit vor der Küste Siziliens erspäht worden war, rasend schnell: Jeder ehrenwerte Neapolitaner telefonierte, sobald er die Meldung erhalten hatte, nun seinerseits wieder allen Verwandten, Freunden und den Freunden seiner Freunde. Eine solche Kettenreaktion war natürlich streng verboten, daher wurden die Warnungen als Code durchgegeben: «Piedigrotta ist hochgegangen», «Jetzt kommt die Zeit der Kastanien», «Heute nacht gibt's Tanz», «Es sind Gewitter angesagt», so lauteten die gebräuchlichsten und ehrlich gesagt ja auch nicht gerade besonders verschlüsselten Botschaften.

Zur Sicherheit schliefen wir in Kleidern: Beim ersten Sirenengeheul hatten wir schon die Schuhe an, beim zweiten waren wir im Bunker. Nur Papa blieb noch ein paar Minuten zurück, um Onkel Eduardo anzurufen, der schwerhörig war und aus wer weiß was für unerfindlichen Gründen immer nur die Entwarnungssirene hörte, so daß er immer dann in den Keller herunterkam, wenn alle anderen schon wieder hinaufgingen.

Unten im Luftschutzraum waren wir nach Geschlecht, Alter und politischen Ideen getrennt: Die Jungen spielten Ball, die Frauen beteten den Rosenkranz, und die Männer erzählten sich trotz der Drohungen und Bitten des Blockwarts Cavaliere Fiorito zur Abwechslung die neuesten Witze.

«Ihr bringt mich noch in die größten Schwierigkeiten!» protestierte der Ärmste, der schließlich auch Parteiführer war. «Euretwegen werde ich noch aus der Partei ausgeschlossen!»

«Cavaliè», sagte da Papa, «wir sind hier alle in Todesgefahr, und Sie reden über die Partei! Aber kennen Sie denn auch den, wie Hitler und Mussolini sich in der Hölle begegnen?»

«Welchen?» fragte Fiorito mit klagender Stimme, doch gleichzeitig auch neugierig geworden. «Den mit den acht Millionen

Bajonetten, die acht Millionen Gabeln werden? Den kenn' ich, den kenn' ich, aber ihr dürft ihn nicht erzählen!»

In Wahrheit gefielen dem Cavaliere die Witze sehr, ja er hätte sie am liebsten selber erzählt, wenn ihm dazu nicht der Mut gefehlt hätte, aber gewisse Dinge konnte er nicht dulden: «Die Defaitisten» zum Beispiel beunruhigten ihn zutiefst, und davon gab es in unserem Haus eine sehr entschlossene Gruppe, die von Rechtsanwalt Ventrella angeführt wurde.

Schweigsam und vertrauten Umgang mit den übrigen Hausbewohnern scheuend, zogen sich die Defaitisten am liebsten in den hintersten Luftschutzraum zurück, wo sie angeblich «Tressette» spielten, in Wirklichkeit aber auf das Regime schimpften. Oft stiegen sie noch vor dem Alarm in den Keller hinunter: Unter dem Vorwand, daß sie nicht mitten im Spiel unterbrochen werden wollten, verabredeten sie sich gleich im Luftschutzraum.

Außer dem schon genannten Rechtsanwalt Osvinio Ventrella gehörten der Defaitistengruppe noch Professor Kernot an, der sich in den Augen des Regimes dadurch schuldig gemacht hatte, daß er einen ausländischen Namen trug, der Ingenieur Sossich, der österreichischer Herkunft, aber mit einer englischen Dame verschwägert war, Marco Terracini, ein Jude, was natürlich schon ausreichte, sowie Peppino Lucariello, der nicht nur ein falscher Tressette-Spieler, sondern auch ein falscher Defaitist war, denn er interessierte sich nicht für Politik. Er hatte sich der Gruppe nur deshalb angeschlossen, weil er in die schöne Elena, eine der vielen Schwestern des Rechtsanwalts Ventrella, verliebt war. Der sechste in der Runde, aber gewiß nicht der unbedeutendste, war Marco Ricca, im Ersten Weltkrieg mehrfach ausgezeichnet und ein heftiger Gegner des Regimes. Daß Ricca nicht schon längst im Gefängnis saß, verdankte er außer seiner heldenhaften Vergangenheit vor allem einer leichten geistigen Verwirrung, die sogar während eines ordentlichen Prozesses gerichtlich anerkannt worden war. Der Veteran hängte nämlich gewöhnlich seine sämtlichen Medaillen seinem Hund, einem Mischling namens Montegrappa, ans Halsband und ging mit ihm vor dem Palazzo Reale auf und ab, wobei er dann auch noch erwartete, daß die Wachen vor dem Vierbeiner das Gewehr präsentierten.

Als Wachtposten der Gruppe dienten Nunzia und Angelina, die beiden Dienstmädchen Osvinio Ventrellas. Nunzia hatte die Aufgabe, den Cavaliere Fiorito im Auge zu behalten. Sobald er näher kam, schrie sie: «Die Wachtel, die Wachtel», und alle verstummten (mit «Wachtel» umschrieb sie den goldnen Adler, den der Parteiführer an der Mütze trug). Angelina hingegen, die älter war und mehr Ansehen genoß, war für die Lautstärke der Stimmen verantwortlich: Wenn die «Tressette»-Spieler allzu heftig redeten, forderte sie sie zur Mäßigung auf.

Nach einem Bombenangriff gingen wir Jungen schon im Morgengrauen auf die Straße, um als erste Granatsplitter, Schrapnelle, Leuchtspurgeschosse, Bombensplitter, Maschinengewehrkugeln und alles mögliche, was sonst so vom Himmel gefallen war, aufzusammeln. Wir gingen mit gesenktem Kopf, die Augen mal nach rechts, mal nach links gerichtet, um uns auf das erste Ding zu stürzen, das aus einem Spalt im Straßenpflaster herausfunkelte. Und dann tauschten wir in der Schule: ein Schrapnell, das halb aus Aluminium, halb aus Kupfer war, gegen vier gewöhnliche Granatsplitter, eine Granate mit der dazugehörenden Zündkapsel aus Messing gegen mindestens sieben andere Stücke. Teile von USA-Bomben hingegen, die einfach nur ausgefranste Eisenstücke waren, erfreuten sich keiner großen Nachfrage. Das Sammeln von Geschossen wurde schon bald die Lieblingsbeschäftigung aller neapolitanischen Jungen, gerade so, wie es zuvor mit den Perugina-Sammelbildchen geschehen war.

Wer nie in seinem Leben einen Wilden Saladin in einer Pralinenschachtel gefunden hat, weiß nicht, was die Seligkeit auf Erden ist! Mitte der dreißiger Jahre wurde ganz Italien von einer wahren Sammelleidenschaft für Perugina-Bildchen erfaßt: Zuerst hatte es eine erfolgreiche Rundfunksendung gegeben, nämlich die der Vier Musketiere, und dann war es ganz besonders schwer, ein besonderes Bildchen zu finden, und zwar den Wilden Saladin:

Schon hatte sich ein harmloser Wettbewerb in eine Volksmanie verwandelt. Jeden Abend trafen sich Hunderte auf der Piazza dei Martiri vor dem Perugina-Laden, der genau neben dem Geschäft meines Vaters lag, und bestimmten die Tagesquoten. Es war eine regelrechte Wertpapierbörse: «Crik und Crok» waren acht wert, «Das Pekinesenhündchen» fünfzehn, «Der verfluchte Graf» zwanzig, und für einen «Wilden Saladin» mußte man je nachdem hundert bis zweihundert gewöhnliche Bildchen bezahlen. Die faschistischen Machthaber verboten diesen Wettbewerb, als ihnen klarwurde, daß diese Bildchen vertrauenerweckender geworden waren als die Banknoten des Reiches.

Bis Februar 1942 ging unser Leben so weiter: Bombardements, Granatsplitter und Perugina-Bildchen, dann aber beschloß mein Vater nach einem Luftangriff, der noch viel schrecklicher gewesen war als alle vorherigen, die Stadt zu verlassen. Sogar Mussolini hatte gesagt: «Wer kann, der hat die Pflicht, aus Neapel wegzugehen. Frauen und Kinder müssen in Sicherheit gebracht werden. Nur wer bürgerliche und moralische Verpflichtungen hat, muß bleiben.» Aber wo sollte man einen sicheren Ort finden, der abseits von den Flugrouten der Bomber lag? Unsere Familie war ziemlich zahlreich: Vater, Mutter, zwei Kinder, eine neunzigjährige Großmutter, eine taube Tante (Tante Maria), ein praktisch ganz unzuverlässiger Onkel (Onkel Luigi) und zwei Dienstmädchen, die weder lesen noch schreiben konnten. Wir suchten also nach einem Dorf, in dem es keine Objekte gab, die man hätte bombardieren können, und das gleichzeitig nicht zu weit von Neapel entfernt lag. Der eine schlug Sorrent vor, der andere Capri und einer, Onkel Luigi nämlich, sogar Trient, wo er angeblich eine gute Freundin besaß, die Besitzerin einer Konditorei, die uns, wie er behauptete, samt und sonders alle bei sich aufgenommen hätte.

«Trient liegt zu nahe an der Ostfront», wandte mein Vater ein. «Stell dir vor, die Russen brechen durch, was geschieht dann mit uns? Ich kenne diese Gegend noch aus dem Ersten Weltkrieg, und ihr dürft mir glauben, daß es mir da nicht besonders gefallen hat.»

«Was heißt, die Russen brechen durch!» widersprach Onkel

Luigi. «Die haben den Krieg doch bereits verloren: Sie sind auf der ganzen Linie auf dem Rückzug. Die Besitzerin der Konditorei hingegen, stell dir doch bloß mal vor, was die uns für leckere Sachen vorsetzen würde! Hast du je in deinem Leben Strudel gegessen? Österreichische *Delikatessen*, Eugè, nicht bloß so einfache Rumkringel und Blätterteigstückchen!»

«Und du bildest dir ein, die würde neun ausgehungerte Leute nur wegen deiner schönen Augen ins Haus nehmen? Daß ich nicht lache!»

«Liselotte ist für mich zu jeder Schandtat bereit!»

«Luigi, laß jetzt die Liselotte sein, suchen wir lieber ein ruhiges Dorf», schnitt ihm Papa das Wort ab. «Wir müssen etwas finden, wo wir uns wie im Bauch der Kuh fühlen, wie in Abrahams Schoß.»

«Und was ist Abrahams Schoß?» fragte ich.

«Der sicherste Platz der Welt: ein ruhiger, friedlicher Ort, wo überhaupt nichts los ist und nicht einmal eine Zeitung erscheint.»

Eines Abends kehrte Papa mit einer Landkarte vom Touring Club, Maßstab 1:200000, nach Hause. Er breitete sie auf dem Eßtisch aus, beschwerte sie an allen vier Ecken mit Aschenbechern und studierte sie zwei Stunden lang mit größter Aufmerksamkeit. Dann fuhr er plötzlich hoch.

«Da ist es», rief er triumphierend aus und deutete auf eine bestimmte Stelle der Landkarte, «dies hier ist Abrahams Schoß!»

«Und wie heißt das?»

«Cassino.»

Auf diese Weise zogen wir alle nach Cassino. Ungewollt hatte uns Papa damit einige Sitzplätze in der ersten Reihe besorgt, von denen aus wir eine der schlimmsten Schlachten des Zweiten Weltkriegs aus nächster Nähe verfolgen konnten. Dabei hätten geringe Geschichtskenntnisse ausgereicht, diese Entscheidung zu verhindern, denn noch jedes fremde Heer, das nach Italien eindrang, ist durch Cassino gezogen. Die Ebene zu Füßen der Abtei ist der einzige Korridor, durch den ein Durchzug von Nord nach Süd oder umgekehrt möglich ist. Im 4. Jahrhundert v. Chr.

marschierten die Römer auf ihrem Feldzug gegen die Samniten hier durch, etwas später kam Fabius Maximus, um Hannibal aufzuhalten, dann Belisar mit den Byzantinern, Totila mit den Ostgoten und schließlich Gonzalo Fernández de Córdova mit den Truppen der Königin Isabella – von Montecassino ganz zu schweigen, diesem kaum mehr als fünfhundert Meter hohen Berglein, das sich nur dazu hier zu erheben scheint, damit man das Lirital gut überwachen kann. Jeder auch noch so schwache Stratege hätte sich beim Anblick dieser Zone gesagt: «Hier halten wir sie mindestens ein Jahr lang auf!» Und wir waren ausgerechnet dorthin gezogen, um uns zu verstecken!

Wir fanden Unterkunft in San Giorgio a Liri, einem kleinen Dorf etwa zehn Kilometer von Cassino entfernt, und ich muß zugeben, daß wir uns dort tatsächlich fast ein Jahr lang wie in Abrahams Schoß fühlten: Dort gab es weder Zeitungen noch Lebensmittelkarten, keine Streifen des Nationalen Luftschutzvereins, keine Bombenangriffe, weder Nachrichten von der Front noch Flak, Luftschutzräume mit Sandsäcken oder andere Leiden dieser Art. Wollte man Neuigkeiten über den Kriegsverlauf, mußte man den «Pimpf» fragen, einen wunderlichen, etwa dreißigjährigen Mann, der ständig zwischen Neapel und Rom hin und her fuhr. Alle nannten ihn Pimpf wegen der Aufmachung, in der er gewöhnlich herumging: graugrüne Kniehosen, mausgrauer Skipullover und den typischen Faschistenfez mit der schwarzen Quaste.

«Ich glaube, der Pimpf ist ein Faschistenspitzel», sagte Onkel Luigi, «er hat *le physique du rôle*. Ein Freund von mir, der beim Intelligence Service arbeitet, hat zu mir gesagt: Luigi, achte auf die Spitzel: Es gibt Tausende! Mussolini hat in jedes Dorf einen geschickt! Und wer soll schon in der Gegend von Cassino Spitzel sein, wenn nicht der Pimpf!»

Wir hatten zwar nichts zu verbergen, aber Onkel Luigi hörte gewöhnlich an seinem alten Allocchio-Bacchini-Gerät Radio London. Und wenn wir dann das schaurige «*du-du-du-dum, du-du-du-dum*, hier Radio London», hörten, mußte einer von uns auf dem Balkon Ausschau halten, ob der Pimpf irgendwo in der Nähe war.

Ein paar Monate lang besuchte ich das Gymnasium von Cassino, nachdem aber dann kein Bus mehr verkehrte, bekam ich Privatunterricht bei einem jüdischen Lehrer, der nicht weit von uns in einem Kellergeschoß hauste. Er hieß Ravenna und brachte mir in kaum sechs Monaten mehr bei, als alle meine Lehrer, die ich drei Jahre lang in Neapel gehabt hatte: Er lehrte mich Latein, Geschichte, Italienisch, Griechisch und vor allem Mathematik. Es war praktisch der gesamte Lehrplan der vierten Gymnasialklasse mit Ausnahme von Deutsch, von dem er nichts wissen wollte, denn er war geradezu allergisch dagegen. Offenbar war ich in der ganzen Gegend von Cassino der einzige Schüler, der Deutsch als Unterrichtsfach gehabt hatte.

Eines Abends kam der Pimpf vorbei und teilte uns mit, daß Neapel einen schrecklichen Bombenangriff mit vielen Toten und Verletzten erlebt hatte und daß in der Bahnhofsgegend mehrere Gebäude zerstört worden seien. Diese Nachricht beeindruckte uns sehr, vor allem, da in jener Gegend, nämlich am Corso Garibaldi, mein Onkel Alberto wohnte, einer der zahlreichen Brüder meiner Mutter. Papa schickte ihm sofort ein Telegramm: «Komm sofort Cassino stop hier Abrahams Schoß.» Ich weiß nicht, wie Onkel Alberto aus diesem Telegramm schlau geworden ist, jedenfalls traf er ein paar Tage später mit der ganzen Familie, nämlich seiner Frau, den drei Kindern, einem Dienstmädchen namens Carolina und der «amerikanischen Küche» mit einem Lastwagen ein.

Wer Onkel Alberto kannte, kannte auch die «amerikanische Küche». Nach Aussage meiner Mutter handelte es sich dabei um das achte Weltwunder.

«Die müßt ihr sehen! Erstens einmal ist sie rot, so daß man kaum glaubt, daß sie aus Holz ist, und dann glänzt sie dermaßen, als wäre sie gerade frisch gewachst. Aber das ist noch nicht alles: Einige von den Möbelteilen stehen nicht auf Füßen auf dem Boden, sondern hängen an der Wand ohne herunterzufallen!»

Es handelte sich um eine der ersten Kunststoffküchen aus Amerika, und mein Onkel hatte sie von einem amerikanischen

Ingenieur gebraucht gekauft, der Hals über Kopf in die Vereinigten Staaten zurückmußte. Wenn jemand meinen Onkel Alberto besuchte, konnte er sicher sein, daß man ihn als erstes zwang, die amerikanische Küche anzusehen. Angesichts der roten Hängeschränkchen blieb keiner unberührt: Das mindeste, was er an Kommentar von sich gab, war ein langes, verwundertes «Oh». Daher also hatte sich mein Onkel überzeugen lassen, aus Neapel wegzugehen: um seine Küche und damit gleichzeitig auch seine Familie zu retten.

Nach der Ankunft der Verwandtschaft waren wir nun fünfzehn und eine entsprechend lustige Gesellschaft. Aber wenn wir uns nun auf diese Weise weniger allein fühlten, war es gleichzeitig mit der von meinem Vater so gepriesenen Ruhe in Abrahams Schoß aus: Der 25. April setzte unserem beschaulichen Dasein ein Ende.

Der Zusammenbruch des Faschismus kündigte sich mir in Gestalt eines uniformierten Carabiniere an.

«Der Maresciallo braucht dich.»

«Wozu braucht er mich denn?»

«Du bist der einzige, der deutsch spricht.»

Unterwegs versuchte ich, Genaueres zu erfahren, aber er ließ sich kein einziges Wort entreißen.

«Habe ich etwas angestellt?»

«Beeil dich und laß das Fragen!» antwortete er knapp und ging noch rascher. Den Dorfplatz überquerte er sogar im Laufschritt.

«Was ist denn passiert?»

«Hörst du nicht: Halt den Mund und beeil dich!»

In der Zwischenzeit überlegte ich hin und her, was ich bloß verbrochen haben könnte, daß ich von Carabinieri abgeführt wurde. War ich vielleicht ohne Katzenauge Fahrrad gefahren? Hatte ich nach Mitternacht auf der Straße herumgelärmt? Dann fiel mir plötzlich ein, daß ich vor einer Woche den Vikar, der gerade die Kirchentreppe herunterkam, mit dem Ball getroffen hatte. Aber nein, dachte ich dann, ich habe ihn zwar getroffen, aber doch nicht umgebracht! Wegen so etwas kommt man doch nicht ins Gefängnis. Und überhaupt, was hatte der Vikar denn mit Deutsch zu tun?

Nachdem wir das Amtszimmer des Maresciallo betreten hatten, sah ich eine geradezu komische Szene vor mir: Auf einem Stuhl mitten im Raum saß ein deutscher Soldat in ziemlich flegelhafter Haltung, den der Maresciallo und ein weiterer Carabiniere wie zwei Animierdamen zum Weintrinken ermunterten. Der Soldat trug den Hemdkragen offen (was für einen Deutschen eine ungeheure Nachlässigkeit war) und sang aus voller Kehle *Und es blitzten die Sterne.*

«Hier ist der Junge», sagte mein Carabiniere.

«Kannst du deutsch?» fragte der Maresciallo.

«Ich habe es in der Schule gelernt, aber letztes Jahr habe ich's nicht geschafft und mußte die Prüfungen im Oktober nachholen.»

«Na gut», fiel er mir ins Wort, «frag ihn jetzt, wie viele Panzer es hier in der Gegend gibt.»

Ich kam mir sehr wichtig vor, fühlte mich aber gleichzeitig an eine Deutschprüfung erinnert.

«Bitte, Kamerad», fing ich ein wenig aufgeregt an, «wie viele Panzer sind in San Giorgio?»

«Panzer?» rief der Soldat geradezu ungläubig aus, daß man ihn so etwas überhaupt fragen konnte.

«Ja, Panzer.»

«Dies ist ‹Panza›*», erwiderte er und schlug sich auf den Bauch wie auf eine Trommel.

«Nicht Panza, Panzer!» verbesserte ich ihn halb schreiend.

«Ja, ja, Panzer!» wiederholte er und lachte, bis ihm die Tränen kamen. Dann fuhr er auf italienisch fort: «Mia panza piena vino, verstanden? Mia panza piena vino ... mia panza pieno vino ...»

Ein heftiges Getöse hinter uns ließ uns herumfahren: Die Tür wurde aufgerissen, und zwei SS-Leute stürmten mit gezogener Waffe herein. Die Carabinieri hoben ergeben die Arme, und einer der beiden SS-Leute setzte mich grob vor die Tür.

---

* Er meint «pancia», d. h. Bauch (Anm. d. Übers.)

«Raus!»

Ich konnte gerade noch sehen, daß sich auch der betrunkene Deutsche mit erhobenen Armen zu den Carabinieri an die Wand gestellt hatte: Offenbar fühlte auch er sich angesichts der SS nicht gerade sicher.

Innerhalb von vierundzwanzig Stunden war das ganze Dorf von den Deutschen besetzt, und außer dem Pimpf, der weiter herumging, als wäre nichts geschehen, traute sich kein Einwohner mehr aus dem Haus. Im übrigen herrschte Ausgangssperre, und man lief Gefahr, getroffen zu werden, wenn man auch nur den Kopf aus dem Fenster streckte.

Jemand erzählte, die Alliierten seien schon in Sessa Aurunca gelandet, es könne nur noch um Stunden gehen. Aus der Ferne hörten wir bereits Kanonendonner.

«Am Wochenende sind sie hier in Cassino, und danach stürzen sie sich wie die Falken auf Rom», erklärte Onkel Luigi, der sich ganz als Amerikaner fühlte, nur weil er zweimal in Amerika gewesen war.

«Wenn Gott will, feiern wir Weihnachten dieses Jahr in Neapel», prophezeite mein Vater zur Abwechslung einmal in vollem Einverständnis mit Onkel Luigi.

Wir verfolgten den Vormarsch der Alliierten Tag für Tag auf der Touringkarte. Dabei stützten wir uns teils auf «Gerüchte», teils auf die Neuigkeiten, die uns der Pimpf erzählte, sowie auf die Nachrichten von Radio London. Von Zeit zu Zeit kam ein amerikanisches Flugzeug im Sturzflug heran, um einen Panzer oder eine deutsche Kolonne zu beschießen. Kurz, der Krieg hatte uns wieder eingeholt, und wir waren gezwungen, uns auch aus diesem Ort zurückzuziehen.

Mein Vater fand nur wenige Kilometer vom Garigliano entfernt eine schöne Villa aus dem 18. Jahrhundert, die ehrlich gesagt ziemlich heruntergekommen war, dafür aber für uns alle, einschließlich der amerikanischen Küche, Platz bot.

Leider hatten wir uns damit aber wieder einmal den Entscheidungen und dem Geschmack Marschall Kesselrings angenähert: Die «Gustav»-Linie, die von den Deutschen verfolgte strategische Linie, verlief nämlich ausgerechnet entlang des Garigliano vom Zusammenfluß mit dem Rapido bis zum Meer. In der Zwischenzeit versammelte General Alexander seine Kräfte am anderen Ufer, und zwar: die 5. amerikanische Armee, die 8. britische, die Inder, Polen, Kanadier, die Franzosen Juins, die Neuseeländer, die Marokkaner, die Südafrikaner und sogar die Italiener – alle in Cassino, in Abrahams Schoß, wie im Finale einer Komödie von Scarpetta.

Besitzerin der Villa war Donna Rita, eine siebzigjährige, leicht verwirrte Frau, die mit einem Dienstmädchen namens Rocchetta zusammenwohnte, das ebenfalls siebzig Jahre alt und ebenfalls leicht verwirrt war. Donna Rita sprach immer nur von ihrem Sohn und was für ein großartiger, schöner Mann das war, den das Unglück getroffen hatte, als Oberst der Artillerie nach Rußland zu müssen; wenn er nämlich in Cassino geblieben wäre, wäre all dies nicht passiert.

Wenn wir sie um irgend etwas baten (etwa um einen Hammer, eine Leiter, eine Schere), sagte sie immer nur: «Tut mir leid, die Sachen gehören nicht mir: Wenn der Oberst aus Rußland zurückkommt, gebe ich euch alles, was ihr wollt.»

Wir hatten von morgens bis abends nichts zu tun, und ehrlich gesagt ging es uns zwei Monate lang – abgesehen davon, daß uns zwei- oder dreimal am Tag ein paar Granaten der Alliierten erreichten, damit wir doch nicht ganz vergaßen, daß Krieg war – ganz und gar nicht schlecht. Es gab große Vorräte an Äpfeln und Öl im Haus, und so konnten wir wenigstens nicht Hungers sterben, auch wenn der Speisezettel etwas eintönig wurde: Als ersten Gang aßen wir gekochte Äpfel, als zweiten gebratene Äpfel, als Nachtisch Apfelkuchen und als Obstgang natürlich Äpfel. Heute kann ich keinen einzigen Apfel mehr hinunterwürgen!

Eines Tages fand ich auf dem Dachboden eine Kiste mit zweiundzwanzig Büchern von Wodehouse: Es waren alle Abenteuer des untadeligen Butlers Jeeves und die Geschichten um Schloß Blandings.

«Keiner rührt mir diese Bücher an!» schrie Donna Rita, «die gehören dem Oberst.» Damit verschloß sie die Kiste mit einem Vorhängeschloß.

Aber ich schaffte es, dieses Schloß mit einem Nagel zu öffnen, und holte mir alle drei, vier Tage ein neues Buch. Damit Donna Rita nichts merkte, las ich nur nachts beim Licht kleiner Lampen, die mir Onkel Alberto fabriziert hatte. Diese Lampen bestanden aus einem Glas mit Öl, in dessen Mitte sich ein durch einen Korken gezogener Docht befand. Öl war vorhanden, Lust zu lesen ebenfalls, und so habe ich in knapp drei Monaten zweiundzwanzig Bücher gelesen.

Onkel Alberto war ein Leonardo da Vinci des «Do ist yourself». Er konnte außergewöhnlich gut malen und hätte sich ohne weiteres als Fälscher von Meisterwerken durchbringen können. Abgesehen von der Malerei widmete er sich allen möglichen Tätigkeiten: Er war Tischler, Gärtner, Maurer, Installateur usw. Offiziell hatte er keinen Beruf («Ich darf in aller Bescheidenheit sagen», erklärte er, «daß ich noch nie gearbeitet habe»), aber wenn es darauf ankam, konnte er einfach alles. Er schnitt der ganzen Familie die Haare, befestigte die Fliesen im Bad, besohlte die Schuhe und nähte wie ein erfahrener Schneider. Er erfand auch ein raffiniertes System aus Eimern, mit dem wir jeden Morgen am Brunnen eine Dusche nehmen konnten.

Nach dem Abendessen setzten wir uns immer an den Kamin und beteten den Rosenkranz. Als wir eines Abends gerade bei der dritten schmerzensreichen Episode waren, klopfte es an die Tür. Ein paar Sekunden lang hielten wir den Atem an: einfach unmöglich, daß uns jemand um diese Uhrzeit besuchte. Unsere Villa war von der übrigen Welt vollkommen abgeschnitten, die Straßen waren von den Panzern so aufgerissen und so schlammbedeckt, daß sie unpassierbar geworden waren.

Die Männer (Papa, Onkel Alberto und Onkel Luigi), gefolgt von den Jungen (meinem Vetter Geggè und mir), gingen aufmachen. Draußen stand hochelegant – ohne einen einzigen Schlammspritzer an der Kleidung und mit einem Koffer in der Hand – ein lächelnder junger Mann.

«Ist dieses das Haus Donna Ritas?»

«Ja, richtig ... und wer sind Sie?» stammelte Onkel Alberto, als stünde ein Gespenst vor ihm.

«Ich bin der Neffe Donna Ritas. Ist meine Tante da?»

Wir führten ihn in den großen Raum, wo alle Frauen saßen und warteten.

«Donna Rita, hier ist Ihr Neffe», verkündete Onkel Alberto feierlich.

«Tante Rita!» rief der Neuankömmling und ging mit offenen Armen auf meine Mutter zu. «Wo bist du, ich möchte dich umarmen.»

«Ich bin hier», erwiderte Donna Rita aus einem anderen Winkel des Raumes.

«Liebste Tante Rita!» wiederholte der junge Mann, ohne die Fassung zu verlieren, und drehte sich um hundertachtzig Grad. «Ich bin Ginetto ... der Sohn deiner Schwester Annarosa ... Kannst du dich an mich erinnern?»

«Ja», murmelte Donna Rita. «Und was treibst du hier?»

«Ich bin auf der Durchreise. Ich komme aus Ascoli Piceno und will nach Neapel weiter. Ich habe gehört, daß man am Liri leichter auf die andere Seite der Front kommt. Kann ich hier zwei Nächte schlafen?»

Wir stellten ihm auf dem Dachboden ein Feldbett auf, und Onkel Alberto fabrizierte ihm eine seiner berühmten Öllampen, so daß er alle Landkarten studieren konnte, die er dabeihatte. Geggè und ich beobachteten ihn nachts durchs Schlüsselloch und sahen, wie er ein tragbares kleines Radio aus dem Koffer holte.

Am nächsten Morgen war Donna Ritas Neffe das Gesprächsthema Nummer eins. Alle außer Rocchetta äußerten sich positiv über ihn.

«Der Ärmste», sagte Mama, «wenn der über die Front geht, wird er noch von den Deutschen erschossen! Ich meine, wir sollten ihn überreden, hierzubleiben.»

«Aber wo sollen wir ihn denn unterbringen?» fragte Rocchetta giftig. «Es ist doch jetzt schon zu eng! Schließlich ist das ja ein Mann, der kann doch nicht bei mir und Donna Rita schlafen!»

«Also ich meine, wenn der wirklich nach Neapel geht, könnten wir doch die Gelegenheit ausnutzen und unseren Verwandten eine Nachricht zukommen lassen», schlug Onkel Alberto vor.

«Das ist eine sehr gute Idee!» bekräftigte Onkel Luigi. «Ich habe tausenderlei Dinge in Neapel zu erledigen, und ich bin überzeugt, daß ganz Neapel sich inzwischen fragt: ‹Was ist bloß aus Luigino geworden?›»

«Ich habe keine Neffen!»

Dieser Satz, den Donna Rita nur vor sich hingemurmelt hatte, verschlug uns die Sprache.

«Was heißt, Sie haben keine Neffen?» fragte Papa.

«Es heißt, daß ich keine habe.»

«Und wer ist dann dieser Herr?»

«Keine Ahnung.»

«Aber hat Ihre Schwester Annarosa einen Sohn?»

«Ich habe keine Schwestern; ich bin ein Einzelkind.»

«Das ist ein Spion! Das ist ein Spion!» schrie Onkel Luigi in höchster Erregung. «Ich habe gleich gewußt, daß das ein Spion ist!»

«Sei doch ruhig, er kann dich hören!» sagte Onkel Alberto.

«Wie er gestern abend hier reinkam, habe ich mir gleich gedacht, daß das ein Spitzel ist!» fuhr Onkel Luigi mit etwas leiserer Stimme fort. «Könnt ihr euch noch an den Film mit Elio Steiner erinnern: *Der Mann mit der Klaue*? An den, der den Spitzel gespielt hat? Das ist doch der gleiche Typ, wie aus dem Gesicht geschnitten!»

«Ich glaube, das ist ein Fallschirmspringer», warf Geggè ein. «Der ist bestimmt hinter dem Haus gelandet, dann hat er sich umgezogen und sich hier als Neffe präsentiert. Wetten, daß wir draußen, wenn wir ein bißchen graben, den Fallschirm finden?»

Bei dem Wort «Fallschirm» mischte sich nun auch Tante Maria ein: «Geb's Gott, daß wir einen Fallschirm finden! Frau Santommaso hat sich in Neapel mit dem Stoff eines Fallschirms zweiundzwanzig Seidenhemden genäht.»

«Aber woher soll er denn dann gewußt haben», fuhr Papa fort, ohne sie zu beachten, «daß hier eine alte Dame namens Donna Rita wohnt?»

«Beim Intelligence Service wissen sie alles», erwiderte Onkel Luigi. «Da wissen sie sogar, daß ich nach San Giorgio a Liri evakuiert bin.»

«Ihr treibt hier eure Späße», wandte Tante Anita ein, die gewöhnlich die Vernünftigste von allen war, «aber wenn die Deutschen hier einen Fallschirm finden, dann sind wir alle dran. Wißt ihr denn nicht, daß letzte Woche in Pignataro einer wegen so einer Sache erschossen worden ist? Stimmt's Antoniè?»

Antonietta, unser zweites Dienstmädchen, das als Zeugin aufgerufen worden war, bestätigte die Nachricht. «Jawohl. In Pignataro haben die Deutschen im Keller eines Bauern einen amerikanischen Fallschirmjäger entdeckt, der sich dort in einem Faß versteckt hatte: Den Fallschirmjäger haben sie abgeführt, und dem Bauern haben sie eine Kugel in die Stirn gejagt!»

«Jesus, Maria und Josef!» riefen die Frauen im Chor.

«Aber Donna Rita, warum haben Sie dann gestern abend nicht gesagt, daß Sie ihn nicht kennen?»

«Weil ich Angst hatte, er würde uns allesamt umbringen!» jammerte Donna Rita. «Habt ihr denn nicht bemerkt, daß er unter der Jacke was hatte?»

«War sie ausgebeult?»

«Meiner Meinung nach war das ein Revolver.»

«Gut und schön, aber jetzt muß er weg!» schloß Onkel Alberto ziemlich besorgt. «Wir haben hier schließlich fünf minderjährige Kinder, da dürfen wir uns auf bestimmte Risiken nicht einlassen! Ich gehe jetzt hinauf und sage es ihm.»

«Du gehst gar nirgends hin!» befahl Tante Anita. «Einzig und allein Donna Rita, die Hausbesitzerin, kann ihm sagen, daß er nicht hierbleiben kann.»

«Ich? Ich rühre mich nicht vom Fleck!» erwiderte Donna Rita. «Ich schließe mich jetzt in mein Zimmer ein und komme nicht mehr heraus, bevor der Krieg zu Ende ist.»

«Luciano!» forderte mich Geggè auf, «komm, wir beide gehen!»

«Du bleibst hier, sonst setzt es Prügel!» schrie mich mein Vater an, bevor ich überhaupt antworten konnte. «Ich und Alberto sind hier die Männer im Haus, und wir beide müssen gehen.»

«Und ich, was bin ich, vielleicht eine Frau?» protestierte Onkel Luigi. «Ich habe auch mein Recht, die Familie zu verteidigen.»

«Ich glaube, ich habe eine bessere Idee», sagte meine Mutter. «Das Beste ist doch, wir gehen alle zusammen und sagen es ihm ganz, ganz ruhig und so freundlich wie möglich. Wir sagen zu ihm: ‹Hören Sie mal, Herr Spion, entschuldigen Sie bitte, aber da wir nicht erschossen werden wollen, tun Sie uns doch bitte den Gefallen und schlafen Sie anderswo.›»

Wir stiegen alle auf den Dachboden, die Männer voraus, die Frauen als letzte, aber wir fanden von dem Fallschirmjäger nicht mehr die geringste Spur: Als echter Spion war er verschwunden, wie er aufgetaucht war.

8. KAPITEL

Der Hunger

Eines schönen Tages waren auch die Äpfel aufgegessen, und damit begann für uns die Hungerszeit. Wir wurden mit leerem Magen und mit dem einfachen Versprechen ins Bett geschickt, daß wir uns am nächsten Tag würden satt essen dürfen.

«Schlafen ist so gut wie essen!» behauptete Papa. «Also schlaft jetzt!»

Leicht gesagt! In der Praxis erwies es sich als schwierig, denn ich konnte beim besten Willen nicht einschlafen. Sobald es dunkel wurde, um sechs, ging ich ins Bett und lag dann stundenlang bewegungslos da und dachte an alles mögliche, das ich gern gegessen hätte. Und selbst wenn ich einschlief, bohrte sich mir nur ein Gedanke in den Kopf: Ich träumte von gedeckten Tischen hinter versperrten Toren, von Spaghettitellern, die im Nichts verschwanden, sobald ich mit der Gabel hineinstechen wollte, Hunderten von Schinken, die an der Decke hingen, wobei es aber nirgends eine Leiter gab, um sie herunterzuholen. Ich war fähig, außer der Form und der Farbe auch den Geschmack jedes einzelnen Gerichts und sogar das Geräusch des frisch aus dem Ofen kommenden knusprigen Brotes zu träumen.

In der Nacht, wenn nur dumpfes Artilleriefeuer in der Ferne zu hören war, fing dann einer von uns immer damit an, über Essen zu reden.

«Kannst du dich noch an die Rigatoni* erinnern?»

«Ach ja, die Rigatoni! Die hatte ich schon ganz vergessen: Bei uns zu Hause haben wir die *paccheri* genannt.»

«Was redest du da für einen Blödsinn, *paccheri* und Rigatoni sind

---

* Längsgerillte, dicke Rohrnudeln (Anm. d. Übers.)

doch zwei ganz verschiedene Sachen. Die *paccheri* sind breit und platt, die Rigatoni rund und gerillt. Und weißt du auch, warum die Rigatoni gerillt sind? Damit die Fleischsoße schön tief in die Rillen reingeht und nicht wegrutscht.»

«Mir hat Mama die Rigatoni immer mit Ricotta gemacht!»

«Kannst du dich noch an das Kartoffel*gateau* erinnern?»

«An das Kartoffel*gateau*? Und wie!... Mit Mozzarella drauf... und Salamistückchen... und Weckmehl... so was Gutes, dieses Kartoffel*gateau*!»

Wir vertrieben uns die Zeit damit, daß wir sagten: «Ich möchte jetzt gern dies essen, nein, lieber das!» Das Schönste war, daß wir dann manchmal sogar darüber zu streiten anfingen, was wir am liebsten essen wollten.

«Dicke Bohnen mit Nudeln mag ich nicht», erklärte Onkel Alberto, als wären sie ihm tatsächlich von jemandem angeboten worden. «Wenn ich mir jetzt wirklich etwas wünschen soll, dann seid so freundlich und laßt mich von ein paar Fusilli* mit *Genovese*-Sauce** träumen.»

«Und du willst Fusilli alla *Genovese* mit Bohnen und Nudeln vergleichen?» entsetzte sich Papa. «Wo kommen wir denn da hin: Bohnen und Nudeln krönen doch jede Mahlzeit!»

«Es kommt ja immer ganz darauf an, wie die *Genovese* gemacht wird: Ihr von Santa Lucia zum Beispiel kriegt sie doch überhaupt nicht hin.»

«So weit kommt es noch! Jetzt wollen uns die vom Corso Garibaldi auch noch beibringen, wie man die *Genovese* macht! Da hört sich doch alles auf!»

«Aber so ist es!» beharrte Onkel Alberto. «Ihr kriegt sie nicht richtig hin! Erstens einmal nehmt ihr aus Santa Lucia immer Keule, während wir vom Corso Garibaldi nur *Gambunciello* ***ver-

---

* spiralförmige Nudeln (Anm. d. Übers.)

** *Genovese* (nicht zu verwechseln mit Pesto alla Genovese): neapolitanische Sauce aus Fleisch und Zwiebeln, die angeblich von einem Koch namens Genovese erfunden worden ist.

*** *Gambunciello*: Fleisch zweiter Wahl, das gewöhnlich für Fleischsaucen verwendet wird. (Anm. d. Übers.)

wenden, dies ist schon einmal der erste Unterschied, und dann schneiden wir die Zwiebeln in Scheiben, während ihr sie ganz nehmt...»

«Die Zwiebel darf nie mit Metall in Berührung kommen: Wenn man sie schneidet, verliert sie ja jeden Geschmack!» behauptete Papa.

«Aber sie muß ja geschnitten werden, sonst verbindet sie sich nicht mit den Gewürzkräutern!» widersprach Onkel Alberto.

«Und welche Gewürze tut ihr denn in eure Genovese hinein?» bohrte Papa weiter.

«Alles, was du willst: Sellerie, Karotten, hundert Gramm Schinken, etwas Öl und ein Gläschen Wein, das nach und nach beigegeben wird, sonst klebt alles unten an. Zwei Stunden köcheln lassen...»

«Was, nur zwei Stunden? Was macht ihr bloß für eine ekelhafte *Genovese* in eurer Gegend!» rief Papa aus. «Ob du's glaubst oder nicht, Albè, wenn du mir jetzt eine *Genovese* vom Corso Garibaldi vorsetzen würdest, dann würde ich die trotz meines riesigen Hungers nicht anrühren!»

«Daran sieht man ja, daß du vom Kochen wirklich nichts verstehst!» erwiderte Onkel Alberto beleidigt. «Die *Genovese* ist doch kein Ragout, das stundenlang kochen muß: Du siehst an der Farbe der Zwiebel, wann der Moment gekommen ist, da du sie vom Herd nehmen mußt!»

«Was soll denn das für eine Farbe sein?»

«Bernstein.»

«Giulia, hast du das gehört?» wandte sich Papa hohnlachend an meine Mutter. «Bernstein soll die Farbe der *Genovese* sein!»

«Und was ist Bernstein?» fragte Mama.

«Die Farbe der *Genovese*», erwiderte Onkel Alberto ungerührt.

«Lernt erst mal richtig kochen!» schrie mein Vater jetzt und wurde plötzlich ganz wild. «Die *Genovese* muß die Farbe einer Mönchskutte haben!»

«Sie muß bernsteinfarben sein!» riefen meine Vettern im Chor.

«Nein, meine Herrschaften, wie eine Mönchskutte.»

«Ich habe mir einmal am Ponte della Maddalena ein gebrauchtes bernsteinfarbenes Jäckchen gekauft, das hatte ganz genau die Farbe einer echten *Genovese*», erzählte Onkel Alberto. «Ja, und glaubt mir, jeden Sonntag, wenn ich die *Genovese* koche, ziehe ich zuerst einmal das Jäckchen an, und dann rühre und wende ich so lange, bis die Zwiebel genau diese Farbe annimmt. Damit ich ganz sichergehe, halte ich alle zehn Minuten den Ärmel an den Topf.»

Alles, was es rings um das Haus an Eßbarem gegeben hatte, war bereits verzehrt: Obst, Tomaten, Karotten, Zichorie, Radieschen, Beeren, Johannisbrot usw. Einer von uns war immer damit beschäftigt, im Boden herumzugraben, weil er hoffte, noch eine vergessene Kartoffel oder Wurzel zu finden. Mein Vetter und ich probierten manchmal, wenn wir schon ganz mutlos waren, neue Arten von Blättern aus; wenn wir zum Beispiel eines sahen, das irgendwie an Kopfsalat erinnerte, bekamen wir sofort Lust, es zu kosten.

«Probier du.»

«Fällt mir ja nicht ein! Gestern habe ich hinter dem Speicher eines probiert, das wie Rauke aussah, das habe ich gleich wieder ausgespuckt. Jetzt bist du an der Reihe.»

«Wenn wir zur Liselotte gegangen wären», seufzte Onkel Luigi, «hätten wir von morgens bis abends zu Essen gehabt!»

Die Beschaffung von Lebensmitteln war wirklich ein schwieriges Unterfangen geworden. Donna Ritas Villa lag vollkommen einsam genau in der Mitte zwischen zwei Dörfern: San Giorgio a Liri und Vallemaio. Kein Mann, egal ob jung oder alt, hätte je gewagt, länger als fünf Minuten offen auf der Landstraße zu gehen. Denn außer der Bombengefahr bestand ja auch immer das Risiko, von den Deutschen aufgegriffen und deportiert zu werden. Trotzdem wagten sich mein Vater und Onkel Alberto mindestens einmal im Monat durch die Felder bis zu den nächstgelegenen einsamen Häusern vor, um irgendwelche Tauschgeschäfte mit den Bauern zu versuchen: Äpfel und Öl gegen Mehl und Bohnen.

Manchmal waren sie bis zum Einbruch der Dunkelheit noch nicht nach Hause zurückgekehrt.

«Wo sind sie bloß hin?» fragte Mama verzweifelt.

«Beim Weggehen haben sie gesagt, daß sie zum alten Schleifstein wollten.»

«Zum alten Schleifstein? Ja, wo ist denn der?»

«Das ist gar nicht so weit, in Richtung Vallemaio: Wenn man den Weg hinterm Wald geht, sind es höchstens zwei, drei Kilometer. Der Pimpf hat gesagt, daß dort ein Bauer wohnt, der einen großen Vorrat an Mehl hat, das er aber nur gegen Schmalz tauscht.»

«Und woher sollen wir Schmalz kriegen?»

«Von dem Schweinehirten Gioacchino. Der tauscht Schmalz gegen Öl, allerdings wohnt er ganz nahe am deutschen Lager.»

«Heilige Muttergottes, behüte sie du!»

Immer wieder ging einer von uns auf den Hof hinaus, voller Hoffnung, daß er sie aus dem Dunkeln auftauchen sähe.

Richtige Dunkelheit habe ich nur in Cassino erlebt. So etwas gibt es, glaube ich, heute gar nicht mehr, denn von irgendwoher kommt immer ein Lichtschein: der Widerschein einer weißen Wand oder einer Stadt in der Ferne, der wirkliche Dunkelheit verhindert. In der vollkommenen Dunkelheit hingegen sieht man nichts, wirklich gar nichts, nicht einmal die Hände, die man sich direkt vor die Augen hält. In Cassino habe ich viele Nächte auf meinen Vater gewartet und mich dabei weniger auf meine Augen als auf mein Gehör verlassen: Ich wußte, daß er in einem Abstand von weniger als zwanzig Zentimetern wie ein Gespenst, das sich plötzlich materialisierte, vor mir auftauchen würde. Wenn ich nur das leiseste Rascheln hörte, schrie ich: «Papa, bist du's?» und das Schweigen, das ich als Antwort erhielt, erschien mir noch viel schwärzer als das Dunkel, das mich umgab. Es mag unwahrscheinlich klingen, aber wenn einer sehr großen Hunger hat, ist der erste Gedanke, der einem in den Sinn kommt, dieser: «Und wenn Papa nicht zurückkehrt, was esse ich dann heute abend?»

Eines Abends, als wir noch größeren Hunger hatten als gewöhnlich, erzählte uns Onkel Luigi die Geschichte, wie er von den Truppen Haile Selassies belagert worden war.

«Wir hatten den Stadtrand von Addis Abeba erreicht, und vor uns lag eine große Villa im englischen Stil mit weit aufgerissenen Fenstern, die so gar nicht zur Umgebung paßte, wo es weit und breit nur Baracken und Lehmhütten gab. Der Herzog von Bergamo rief mich zu sich und sagte: ‹Giggì, tu mir einen Gefallen! Such dir drei Leute aus und sieh mal nach, wer dort drin wohnt!› Ich nahm drei neapolitanische Soldaten mit, auf die ich mich verlassen konnte: Gennarino Conte, genannt ‹Sieben Gespenster›, Eduardo Esposito, einen zwei Meter großen Hünen, und Totonno Albanese, den Pizzabäcker von der Porta Nolano, der nach dieser Mission zum Gefreiten befördert worden ist. Die Straßen waren menschenleer. Wir gingen im Gänsemarsch: Esposito bildete die Vorhut und ich ging als letzter, um den Rückzug zu sichern. Plötzlich überfielen uns von allen Seiten Neger, brüllten vor Wut wie die Wilden und beschossen uns mit Kugeln und Pfeilen. Aber ich ließ mich nicht beirren: Ich trat eine Tür ein, wir verbarrikadierten uns in der Villa und erwiderten das Feuer. Gleichzeitig wurde auch das Regiment angegriffen, und der Herzog von Bergamo mußte, um nicht eingekesselt zu werden, den Rückzug nach Addis Alem antreten. Kurz: Wir waren, ohne etwas zu essen oder zu trinken, drei Tage in dem Haus eingeschlossen. Zum Glück hat es am zweiten Tag geregnet, so daß wir uns einen kleinen Wasservorrat schaffen konnten, nachdem wir eine Blumenvase durchs Fenster hereingeholt hatten. Aber was das Essen betrifft, waren wir wirklich ratlos, bis ich dann auf eine Idee kam.»

«Auf was für eine Idee?» fragten wir Jungen, wie immer von Onkel Luigis Kriegserlebnissen fasziniert.

«Das Haus, in dem wir Zuflucht gefunden hatten, gehörte reichen Leuten: Mit größter Wahrscheinlichkeit hatte es einer englischen Familie gehört, die bei Kriegsausbruch geflohen war. Es war voller Möbel, Spiegel, Lüster, nur zu essen gab es nichts. Doch dann fiel mein Blick auf die besonders schönen Tapeten. Ich sehe sie noch genau vor mir: Es waren rot und gelb gestreifte Tapeten. Da fragte ich Gennarì: ‹Sag mal, womit werden Tapeten an die Wand gemacht?› ‹Mit Leim›, antwortete er. ‹Und woraus wird der Leim gemacht?› fragte ich weiter. ‹Aus Mehl.› Kaum hatte ich das Wort ‹Mehl› ausgesprochen, da lösten wir schon im ganzen Haus die Tapeten von den Wänden. Mit den Bajonetten haben wir dann ganz vorsichtig den ganzen Leim abgekratzt, der an den Tapeten klebte. Schließlich hat der Pizzabäcker Totonno das Pulver mit Wasser angerührt und daraus kleine Pizzas gebakken, die uns in der Lage wirklich gar nicht so schlecht geschmeckt haben. Am nächsten Tag kam der Herzog von Bergamo und befreite uns alle.»

Onkel Luigis Erzählung wurde mit Beifall belohnt, und wir konnten uns nun nicht enthalten, einen interessierten Blick auf die Wohnzimmertapeten zu werfen: Sie waren erbsgrün mit gelben Blümchen. Im Augenblick war es unmöglich, das Experiment von Addis Abeba zu wiederholen, denn Donna Rita thronte wie ein Polizist mitten im Zimmer und hätte gewiß nicht erlaubt, daß wir ihr Haus aufaßen. Aber Geggè und ich warfen uns einen verständnisvollen Blick zu: Noch in dieser Nacht wollten wir die Tapeten probieren.

Um ein Uhr gingen wir hinunter und begannen, damit Donna Rita am nächsten Tag nichts bemerkte, vorsichtig die Tapete hinter dem Spiegel des Buffets abzulösen. Wir sammelten den vertrockneten Leim (das «Mehl») in einer Pfanne, und nachdem wir mit Wasser einen Teig daraus gemacht hatten, stellten wir sie aufs Kaminfeuer. Das Ergebnis war furchtbar, so daß es jetzt nur zwei Möglichkeiten gab: Entweder Donna Ritas Tapeten waren nicht mit Leim aus Mehl angeklebt worden, oder wir waren wie gewöhnlich Onkel Luigi auf den Leim gegangen.

«Ohne eine Spur Tomaten läßt sich das nicht genau sagen», versuchte er sich zu verteidigen. «Jetzt fällt mir gerade ein, daß der Pizzabäcker Totonno damals in der Küche noch eine alte Dose geschälte Tomaten gefunden hatte.»

Da es weit und breit keine Geschäfte gab, fehlten uns außer Viktualien auch andere lebensnotwendige Dinge: Schuhe zum Beispiel waren ein großes Problem, vor allem für uns Jungen. Der Fuß eines Jungen zwischen dreizehn und fünfzehn Jahren wächst pro Jahr um ein bis zwei Zentimeter, so daß wir schon nach den ersten sechs Monaten Schwierigkeiten hatten. Wie immer half uns Onkel Alberto mit einer seiner Erfindungen, dem «Schuh mit der rückwärtigen Verlängerung», die er sich bei seiner Rückkehr nach Neapel unbedingt landesweit patentieren lassen wollte. Er verlängerte die Sohle hinter der Ferse durch ein säuberlich ausgesägtes halbmondförmiges Holzstück und setzte am Vorderblatt ein Stück Leder an; dann vereinheitlichte er die Farbe mit Jodtinktur und Schuhwichse.

Zum Thema Schuhe gehört auch, daß mir Onkel Luigi ein Paar wunderschöne braunweiße Schuhe, die ihm zu eng, mir aber noch zu groß waren, zum Geburtstag schenkte.

«Diese Schuhe haben ‹etwas erlebt›», erklärte er mir feierlich, als wäre dies eine Investitur gewesen. «Ich hoffe, du erweist dich als ihrer Vergangenheit würdig!»

«Erlebt» hatten die Schuhe folgendes: Eines Tages machte Onkel Luigi mit seiner kleinen *Military*-Kalesche und seiner Stute Josephine eine Spazierfahrt durch die Allee, die zum Königsschloß von Caserta führt, und entdeckte am Straßenrand ein Automobil, das eine Panne hatte. Daneben stand wartend eine Dame: Es war Anna Fougez, die schönste Frau der Welt und bösen Zungen zufolge die Geliebte Umbertos von Savoyen. Onkel Luigi, hochelegant gekleidet (seitlich geschlitzte Pied-de-poule-Jacke, cremefarbener Strohhut und braunweiße Schuhe), verbeugte sich vor der Dame und erbot sich, sie zu begleiten, wohin sie begehrte. Die Fahrt war nur sehr kurz (die Fougez wollte zum Königsschloß, wo der Prinz persönlich sie erwartete), aber doch lang genug, damit eine zärtliche Freundschaft zwischen den beiden entstehen konnte. Am nächsten Tag schickte ihr der Onkel, nachdem er im Geschäft des Großvaters die gesamten Tageseinnahmen aus der Kasse entnommen hatte, einen Strauß roter Rosen in ihre Garderobe im *Politeama* und unterschrieb auf der beigelegten Karte: «Von demjenigen, den Cupido auf der Straße nach Caserta traf.»

Onkel Luigi hat sich nie gerühmt, der Liebhaber der Fougez gewesen zu sein. Sein Motto hieß «Ein Edelmann genießt und schweigt», aber als er einmal ein Foto des Prinzen Umberto ansah, murmelte er: «In gewisser Weise sind wir ja wie Verwandte.»

Eines schönen Tages, wir saßen gerade beim Essen (oder wie man es nennen will), flog die Haustür auf und ein deutscher Oberarzt mit zwei Unteroffizieren kam herein. Ohne sich vorzustellen oder uns irgend etwas zu fragen, unterhielten sich die drei Wehrmachtsangehörigen lebhaft miteinander und deuteten einmal in die eine, ein andermal in die andere Ecke unseres Wohnzimmers. Schließlich fing der Oberarzt an, den Raum der Länge und der Breite nach zu vermessen, wobei er dauernd *eins, zwei, drei* brüllte und uns nicht einmal eines Blickes würdigte.

Die ganze Familie sah mich voller Hoffnung an, daß wenigstens ich verstand, was da vor sich ging, denn schließlich hatte ich doch in der Schule Deutsch gelernt. «Was sagen sie?» fragte Papa.

«Ich weiß nicht», antwortete ich. «So ohne mein Wörterbuch ... Ich habe nur ‹eins, zwei, drei› verstanden, sonst nichts.»

«Ja, Herrgottsakra», fluchte mein Vater. «Ist das denn die Möglichkeit, daß du überhaupt nichts begreifst? Hast du nun Deutsch in der Schule gelernt oder nicht?»

«Doch Papa, aber ich habe das Deutsch für den Frieden und nicht für den Krieg gelernt.»

«Das ist doch alles hinausgeschmissenes Geld!» schimpfte Papa weiter und dachte an all die schönen Schulbücher, die er für mich gekauft hatte. «Da legt man sich krumm, damit du was lernst, und dies ist das Ergebnis!»

«Ich kann kein Wort Deutsch», meinte nun Onkel Alberto, «aber eines habe ich doch begriffen: Die wollen hier ein Lazarett machen.»

«Ein Lazarett? Hier? Und wo sollen wir dann hin?»

«Keine Ahnung. Wir müssen sie fragen.»

«Lucià», befahl mein Vater, «frag den Oberarzt, wo wir hinsollen.»

«Ich erhob mich vom Tisch und holte das Wörterbuch aus meinem Zimmer. Ich bereitete meinen Satz sorgfältig vor, schrieb ihn sogar auf einen Zettel und las ihn dann dem Oberarzt vor.

«Bitte, Kamerad, wenn machen hier Krankenhaus, meine Familie wo gehen?»

«Keine Sorge», erwiderte dieser auf italienisch. «Ihr geht zweiten Stock, und wir machen ersten Stock Lazarett, ja?»

Darauf erteilte er zwei Soldaten einen kurzen Befehl, und diese hoben unseren Eβtisch hoch, um ihn in das obere Stockwerk zu tragen. Keiner von uns rührte sich: Wir blieben bewegungslos wie Tölpel rund um einen Tisch sitzen, der nicht mehr da war.

Noch vor dem Abend hatten sich unser Wohnzimmer in einen Krankensaal mit zwölf Betten, Donna Ritas Schlafzimmer in einen Operationsraum und Geggès und meine Kammer in ein Medikamentenlager verwandelt. Ich hatte nun reichlich Gelegenheit, die so viel gepriesene deutsche Tüchtigkeit zu beobachten. Jeder einzelne hatte eine bestimmte Aufgabe und erledigte sie mit höchster Konzentration: Es gab ein Hin und Her von Befehlen, Soldaten schlugen die Hacken zusammen und erledigten ihre Aufgaben mit Entschiedenheit und Geschick.

Am späten Abend fanden wir uns alle im zweiten Stock zusammen, und wenn wir durch den plötzlichen Platzmangel auch ein wenig verzagt waren, so fühlten wir uns auf der anderen Seite sehr viel sicherer, denn über unseren Köpfen, das heiβt auf dem Dach der Villa, prangte jetzt ein riesiges rotes Kreuz, das uns gewiβ gegen alliierte Bombenangriffe feite.

Wer behauptet, daβ man sich an den Anblick von Blut gewöhnt, weiβ nicht, was er sagt: Solange es dieses Lazarett gab, wurde ich mindestens zweimal in der Woche ohnmächtig. Zerfetzte Leichen, amputierte Gliedmaβen, Schmerzensschreie der Soldaten und so weiter, kurz, das ganze Ausmaβ des Grauens, das ein Krieg mit sich bringt. Morgens wagte ich mich vor Angst, die von den

147

Sanitätswagen gerade abgeladenen neuen Verwundeten zu Gesicht zu bekommen, nicht einmal an den Brunnen.

Dafür verbesserte sich unsere Ernährungslage schlagartig: Unsere Dienstmädchen Rosa, Carolina und Antonietta wurden dem Lazarett vorübergehend als Wäscherinnen zur Verfügung gestellt, und dank ihrer Dienste erhielten wir reichliche Kartoffelrationen und täglich Schwarzbrot. Und als gute Neapolitaner, die an eine jahrhundertelange Fremdherrschaft gewöhnt waren, arrangierten wir uns gleich mit dem Chef, Oberstleutnant Ross, und verschafften uns auf diese Weise auch Salz, Zucker und andere wichtige Lebensmittel.

Ross war eine ziemlich ungewöhnliche Mischung: halb Soldat und halb Gauner. Gelegentlich fuhr er mit dem Auto weg und kehrte nach ein paar Stunden mit einem Militärtransporter voller Bilder, Leuchter und anderer Einrichtungsgegenstände zurück. Dies geschah immer am späten Nachmittag, wenn wir gerade im Hof saßen und frische Luft schnappten. Natürlich hätte keiner von uns gewagt, irgend etwas zu ihm zu sagen, aber er versuchte sich trotzdem zu rechtfertigen: «Evakuiertes Haus! Alles von evakuiertes Haus!»

Dann ließen wir als Erwiderung die Finger in der Luft kreisen, wie das in Neapel gebräuchlich ist, wenn man einen Diebstahl andeuten will, und sagten dazu im Chor: «Evakuiert? Oh, was für ein tüchtiger Doktor! Er hat es aus einem evakuierten Haus!»

Das Schönste war, daß Dr. Ross unsere Geste schließlich mit dem Wort «evakuiert» assoziierte und sie von nun an immer auch selber machte, um klarzustellen, daß er nicht gestohlen, sondern sich darauf beschränkt hatte, Dinge zu nehmen, die ohnehin verloren gewesen wären. Er stieg mit einem silbernen Bilderrahmen oder einer kleinen Statue aus dem Auto und verkündete, während er die typische Geste machte: «Evakuiertes Haus! Alles von evakuiertes Haus!»

Dann lachten wir, bis uns die Tränen kamen.

Hin und wieder wurde Dr. Ross, den wir kurz einfach den Abstauber nannten, von uns zum Essen eingeladen. Selbstverständlich brachte er dann die Zutaten selber mit, während wir uns aufs Kochen beschränkten. An seinem Geburtstag machten wir ihm sogar eine Torte mit einem Glas Kognakkirschen, das er in einem evakuierten Haus «gefunden» hatte.

An jenem Abend ließ sich Ross gehen: Er trank eine ganze Flasche Lambrusco und wollte nach dem Essen uns zu Ehren *Sul mare luccica l'astro d'argento* singen. Alle klatschten Beifall – außer Onkel Alberto, dessen Züge sich immer mehr verfinsterten.

«Was ist denn los, Albè?» fragte ihn mein Vater schließlich.

«Nichts», antwortete er. «Ich sage es dir nachher.»

Als Ross weg war, berief Onkel Alberto den Familienrat ein.

«Habt ihr gesehen?»

«Was denn?»

«Wie er sie angeguckt hat!»

«Wer?»

«Der Abstauber.»

«Was hat er angeguckt?»

«Die amerikanische Küche!»

«Na und?»

«Der ist schon fest entschlossen: Er will sie haben!»

«Ach nein, Albè, das bildest du dir nur ein ...»

«Nein, nein, der will sie haben!» beharrte Onkel Alberto und senkte dabei plötzlich die Stimme vor Angst, daß jemand zuhörte. «Ich habe ihn keinen Moment aus den Augen gelassen: Einmal ist er wie angewurzelt vor einem der Hängeschränkchen stehen geblieben, hat es aufgemacht und wieder geschlossen, als wollte er es ausprobieren.»

«Sag bloß!» rief meine Mutter tief beeindruckt aus.

«In dem Augenblick habe ich seinen Plan durchschaut», fuhr Onkel Alberto fort. «Ich konnte geradezu seine Gedanken lesen. Er dachte: ‹Diese Küche da, die reiße ich mir früher oder später unter den Nagel!› Ich weiß nicht, wann und wie, aber eines Tages wirft uns dieser Schuft garantiert aus dem Haus, schnappt sich die Küche und schleppt sie nach Deutschland. Und wenn ihn da einer fragt: ‹Wo haben Sie bloß diese schöne Küche her?›, dann antwor-

149

tet er: ‹Aus einem evakuierten Haus.› Aber eines schwöre ich euch: Das schafft er nur über meine Leiche!»

In jener Nacht legte sich Onkel Alberto nicht schlafen, sondern löste eine ganze Reihe von Ziegelsteinen aus den Stallwänden und mauerte seine amerikanische Küche hinten in einem Gang des zweiten Stockwerks «lebendig ein». Um die Ziegelsteine besser zu tarnen, schüttete er danach den Inhalt sämtlicher Farbtöpfe, die er in der Villa auftreiben konnte, zusammen und strich den ganzen Gang neu. Der erstrahlte nun in einem Ton, der jenseits von Gut und Böse war und von uns allen als «kackfarben» definiert wurde; einzig für Onkel Alberto war dies «ein wunderschöner Bernsteinton, gerade nur einen Hauch dunkler als die *Genovese*.» Und da er eine schlaflose Nacht hinter sich hatte, wagte auch keiner, ihm zu widersprechen.

Onkel Albertos Alarm verfehlte nicht seine Wirkung: Wir mußten uns gegen die Kleptomanie des Dr. Ross schützen.

«Was heißt hier Kleptomanie?» protestierte Onkel Alberto. «Das ist ein richtiger Dieb! Stellt euch vor, gestern ist er mit einer Puppe heimgekommen. Da hört sich doch alles auf, jetzt stiehlt er auch noch Spielsachen! Wenn das kleine Mädchen vielleicht morgen wieder in sein Dorf zurückkommt und seine Puppe nicht mehr findet, dann fragt es doch: Wer hat sie mir weggenommen? Ein diebischer Oberarzt hat sie ihm weggenommen, um sie nach Deutschland zu schleppen! Aber wenn der sich einbildet, daß er an meine amerikanische Küche rankommt, da hat er sich geirrt. Lieber laß ich mich an das Spülbecken geklammert erschießen, als daß er sie anrühren darf!»

«Also ich meine», sagte Mama, «wir sollten unseren Schmuck verstecken.»

«Und das Silber», ergänzte Tante Anita.

«Aber wo sollen wir denn das ganze Zeug verstecken?»

«Wir vergraben es im Garten», schlug Geggè vor. «Luciano und ich vergraben es heute nacht.»

«Wehe euch!» drohte mein Vater wie gewöhnlich. «Wenn es

hier etwas zu vergraben gibt, dann mache ich das zusammen mit Alberto.»

«Und was mache ich? Etwa gar nichts?» fragte Onkel Luigi.

«Wenn du tatsächlich einen Beitrag leisten willst», erwiderte Papa bissig, «dann geh schlafen.»

«Damit ihr es genau wißt», erwiderte Onkel Luigi zu Recht beleidigt, «in Afrika hat man mich immer den ‹besten Gräber des Reiches› genannt. Wenn irgendwo ein Schützengraben ausgehoben werden mußte, haben die gar nicht angefangen, solange ich nicht dabei war.»

Die Holzkiste mit dem ganzen Schmuck und dem Familiensilber wurde etwa dreißig Meter hinter der Villa zwischen zwei Johannisbrotbäumen vergraben. Man konnte diese Zone von einem unserer Fenster aus sehr gut beobachten. In den ersten Tagen wachten Mama und Tante Anita abwechselnd darüber und ließen sie keinen Moment aus den Augen.

Am 1. Dezember kam es zu einer furchtbaren Schlacht. Die Fünfte Armee hatte die Offensive gegen Monte Cassino eröffnet. Wenn man nach Süden blickte, sah man ein einziges riesiges Feuer, das die ganze Welt zu verschlingen drohte. Nicht nur das Haus, auch der ganze Boden erzitterte unter den Bombenexplosionen und dem Flakfeuer. Nur wenige hundert Meter von unserer Villa entfernt hatten die Deutschen einen Nebelwerfer aufgebaut, der sechs Granaten gleichzeitig abfeuern konnte. Das war eine infernalische Waffe: Wenn sie losging, hörte man einen grauenvollen, geradezu menschlichen Heulton, den man mit stetig wachsender Angst verfolgte, bis endlich die letzte Explosion kam und man wußte, daß nun alle sechs Geschosse ihr Ziel erreicht hatten.

Hinter dem Haus Richtung Sant'Apollinare stand ein Wald in Flammen. Der Himmel war von Leuchtspurgeschossen durchzogen; er hatte seine natürliche blaue Farbe verloren und leuchtete im gelbroten Widerschein des Feuers. Die Umrisse der Bäume in unserer Nähe hoben sich wie gerade den Gräbern entstiegene Skelette vom glühenden Hintergrund ab. Es war eine zugleich faszinierende und erschreckende Szenerie. Wir wußten nicht, ob wir uns im Haus verschanzen und beten sollten, wie es die Frauen schon bei der ersten Granate getan hatten, oder vom Fenster aus diesem Schauspiel zusehen sollten. Dabei waren wir doch aus Neapel weggezogen, um den Bombardierungen zu entgehen!

Am nächsten Morgen wimmelte es in der Villa von Verwundeten. Die meisten lagen im Freien, bis sie irgendwie besser untergebracht werden konnten. Es war ein einziges Schreien und Klagen und Fluchen auf deutsch, Sanitätswagen waren pausenlos im Einsatz, um immer noch mehr von diesen Ärmsten auf Bahren abzuladen. Alle unsere Zimmer, einschließlich der Betten, wurden requiriert. Wir versuchten in einer letzten Anstrengung, wenigstens den Dachboden für uns behalten zu können, aber es war nichts zu machen: Zwei Soldaten jagten uns grob auf den Hof. Zu allem Unglück requirierten sie, da sie dringend Operationstische brauchten, auch noch unseren Eßtisch. Aber dabei fällt mir nun ein, daß ich bisher noch gar nicht über die Schatzbriefe gesprochen habe.

In ihrem sprichwörtlichen Weitblick hatten sowohl Papa als auch Onkel Alberto bei Kriegsausbruch ihre gesamten Ersparnisse in Schatzbriefen angelegt. Ehrlich gesagt weiß ich gar nicht genau, um welche Summen es sich bei diesen Ersparnissen handelte, da unsere Eltern in Gelddingen äußerst vorsichtig waren und mit niemandem darüber sprachen. Doch glaube ich kaum, daß sie beide zusammen mehr als dreihunderttausend Lire besaßen. In jener Nacht, als wir das Familiensilber vergruben, überlegten wir einen Augenblick, auch die Schatzbriefe mitzuverstecken, aber dann meinte jemand, die Feuchtigkeit könnte sie zerstören, und so wurde dann beschlossen, sie mit Reißnägeln unter dem Eßtisch zu befestigen.

Mit dreihunderttausend Lire unterm Tisch – was in den vierziger Jahren ein Vermögen war – seine Mahlzeiten einzunehmen war keine einfache Sache: Kaum verschüttete einer ein bißchen

Wasser oder, was noch schlimmer war, ein paar Tropfen Wein, wurde er streng getadelt.

«Himmel noch mal!» schrie dann Papa. «Kannst du dich nicht endlich an den Gedanken gewöhnen, daß da die Schatzbriefe drunter sind. Was glaubst du, wie die jetzt aussehen? Wie Dreckslappen!»

«Sei still, der kann dich hören!» warnte Onkel Alberto und deutete auf die Tür.

Mein Onkel bildete sich ein, daß Dr. Ross den lieben langen Tag nichts anderes zu tun hatte, als an unserer Tür zu horchen, um herauszufinden, was er bei uns stehlen könnte. Nach all dem also packte uns die schiere Verzweiflung, als wir unseren Tisch mitsamt den Schatzbriefen im Operationssaal verschwinden sahen: Selbst wenn sie diese nie entdeckten, würden wir sie ganz blutdurchtränkt zurückbekommen. Was waren dagegen schon ein paar Tropfen Wein gewesen?

Trotz des heftigen Widerstandes von Onkel Alberto beschloß die Familie, offen mit Dr. Ross zu sprechen und ihm die ganze Sache zu erklären. Papa faßte sich ein Herz und versuchte, Dr. Ross das Problem mit den Schatzbriefen zu erklären, aber der Oberarzt hatte an jenem Tag ganz andere Sorgen; er wollte meinen Vater nicht einmal anhören und gab ihm schließlich, weil dieser nicht lockerließ, einen Fußtritt.

So landeten wir alle siebzehn in einem Stall: Vater, Mutter, meine Schwester, Onkel Alberto und Tante Anita, mein Vetter Geggè, meine Kusinen Giovanna und Fernanda, die Großmutter, die taube Tante Maria, Onkel Luigi, Donna Rita und die vier Dienstmädchen Rosa, Antonietta, Carolina und Rocchetta sowie ich. Wir schliefen alle in einem einzigen fensterlosen Raum mit einer windschiefen Tür und einer zwanzig Zentimeter hohen Klappe, durch die Hühner hereinspazieren konnten, die wir allerdings nie zu Gesicht bekamen. Alles übrige – Eßzimmer, Wohnzimmer, Küche und Badezimmer – befand sich unter freiem Himmel.

Zum Glück bekamen wir wenigstens unsere Matratzen zurück.

Wir breiteten sie nebeneinander auf dem Boden aus, so daß sie eine Art Teppichboden bildeten. Wenn einer von uns nachts hinausmußte, blieb ihm nichts anderes übrig, als über alle andren hinwegzusteigen. Onkel Alberto sang bei dieser Gelegenheit immer «Vado fuori all'aperto» aus dem Finale der *Cavalleria rusticana*. Onkel Luigi bekam wegen seines Nachtwandelns den Platz gleich neben der Tür zugewiesen. Eine Woche später erhielten wir auch unseren Eßtisch mit sämtlichen Schatzbriefen zurück, die immer noch an der Unterseite hafteten. Papa meinte zwar, sie seien nur noch Drecklappen, aber immerhin waren sie ja noch gültig, denn man konnte die Seriennummern noch lesen.

Mit der Rückgabe der Schatzbriefe war aber mein Haß auf Ross nicht besänftigt. Ich konnte einfach nicht vergessen, wie dieser Schuft meinen Vater mit Fußtritten mißhandelt hatte, und je länger ich darüber nachdachte, desto fester wurde meine Überzeugung, daß ich Ross eben umbringen mußte. Zum Glück hielt mich Geggè in Schach.

«Wir bringen ihn natürlich um», sagte er, «aber nicht sofort, denn das wäre zu gefährlich für die ganze Familie. Wir machen das gleich nach Kriegsende, wenn uns keiner mehr verdächtigen kann. Dann gehen wir beide nach Deutschland und legen ihn um.»

«Schwör mir, daß du dann mitkommst!»

«Ehrenwort! Eines schönen Tages sagst du zu mir: ‹Geggè, gehen wir!›, und dann komme ich mit.»

Mein Vetter ist heute Präfekt von Verona, und fast hätte ich Lust, ihn an seinen Schwur zu erinnern. Er würde mir dann antworten, daß Ross mit größter Wahrscheinlichkeit inzwischen von alleine gestorben ist und daß er doch im Grunde auch gar kein so schlechter Kerl war.

Die Ausarbeitung eines Planes, wie wir Ross, wenn auch nur theoretisch, beiseite schaffen konnten, beschäftigte uns eine ganze Weile. Um seine Adresse in Deutschland herauszubekommen, schlossen wir dicke Freundschaft mit ihm, und eines Tages gab uns der Gauner seine Adresse und Telefonnummer: Er stammte aus Stuttgart.

Während der Periode im Stall lernte ich Gebhart kennen, einen kaum achtzehnjährigen Soldaten aus Kiel, der sehr gut italienisch sprach. Er stellte sich uns an einem regnerischen Morgen mit einer Tafel Schokolade in den Händen vor. Wir Kinder hatten seit unserem Weggang von San Giorgio nie mehr Süßigkeiten zu Gesicht bekommen, und diese deutsche Schokolade war etwas ganz Besonderes: fast schwarz, sehr hart und unerhört gut. Wir schlossen sofort Freundschaft mit Gebhart, der immer häufiger zu uns kam. Sobald er eine freie Stunde hatte, kam er angelaufen und brachte jedesmal etwas Gutes mit: Kondensmilch, Bismarckheringe, Thunfisch, Kartoffeln und einmal sogar das Spiel «Mensch ärgere dich nicht».

Meistens gewann Gebhart, und dann entschuldigte er sich jedesmal. Er behauptete immer, daß er nur zu uns kam, um italienisch zu üben, aber es war klar, daß er Familienanschluß suchte.

Donna Ritas Dienstmädchen Rocchetta trieb sich trotz ihrer siebzig Jahre unentwegt in der Gegend herum. Krieg und Alliierte waren ihr vollkommen gleichgültig, und für sie waren Deutsche, Neapolitaner oder Amerikaner alle gleichermaßen Fremde. Ihr Motto lautete: «Je früher ihr wieder abzieht, desto besser für uns.»

Eines Tages kehrte sie von einem ihrer geheimnisvollen Streifzüge mit einem so merkwürdigen Gesichtsausdruck zurück, als hätte sie etwas sehr Lustiges gesehen. Da sie eigentlich unfähig war, richtig zu lachen, kam dabei nur ein hämisches Kichern heraus.

«Rocchetta», sagte Donna Rita, «was ist denn los?»

«Was soll schon los sein?»

«Rocchetta!» beharrte Donna Rita. «Sag doch endlich, was du gesehen hast!»

Aber Rocchetta tat den ganzen Tag über ihren Mund nicht auf. Erst gegen Abend, als Donna Rita damit drohte, sie nicht in den Stall hereinzulassen, rückte sie mit der Sprache heraus: «Das

Kistchen von den Neapolitanern guckt schon aus dem Boden raus!»

Folgendes war passiert: Die Abfallgrube des Lazaretts wurde jeden Abend zugedeckt, und am nächsten Morgen grub man dann einen Meter weiter eine neue. So war nun langsam, aber sicher jene Stelle erreicht worden, an der wir unseren Schatz vergraben hatten, und eine der Metallecken unseres Kistchens schaute schon aus dem Boden heraus. Kurz, unsere wertvollste Habe drohte ans Tageslicht zu kommen, und diese idiotische Rocchetta hatte uns einen ganzen Tag lang nichts gesagt!

«Heute nacht hole ich die Kiste gemeinsam mit Luciano und bringe sie hierher», schlug Geggè wieder einmal vor und wurde dafür wieder einmal zurechtgewiesen.

Statt dessen übernahmen Onkel Alberto und Onkel Luigi die Aufgabe, das Kistchen zu holen, während Papa die Wache ablenkte, indem er beharrlich eine Zigarette verlangte. Am Schluß ging alles gut, und das Kistchen landete in dem Stall. Nun aber ging es darum, ein neues Versteck zu finden.

«Wir stecken das Silber in die Matratzen.»

«Damit es uns dann so geht wie mit den Schatzbriefen. Da brauchen doch eines Tages nur einmal hundert Verwundete hier anzukommen, dann requirieren die Deutschen unsere Matratzen! Dann sind wir unser Silber los.»

«Warum vergraben wir es nicht in der Futterkrippe der Kühe?»

«Nein, dort nicht!» schrie Donna Rita.

«Warum denn nicht?»

«Weil dort die Gewehre des Obersten sind.»

Uns lief es eiskalt über den Rücken: Da hatten wir hier sechs Monate lang in einem Waffenlager gelebt! Wie viele Familien waren schon wegen eines sehr viel geringeren Vergehens von den Deutschen standrechtlich erschossen worden! Diese Gewehre mußten sofort verschwinden.

Als erstes zogen wir sie aus dem Versteck: Es handelte sich um zwei gut geölte, jederzeit einsatzbereite Doppelflinten.

«Nein», flehte Donna Rita den Tränen nahe, «die dürft ihr nicht wegwerfen! Ohne Erlaubnis meines Sohnes wird hier nichts angerührt!»

«Dann zeige ich Sie bei den Deutschen an», schrie mein Vater. «So werden wenigstens nur Sie erschossen!»

Wir wußten aber nicht, wie wir die Gewehre verschwinden lassen sollten. Mit zwei Gewehren unterm Arm einfach aus dem Stall zu laufen war viel zu gefährlich. Pistolen hätten wir vielleicht verstecken können, aber Gewehre? Sie einfach den Deutschen abzuliefern war ebenfalls ein Risiko. Ross hätte dies ja zum Anlaß nehmen können, uns umzulegen.

Schließlich hat uns Gebhart gerettet: Während wir noch darüber diskutierten, wie wir sie aus der Welt schaffen könnten, nahm er sie und warf sie einfach in den Brunnen.

Wir wurden nun immer häufiger bombardiert, und man hörte gerüchteweise, daß die Deutschen Cassino aufgeben würden. Eines Abends führte uns Gebhart zu seinem Kompaniechef, Hauptmann Frei. Auch Frei war sehr anständig: Er sagte uns, daß die Front jetzt noch näher gekommen sei und wir wahrscheinlich mit deutschen Militärtransportern an einen sicheren Ort gebracht würden.

«Das wäre für uns aber ein großes Unglück! Wir können es kaum mehr erwarten, bis endlich die Amerikaner kommen!» rief Onkel Alberto aus, der ganz vergessen hatte, daß er mit einem deutschen Offizier sprach. «Nur dann können wir wieder nach Neapel zurück.»

«Lucià», befahl Papa, «sag dem Hauptmann, daß wir nicht von hier wegwollen.»

«Herr Hauptmann...», begann ich, aber mehr fiel mir nicht ein.

Dann dolmetschte Gebhart für uns, und der Hauptmann antwortete: «Gut: Wenn die Soldaten kommen, um euch abzutransportieren, schickt Antonietta zu mir ins Lager, dann lasse ich sie mit einem Motorrad zurückbringen und ausrichten, daß ihr hier nicht wegkönnt, weil ihr dringend für die Wäscherei gebraucht werdet.»

9. KAPITEL

Rom, offene Stadt

Der längste Kriegstag war für uns jener, an dem die Deutschen kamen, um uns abzutransportieren.

Der Tag fing schon sehr schlimm an. Gegen sieben Uhr in der Frühe kamen zwei Bauern aus Sant'Apollinare und brachten Rocchetta blutüberströmt nach Hause. Sie war auf einem ihrer Streifzüge über das freie Feld von einem amerikanischen Granatsplitter getroffen worden. Die beiden luden sie wie einen Müllsack vor unserer Stalltür ab und liefen gleich wieder davon, ohne uns zu erzählen, wie und wo sie die alte Frau gefunden hatten. Dank unserer freundschaftlichen Beziehungen konnten wir Rocchetta im deutschen Lazarett unterbringen.

«Morgen ist alles vorüber», behauptete Ross mit einem zweideutigen Lächeln, und niemand wußte genau, ob er damit auf ihren Tod oder ihre Heilung anspielte.

Rocchetta war schon im Delirium. Sie hielt Ross für einen Pfarrer, der ihr die Letzte Ölung erteilen wollte.

«Padre, ich will beichten.»

«Ganz ruhig, alte Frau. Wir dir jetzt machen kleine Operation.»

«Es stimmt nicht, daß die da keine Schwester hat, die hat eine Schwester, die hat eine, Annarosa heißt sie. Nur, daß die Annarosa ein Kind vom Friseur gekriegt hat, dann hat sie sie aus dem Haus gejagt.»

Donna Rita schwieg, als hätte Rocchetta nur Unsinn gefaselt, aber sie wich ihr keine Minute von der Seite, und Ross erlaubte ihr schließlich, im Krankensaal zu bleiben, um sie zu betreuen.

Das zweite tragische Ereignis war das Eintreffen eines deutschen Militärtransportwagens mit einem Offizier und zwei Soldaten. Der

Offizier, der hochelegant war und eine leicht homoerotische Ausstrahlung hatte, teilte uns in perfektem Italienisch mit, daß wir gleich von einem Lastwagen abgeholt und an einen sicheren Ort gefahren würden.

«Jede Person kann nur zwei Kilo Gepäck mitnehmen. Keine Möbel und keine Matratzen bitte. Wer hier im Kampfgebiet bleibt, läuft Gefahr, erschossen zu werden. Ihr habt eine Stunde Zeit, um euch vorzubereiten.»

Wir machten uns keine großen Sorgen, denn Hauptmann Frei hatte uns ja versprochen, daß wir in Cassino bleiben konnten. Wir schickten sofort Antonietta zur Kommandostelle, und das war das letzte Mal, daß wir sie sahen. Alle Hypothesen über ihr Verschwinden sind möglich: daß sie unterwegs umgekommen ist, daß sie aus Angst, deportiert zu werden, nicht den Mut hatte zurückzukehren, daß sie tatsächlich als Wäscherin im deutschen Feldlager geblieben ist oder was auch immer. Antonietta war damals vierzehn Jahre alt und sehr hübsch. Heute müßte sie etwa sechzig sein. Falls sie noch lebt, so hoffe ich, daß sie dieses Buch liest und mir dann schreibt, um mir zu erzählen, was zum Teufel an jenem Tag mit ihr geschehen ist.

Pünktlich wie immer kamen hingegen die Deutschen. Wir versuchten alles, um ihnen zu erklären, daß wir für Hauptmann Frei arbeiteten und daß jeden Augenblick ein Motorradfahrer mit der entsprechenden Aufenthaltserlaubnis von der Kommandostelle eintreffen müßte, aber es war nichts zu machen. «Schnell, schnell», schrien die Soldaten immer wieder und drängten uns mit den Gewehren zum Lastwagen. Den heftigsten Widerstand leistete meine Mutter: Sie klammerte sich an einen Stuhl und weigerte sich wegzugehen.

«Ihr wollt uns nur deportieren, damit ihr dann unsere Sachen stehlen könnt!» brüllte meine Mutter. «Diebe seid ihr, nichts als Diebe!» Und für den Fall, daß sie nicht verstanden wurde, machte sie auch noch unentwegt die Geste, die Dr. Ross so liebte.

Darauf stieg ein Feldwebel vom Lastwagen und erteilte einen knappen, schroffen Befehl. Zwei Soldaten hoben meine Mutter mitsamt dem Stuhl hoch und setzten sie vor der Stallwand ab. Im ersten Augenblick begriff die Ärmste gar nicht, daß sie erschossen werden sollte und schrie immer weiter: «Diebe! Diebe!»

Die beiden Soldaten wichen etwa zehn Schritte zurück und zielten auf Mama. Gewiß hätten sie geschossen, wenn nicht Tante Maria verzweifelt schreiend ein Kissen vor die Mündungen ihrer Gewehre gestopft hätte. Alle schrien und heulten durcheinander oder fielen in Ohnmacht. Die Befehle gingen unter dem Protestgeschrei der schon auf den Lastwagen zusammengepferchten Bauern unter. Die einen knieten vor dem Feldwebel nieder, die anderen liefen davon, schimpften auf uns, verfluchten die Soldaten oder versuchten meine Mutter zu überreden, sich unter den bereits auf den Wagen Sitzenden zu verstecken.

Schließlich wurde auch den Deutschen das Durcheinander zu bunt, und mit Gottes Hilfe saßen wir schließlich alle auf dem Lastwagen – mit Ausnahme Donna Ritas und Rocchettas. Da letztere noch im Lazarett war, gelang es den beiden, in San Giorgio zu bleiben.

Unnötig zu sagen, daß wir in dieser Verwirrung so gut wie nichts mitnehmen konnten. Wir hatten die von den Deutschen angekündigte Stunde ungenutzt verstreichen lassen, und jetzt wollten sie uns keinen Aufschub mehr gewähren. Wir konnten gerade noch zwei kleine Koffer mit dem Silberzeug und dem Schmuck aus dem Kistchen füllen, und außerdem hatten wir natürlich noch die berühmten Schatzbriefe, die Papa und Onkel Alberto nach den bitteren Erfahrungen jetzt Tag und Nacht wie ein Wollhemd am Leib trugen. Bevor ich auf den Lastwagen stieg, gelang es mir gerade noch im letzten Augenblick, meine braunweißen Schuhe zu schnappen, die mir Onkel Luigi geschenkt hatte.

Als es dunkel wurde, kamen wir in ein Dorf namens Isoletta Liri und landeten dort – daran waren wir nun schon gewöhnt – wieder in einem Stall. Allerdings besaßen wir diesmal nicht einmal mehr Matratzen, auf die wir uns hätten legen können, und unser Leben glich immer mehr dem von Tieren. Geggè und ich gingen hinaus, um ein wenig Stroh zu beschaffen, und draußen war es eiskalt. Während ich die Strohhalme aus den Garben riß, spürte ich die Kälte, die mir in die Hände schnitt, denn das Stroh war gefroren und scharf wie eine Messerklinge. Mit blutenden Händen kehrte ich in den Stall zurück. Teils wegen der Kälte und teils wegen der Läuse, die mich jetzt schon seit ein paar Monaten quälten, machte ich die ganze Nacht kein Auge zu.

Am nächsten Tag saßen wir schon vor dem Morgengrauen wieder auf dem Lastwagen und fuhren weiter Richtung Norden. So entfernten wir uns immer mehr von Cassino, von den Amerikanern und von unserem Neapel. Während der Fahrt wurden wir von einem amerikanischen Jagdbomber angegriffen, der im Sturzflug auf uns zuschoß, um seine Maschinengewehrsalve aus der Nähe auf uns abzufeuern, allerdings nur eine einzige Garbe, dann zog er wieder ab. Wenn es in Kriegsfilmen Szenen mit Tiefffliegern gibt, sieht man die Leute meist wie Akrobaten von den Lastwagen springen und sich hinter dem Gebüsch am Straßenrand verstecken. Wir hingegen blieben starr wie Wachsfiguren sitzen und waren bestenfalls zu lautem Beten fähig. Es blieb uns auch gar nichts anderes übrig, denn mit einer fast neunzigjährigen Großmutter, die zehn Minuten brauchte, um von einem Lastwagen herunterzuklettern, mit Tante Maria, der man drei- oder viermal hätte erklären müssen, daß gerade ein Luftangriff auf uns stattfand, und mit Onkel Luigi, der immer in den unpassendsten Augenblicken sein x-tes Abenteuer im Wasserflugzeug des Herzogs von Bergamo erzählte, waren wir so langsam, daß jeder Fluchtversuch mißlungen wäre.

Ein paar Stunden später kamen wir nach Ferentino, einem Dorf nahe bei Frosinone, und wurden dort in einer Schule interniert, jeweils fünfzehn Personen in einem Schulzimmer. Zu unserer Familie gehörten vierzehn Personen, daher mußten wir noch einen alten Mann aus Pignataro Interamna bei uns aufnehmen.

«Ich habe noch nie ein so häßliches Hotel gesehen!» war der Kommentar meiner Großmutter. Und es war ja auch gar kein Hotel, sondern eine Art Konzentrationslager.

Wir schliefen auf dem Boden auf einer Schicht Decken, und die sanitären Anlagen waren so verkommen, daß sie auch nur zu betreten schon eine Heldentat wie die des Herkules beim Ausmisten des Augiasstalles voraussetzte. Wir sehnten uns bereits nach unserem Stall auf dem Lande zurück, wo wir unsere Matratzen nebeneinander auf dem Boden ausgebreitet und unsere Bedürfnisse im Freien erledigt hatten.

Das Hungerproblem wurde nun größer als je zuvor: Das Kommißbrot, das an sich sehr gut schmeckte, war das einzig Genießbare, das wir bekamen. Einmal am Tag gab man uns in einem einzigen Topf mit einem einzigen Löffel für fünfzehn Personen, den Alten aus Pignataro eingeschlossen, eine ekelerregende Suppe: Jeder aß der Reihe nach einen Löffel voll. Onkel Alberto begrüßte die Brühe immer mit den Worten «Es ist angerichtet», aber nach ein paar Tagen verging auch ihm das Lachen.

«Wir müssen uns beim Direktor beklagen», sagte meine Großmutter, und wir beschwerten uns bei dem Deutschen, der auf unserem Stockwerk Wache hatte.

Er hieß Alfred und war eine Art neapolitanischer Straßenhändler, der aus Versehen in München geboren war: Er sprach korrekt Italienisch und besaß einen ausgeprägten Geschäftssinn. Für zwei silberne Kaffeelöffel verlegte er den Bauern aus Pignataro Interamna in ein anderes Klassenzimmer. Alfred besaß geradezu eine Leidenschaft für silberne Kaffeelöffel: Wenn wir etwas brauchten, genügte es, mit ihm den Preis in Kaffeelöffeln zu vereinbaren, dann erfüllte er bis zum nächsten Tag unsere Wünsche. Seine Familie umfaßte anscheinend zwölf Mitglieder: Vater, Mutter, vier Söhne und sechs Töchter, so daß Alfred unbedingt mindestens ein zwölfteiliges Silberbesteck brauchte.

Das Wort «Konzentrationslager» weckt gewöhnlich grauenvolle Vorstellungen, und man denkt unwillkürlich an Auschwitz, Stacheldraht, nackte Gefangene im Schnee und so weiter. Unseres war, um dies gleich zu sagen, einfach ein Sammellager für Flüchtlinge, und der entscheidende Unterschied zu den deutschen KZs, in denen Juden und politische Gefangene interniert wurden, war

162

der, daß sich in unserem Lager nur Bauern aus der Ciociara befanden, deren einziges Verbrechen darin bestanden hatte, daß sie sich im Kampfgebiet aufgehalten hatten. Aber auch hier galt wie in allen Konzentrationslagern, daß man eingesperrt war und unter Hunger, Kälte und dem Schmutz litt.

Wer je in einer Zwangsgemeinschaft gelebt hat (gleichgültig, ob in einem Internat oder in einem Gefängnis), weiß ein Lied davon zu singen, was Gerüchte bewirken können. Wenn nur eine einzige Person ausspricht (oder gar nur denkt) «Ich habe Angst, daß wir alle in Deutschland enden», dann dauert es nicht lange, bis dies als offizielle Verlautbarung gilt. Das Erstaunlichste dabei sind die Fülle von Einzelheiten und die Geschwindigkeit, mit der sich so ein «Gerücht» verbreitet: um wieviel Uhr der Zug Richtung Brenner abfährt, in welchem Lebensalter man für arbeitsfähig gilt, wohin genau man verschleppt wird und so weiter. Bei uns war das nicht anders: Den «Gerüchten» zufolge sollten alle gesunden Männer zwischen fünfzehn und fünfundsechzig noch vor Monatsende nach Deutschland in die Gegend von Sindelfingen deportiert werden. Sämtliche männlichen Angehörigen unserer Familie waren demnach in Gefahr: Papa, Onkel Alberto, Onkel Luigi, Geggè und ich.

Der einzige, der uns hätte zur Flucht verhelfen können, war Alfred, aber leider war unser Vorrat an Kaffeelöffeln nach einem zweimonatigen Lageraufenthalt aufgebraucht, und so mußten wir nun, wenn auch widerstrebend, unsere Leuchter einsetzen. Wir sprachen ganz offen mit ihm. «Bring uns hier raus», sagten wir zu ihm, «dann kriegst du alles, was du willst.» Alfred sagte, daß er es ja aus reiner Freundschaft täte, leider aber habe er eine große Familie und müsse daher eine Gegenleistung verlangen: Er wollte beide Köfferchen mit dem ganzen Schmuck und Silberzeug.

Gewöhnlich stellt man sich vor, daß bei einer Flucht aus einem Lager mindestens ein Stacheldrahtzaun überwunden werden muß; wir hingegen verließen es, von freundlichen Blicken der Wachen begleitet, wie Herrschaften durch den Haupteingang. Das einzig Mißliche dabei war, daß wir zwei Wochen lang hatten warten müssen, bis der Kaffeelöffelsammler Alfred wieder Wachdienst am Haupttor hatte. Eines Nachts brachte er uns persönlich die frohe Botschaft: «Schnell, schnell, alle raus!» Aber als wir dann schon auf der Treppe waren, schickte er uns Hals über Kopf wieder zurück, weil er es sich anders überlegt hatte und sich des Kameraden, der mit ihm Wache hatte, nicht mehr sicher war.

«Das ist ein Nazi», vertraute er uns mit angewiderter Miene an, «man kann sich nicht auf ihn verlassen.»

Beim zweiten Versuch gab es keine Schwierigkeiten. Teils aus Zuneigung, teils aber auch, um zu kontrollieren, ob wir noch weitere Silbersachen bei uns trugen, umarmte Alfred jeden einzelnen von uns. Dann gingen wir glücklich wie ein Haufen Kinder, die gerade die Schule geschwänzt haben, in die dunkle Nacht hinaus.

Man versetze sich einmal in unsere Lage: Es war zwei Uhr nachts, kalt, wir befanden uns an einem uns vollkommen unbekannten Ort, hatten eine neunzigjährige Großmutter dabei und kamen schließlich direkt aus einem Konzentrationslager. Wohin geht man da? Als erstes fiel uns die Kirche ein.

Der Pfarrer versuchte alles, um uns den Eintritt zu verwehren. Zuerst stellte er sich taub, dann behauptete er, daß er vom deutschen Kommando den ausdrücklichen Befehl erhalten habe, niemanden bei sich aufzunehmen, schließlich gab er aber nach und brachte uns notdürftig in der Sakristei unter. Am nächsten Morgen rief er in einem verzweifelten Versuch, uns wieder loszuwerden, die Schwestern Ardensi ins Pfarrhaus, drei alte Jungfern, die aber erstens noch gar nicht so alt und zweitens sehr verschieden waren. Wir nannten sie sofort die «Kleine», die «Dürre» und die «Dampfwalze».

«Wollt ihr euch das Paradies verdienen?» fragte der Pfarrer.

«Nein», antworteten die drei alten Jungfern im Chor, «und wir wollen auch keine Flüchtlinge im Haus.»

«Aber dies sind keine Flüchtlinge, das sind Herrschaften. Sie kommen aus Neapel, vierzehn Personen.»

«Vierzehn!» brüllte die Kleine. «Da komme ich lieber in die Hölle!»

«Meine liebe Arminia, das Paradies verdient man sich nicht nur mit Beten. Man muß auch dafür leiden. Diese Ärmsten hier sind aus einem Konzentrationslager geflohen, und wenn die Deutschen sie jetzt wieder schnappen, verschleppen sie sie sofort nach Deutschland. Dann habt ihr vierzehn Menschenleben auf dem Gewissen.»

«Jetzt sagen Sie wohl gleich noch, daß wir auch am Krieg schuld sind!» versetzte die Dürre, die am widerwärtigsten war. «Warum wenden Sie sich denn nicht an Signora Caroselli? Wie? Da würden Sie sich wohl ins eigne Fleisch schneiden! Weil die Signora Caroselli Ihnen immer das Geld für die Messe gibt. Richten Sie der Signora Caroselli ruhig von mir aus, daß sie mit zwei Messen nicht alle die Schweinereien aus der Welt schaffen kann, die sie treibt. Ich beobachte sie Tag und Nacht, und ich sehe ganz genau, wie die Deutschen in ihrem Haus ein und aus gehen! Und auch Sie, Don Vincenzo, sollten sich schämen, das Geld von einer Hure anzunehmen!»

«Wir leben in einer schwierigen Zeit», erwiderte Don Vincenzo geduldig, der seine Vorstellungen von der Sünde im Laufe des Krieges offenbar gründlich geändert hatte. «Gerade weil zu Frau Caroselli so viele Deutsche kommen, ist es nicht ratsam, daß sich die Neapolitaner zu ihr flüchten.»

«Na gut», sagte die Dampfwalze, die noch die verträglichste von allen war, «wenn dies der Wille des Herrn ist, werden wir es eben tun. Aber eines möchte ich klarstellen: Was das Essen betrifft, da sorgt jeder für sich und Gott für uns alle, denn schließlich ist unser Haus kein Hotel.»

Zwei Monate lang waren wir dann Gäste der Schwestern Ardensi. Die drei alten Jungfern besaßen im Zentrum von Ferentino ein schönes Haus mit Keller, Dachgeschoß und Garten. Platz gab es also genug. Das Hauptproblem war nach wie vor das Essen. Inzwischen waren wir die reinen Landstreicher geworden: ohne einen Pfennig Geld, in Lumpen gekleidet, verlaust und jeder Art von Tauschware beraubt. Der Reihe nach waren zuerst die Äpfel zu Ende gegangen, dann das Öl, die silbernen Kaffeelöffel, die Leuchter, schließlich der Familienschmuck. Es blieben uns nur noch die Schatzbriefe, aber die wollte keiner haben.

Eines Tages begegnete mein Vater unverhofft einem alten Schulfreund, einem gewissen Menichini, der ihm etwas Geld lieh. Außer diesem Rettungsanker verdankten wir ihm auch noch eine wertvolle Information: Richtung Fumone lebte ein alter Bauer, der plötzlich verrückt geworden war und Schafskäse, Hühner und Mehl ganz billig oder umsonst hergab.

Dies war eine allzu schöne Nachricht, die sofort überprüft werden mußte. Papa besprach sich mit Onkel Alberto, und die beiden beschlossen, eine Versorgungsexpedition zu unternehmen. Die Angst, von den Deutschen aus dem Lager aufgegriffen zu werden, war groß, aber noch größer war der Hunger, der sich bei uns in den letzten Tagen aufgestaut hatte. Außer den Deutschen gab es ja noch die einheimischen Spitzel, nämlich die Kollaborateure: Da gab es Leute, die sogar ihre eigenen Angehörigen denunzierten, wenn sie dafür ein paar Fleischdosen bekamen. Und daher glaubten mein Vater und Onkel Alberto auch, ihr Ende sei gekommen, als sie auf dem Rückweg dem Pimpf in die Arme liefen – alle wußten doch, daß der von Beruf Spitzel war.

«Geben wir ihm die vier Hühner, dann denunziert er uns vielleicht nicht», flüsterte Papa.

«Nein, und wenn er uns vor ein Erschießungskommando bringt!» erwiderte Onkel Alberto, der die Hühner nicht mehr herausrücken wollte. «Wir müssen hier aufs Ganze gehen.»

Sie grüßten den Pimpf wie selbstverständlich und schlugen ihm ein Geschäft vor. Onkel Alberto hatte in Rom einen Sohn, der Hauptmann bei den Carabinieri war: Wenn es dem Pimpf gelang, ihn ausfindig zu machen und ihm eine Nachricht zu überbringen, sollte er dafür einen Schatzbrief über fünftausend Lire bekommen.

Die folgenden Tage hofften wir vergeblich auf Rettung durch unseren Vetter aus Rom. Statt dessen kamen die Deutschen.

Es war kurz nach zwölf, und das vierte und nunmehr letzte Huhn des Bauern aus Fumone kochte im Topf, während die ganze

Familie hingebungsvoll seiner Garung beiwohnte. Plötzlich hörten wir, wie unten heftig am Tor gerüttelt wurde. Onkel Luigi lehnte sich aus dem Fenster, fuhr aber sofort entsetzt zurück.

«Die Deutschen!»

Unten stand ein Lastwagen, und auf den ersten Blick schien es derselbe Lastwagen zu sein, mit dem wir von San Giorgio a Liri abtransportiert worden waren. Unterdessen verriet uns die Dürre ohne die geringsten Schamgefühle.

«Sie sind alle da oben, im zweiten Stock, vierzehn Leute aus Neapel, die sind aus der Schule geflohen. Wir sind nicht aus Neapel, wir sind aus Ferentino. Mit denen da oben haben wir nichts zu tun. Der Pfarrer hat uns befohlen, sie bei uns aufzunehmen. Ich wollte sie nicht hereinlassen. Stimmt es vielleicht nicht, Arminia, daß ich sie nicht hereinlassen wollte?»

Aber die Deutschen waren gar nicht unseretwegen gekommen, sondern suchten vielmehr eine gewisse Familie Percuoco, die sie nach Rom bringen sollten. Sie zeigten uns eine Vorladung voller deutscher Unterschriften und Stempel. Als Onkel Alberto dieses Blatt in der Hand hielt, erkannte er sofort die Handschrift seines Sohnes. Durch diese Entdeckung ermutigt, brachen wir einschließlich unseres Huhns, das inzwischen gar war und uns auf der Reise begleitete, Richtung Hauptstadt auf.

In Rom wurden wir in dem in der Via Lombardia gelegenen Hotel Boston abgesetzt, das damals aus antiamerikanischen Gründen in Hotel Aosta umbenannt worden war.

«Hier warten», sagte einer der Deutschen. «Gleich kommen Advokat Percuoco.»

Wir zogen uns mit unserem ganzen Plunder in eine Ecke der Hotelhalle zurück und wagten nicht, uns auf die Sessel zu setzen, aus Angst, sie zu beschmutzen. Nur die Oma durfte sich auf einem Stuhl niederlassen, und das auch nur, weil sie schon neunzig war. Nach etwa zehn Minuten traten ein Mann mittleren Alters und eine Dame im Pelzmantel durch die Drehtür. Als der Mann uns erblickte, blieb er wie angewurzelt stehen und sah uns entsetzt an: Wer weiß, was für einen schrecklichen Anblick wir boten!

Ein Flüchtling ist vor allem daran zu erkennen, daß er alles, was er besitzt, übereinander anzieht, um sich gegen die Kälte zu schützen: Decken, Mäntel, Vorhänge oder Pappkartons. Papa gehörte zu den wenigen, die noch einen Mantel besaßen, auch wenn er darunter die Pyjamajacke trug, die er an jenem Tag anhatte, als wir gewaltsam aus San Giorgio a Liri abtransportiert worden waren. Onkel Albertos Dienstmädchen Carolina hingegen lebte praktisch wie eine Schildkröte in einer Wolldecke, aus der sie nur die Hände mit dem Kochtopf herausstreckte, in dem sich das Huhn befand. Tante Maria trug die Weste eines Dudelsackpfeifers, die sie im Lager nach viereinhalb Tage dauernden Verhandlungen im Tausch gegen einen kleinen Goldring erworben hatte. Onkel Luigi hatte vom Gürtel abwärts deutsche Uniformteile und oben eine Tweedjacke an, die aus England stammte, wo er (nach eigenen Berichten) die Golfmeisterschaft der italienischen Emigranten gewonnen hatte.

Mit Schuhwerk sah es bei uns noch schlechter aus: Meine Schwester trug die Turnschuhe der *Piccola-italiana*-Uniform, Geggè und ich hatten Schuhe mit der von Onkel Alberto erfundenen rückwärtigen Verlängerung, Papa ein Paar Militärstiefel, und die beiden Dienstmädchen trugen Sandalen, die aus einem rechteckigen Sohlenstück und einem Lappen bestanden, der zuerst um den Fuß und dann um die Waden gewickelt wurde.

Wenn sich die Gäste des Hotels Aosta wunderten, so staunten wir nicht weniger, denn zum erstenmal nach einem Jahr sahen wir wieder elektrisches Licht, Telefon, fließendes Wasser und all die kleinen alltäglichen Wunder, die eben deshalb, weil sie alltäglich sind, am Ende ganz normal wirken.

Gegen Abend klärte sich das Geheimnis des unbekannten Rechtsanwalts Percuoco auf. Mein Vetter Geppino Panetta hatte sich den republikanischen Machthabern entzogen und unter dem Namen Giuseppe Percuoco im Vatikan Unterschlupf gefunden, von wo aus er alle Familien der Carabinieri, die sich nicht gestellt hatten, finanziell unterstützte. Wie es ihm aber gelungen war, einen deutschen Lastwagen zu organisieren, der uns in Ferentino abholte, habe ich nie durchschaut: Das gehört wohl zu den Geheimnissen des Doppelspiels oder der Gegenspionage.

Durch seine Vermittlung waren wir fast einen Monat lang Gäste des Hotels Aosta (nur Übernachtung, ohne Verpflegung). Rom war vor kurzem zur «offenen Stadt» erklärt worden, was aber nicht etwa bedeutete, daß sie für alle offen, sondern im Gegenteil für alle geschlossen war, die dort keinen Wohnsitz hatten. Und da wir dies eben nicht vorweisen konnten, bestand für uns die Gefahr, entdeckt und aus der Stadt verwiesen zu werden. Aber weil wir ohne Aufenthaltsgenehmigung hier lebten, bekamen wir auch nicht die dringend notwendigen Lebensmittelkarten.

Eines Abends lieferte Onkel Alberto in der Hotelküche vier Eier ab und bat um ein schönes Rührei für uns alle.

«Aber damit wir uns richtig verstehen», sagte er zum Küchenchef, «wenn Sie ein bißchen Mehl hinzugeben, wird es natürlich besser, es bekommt mehr Konsistenz. Und wenn Sie vielleicht auch noch ein Stückchen Mozzarella erübrigen könnten, wären wir Ihnen ewig dankbar. Übrigens, ich vergaß: In Neapel streuen wir gewöhnlich auch noch ein bißchen Parmesan drüber. Leider verfügt unsere Familie im Augenblick nicht über das kleinste Stückchen Käse, aber wenn wir vielleicht bei der Hoteldirektion eine kleine Anleihe machen dürften, wären wir schon mit einem Hauch, einer Andeutung zufrieden, gerade nur, damit wir uns an den Geschmack erinnern. Wichtig ist nur, daß das Rührei ganz flach wird, damit wir es zwischen den verschiedenen Familienmitgliedern besser aufteilen können.»

«Wie viele seid ihr denn?» fragte der Küchenchef mit einem Blick auf die vier Eier.»

«Vierzehn.»

Unsere Lage besserte sich dank meiner braunweißen Schuhe. Eines schönen Morgens beschloß ich, sie anzuziehen, obwohl sie mir noch immer zu groß waren. Onkel Luigi hatte mir an meinem Geburtstag nicht nur sein Abenteuer mit der Fougez erzählt, sondern mir unter dem Siegel der Verschwiegenheit auch anver-

169

traut, daß dies nicht etwa normale, sondern Wunderschuhe waren, mindestens gleichwertig mit Aladins Wunderlampe: Man brauchte nur ein wenig über das Oberleder zu streicheln und sich dabei etwas zu wünschen, und schon erfüllte sich der Wunsch innerhalb von vierundzwanzig Stunden. Ich zog die Schuhe an und wünschte mir als erstes einen Teller voll Spaghetti mit Tomatensauce. Eine Minute später deutete Ferruccio, der Liftboy im Hotel Aosta, auf meine Schuhe und fragte: «Gehören die dir?»

«Ja, warum?»

«Weil sie dir nicht passen. Sie sind zu groß.»

«In zwei Jahren passen sie mir.»

«Willst du sie verkaufen?»

«Wieviel gibst du mir?»

«Zehn Stangen.»

Ferruccio fuhr nicht nur die Hotelgäste mit dem Aufzug auf- und abwärts, sondern verkaufte ihnen auch geschmuggelte Zigaretten.

«Gut», erwiderte mein Vetter, «wir geben sie dir, aber dafür mußt du uns sagen, wo du die Zigaretten kaufst, denn wir beide wollen jetzt auch ins Geschäft einsteigen.»

So entstand die «Geggè & Luciano Handelsgesellschaft» für den Vertrieb von Schwarzmarktprodukten. Und indem wir unser einmal erworbenes Kapital immer wieder klug investierten, gelang es uns in kurzer Zeit, ein nettes Sümmchen beiseite zu legen. Wir kauften Zigaretten in San Lorenzo, Schafskäse in Frascati, Öl und Salz in Marino und verkauften unsere Ware den Herrschaften von Parioli, wohin wir in der Zwischenzeit gezogen waren. Wir pendelten auf Lieferwagen und anderen Mitfahrgelegenheiten zwischen Rom und Castelli, wobei wir immer mehr Pakete zu schleppen hatten. Nach einiger Zeit wurden unsere Mahlzeiten etwas gehaltvoller, und zwar einerseits dank unserer Schmuggelei, andererseits mit Hilfe des Capitano Panetta alias Rechtsanwalt Percuoco, der uns nicht nur eine Wohnung, sondern auch eine stattliche Anzahl gefälschter Lebensmittelkarten besorgt hatte.

Das Brot holten wir in der Via Po bei einem Bäcker, der nicht nur

Brot verkaufte, sondern auch für die Carabinieri arbeitete, die sich noch nicht gestellt hatten. Eines Tages wollte Onkel Luigi gerade den Laden betreten, als er sah, wie eine Faschistenstreife dort mit vorgehaltenen Waffen eindrang: Der Bäcker und sämtliche Kunden mit gefälschten Lebensmittelkarten wurden verhaftet. Wenn er nur eine Sekunde früher gekommen wäre, hätten sie auch Onkel Luigi geschnappt.

Am 4. Juni kamen die Amerikaner: Ich sah sie im Gänsemarsch den Gehsteig des Viale Parioli herunterkommen. Ihr Gang war eher schleppend, alles andere als martialisch, und nachdem ich gewohnt war, die Deutschen marschieren zu sehen, erschienen mir diese hier wie ein Haufen von Abgerissenen, die gerade eine Schlacht verloren und endgültig vom Krieg genug zu haben schienen. Nur ein Schwarzer sah mir in die Augen und strahlte. Ich hatte mir die Amerikaner ein wenig fröhlicher vorgestellt, doch hatten diejenigen, die nun die Allee herunterkamen, ihre Siegerszenen offenbar schon auf den Straßen im Zentrum aufgeführt und waren jetzt müde.

Nachdem die Amerikaner da waren, handelten wir nicht mehr mit Schafskäse, sondern nur noch mit amerikanischen Zigaretten: Chesterfield, Camel und Pall Mall. Wir hatten zufällig den wichtigsten alliierten Lieferanten kennengelernt, einen gewissen Sergeant Johnny La Rosa, einen Italoamerikaner mit pockennarbigem Gesicht, der eine merkwürdige Ähnlichkeit mit dem deutschen Alfred hatte. Wer weiß, vielleicht waren sie sogar verwandt? Johnny mochte uns gern und gab uns so viele Stangen, wie wir wollten, und verlangte nicht einmal Vorauszahlung.

«Wenn du mich bescheißt», sagte er auf Brooklyn-Italienisch zu mir, «fliegst du raus aus dem Bisiness.»

Der Zigarettenschmuggel während der alliierten Besatzungszeit war in etwa so organisiert: Die Amerikaner verkauften die Ware an Großhändler, und zwar nur ganze Lastwagenladungen voll. Die Großhändler verteilten sie dann an die verschiedenen Camorristenbosse, die sie wiederum den Kleinhändlern weitergaben. Da wir uns direkt bei Johnny versorgten, übersprangen wir zwei Ebenen und verdienten so das Doppelte. Sogar Ferruccio aus dem Hotel Aosta, das jetzt wieder Boston hieβ, kaufte bei uns.

In der Zwischenzeit bereiteten unsere Eltern die groβe Heimkehr vor. Es war gar nicht so leicht, einen Fahrer aufzutreiben, der willens war, uns nach Neapel zu befördern, denn die Straβen waren nicht nur voller Löcher, sondern auch von Banditen und Deserteuren belagert, die jeden ausraubten, der ohne Begleitschutz reiste. Schlieβlich fanden wir einen Lieferwagen, der von einem Zwerg gefahren wurde.

«Er ist ein biβchen klein, aber ein ausgezeichneter Fahrer», sagte Papa. «Auβerdem ist er der einzige, der es zu einem anständigen Preis macht.»

Der Zwerg chauffierte den Lieferwagen im Stehen, denn im Sitzen reichte er mit dem Fuβ nicht bis an die Kupplung. Onkel Luigi wollte sich zur Sicherheit neben ihn setzen.

«Haben Sie einen Führerschein?» fragte der Zwerg.

«Nein», erwiderte Onkel Luigi, «aber ich habe Tazio Nuvolari kennengelernt und dabei begriffen, worauf es ankommt, wenn man nicht sterben will. Wo ist die Bremse?»

«Hier, da, wozu?» fragte der Fahrer.

«Weil ich da bei der ersten Schwierigkeit drauftrete.»

Mit dem Zwerg reiste ein Begleiter, der aber nicht fuhr, sondern eine Art Leibwache war. Er hatte einen Schnauzbart wie John Carradine, ein Gewehr in der Hand, sprach kein Wort und blickte immer nur geradeaus auf die Straβe. Unterwegs erfuhren wir, daβ alle Lastwagen einen bewaffneten Begleiter hatten, weil sie andernfalls niemals ihr Ziel erreichten.

Für die zweihundert Kilometer nach Neapel brauchten wir fast zwei Tage. Die Straβen bestanden nur aus Löchern und Kratern, die von den alliierten Bomben hineingerissen worden waren. Vor jedem Loch muβte der Wagen halten, und alle muβten aussteigen, um zu prüfen, wie tief das Loch war und wie wir es am besten überwinden konnten. Und da es auch keine Brücken und Viadukte mehr gab, bildete schon der kleinste Bach ein schier unüberwindbares Hindernis.

Wir fuhren die Staatsstraße Nummer 6 entlang und kamen so auch in die Nähe von Cassino. Dort bot sich uns ein geradezu unglaublicher Anblick, und zum erstenmal wurde uns klar, daß wir alle umgekommen wären, wenn wir in San Giorgio a Liri geblieben wären. Die Abtei war vom Erdboden verschwunden: Dreihundertfünfzig Tonnen Bomben hatten sie in einer einzigen Nacht ausgelöscht. Uns erschien sogar der kleine Berg nach all den Bombardierungen niedriger als zuvor.

Da die Staatsstraße unterbrochen war, mußten wir flußabwärts am Garigliano entlangfahren, in der Hoffnung, eine Fähre zu finden. Als wir uns auf der Höhe von Sant'Ambrogio befanden, sagte Onkel Alberto, daß wir doch nicht einfach weiterfahren könnten, ohne einen Sprung nach San Giorgio gemacht und uns nach Donna Rita erkundigt zu haben. Keiner hatte etwas dagegen, aber es war uns allen klar, daß der gute Mann immer noch hoffte, seine amerikanische Küche wiederzufinden. Trotz aller Proteste des Zwergs (der dann gleich einen Aufschlag für den Umweg verlangte) nahmen wir Kurs auf unser ehemaliges Haus, aber nach etwa zwei Kilometern mußten wir unser Vorhaben aufgeben: Vor uns lag eine riesige Wasserfläche. Die Deutschen hatten in einem verzweifelten Versuch, den Vormarsch der Alliierten aufzuhalten, ein Teilstück des Rapido umgeleitet und das ganze Lirital überflutet. Sosehr wir uns auch bemühten, nirgends konnten wir auf dem Wasser treibende Küchenmöbel entdecken.

Wir erkundigten uns bei einem Bauernpaar.

«Kennt ihr Donna Rita?»

«Welche Donna Rita? Die Mama von dem Oberst, der in Rußland ist?»

«Ja, genau die. Wie geht es ihr?»

«Gut. Ihr geht es gut, aber die arme Rocchetta ist gestorben. Auch die Frau aus Neapel ist gestorben, die bei ihr gewohnt hat: Die Deutschen haben sie erschossen, weil sie nicht auf den Militärtransporter rauf wollte!»

«Wißt ihr auch, wo wir eine Fähre finden?» fragte der Zwerg, der sich nicht im geringsten für das Schicksal der erschossenen Frau interessierte.

«Da müßt ihr nach Sant'Andrea, gleich hinter Vallemaio, und dann fahrt ihr die ganze Straße bis zur Abzweigung nach Suio. Irgendwo dort muß sie sein.»

Aber sie war nirgendwo. Da es schon dunkel wurde, beschlossen wir, in einem Dorf namens San Lorenzo haltzumachen. Wir fanden einen Schlafplatz und sogar ein Bauernhaus, wo wir essen konnten. Während der Mahlzeit erzählten Geggè und ich dem Zwerg, wie wir uns mit Johnny La Rosa angefreundet hatten.

«Wie soll der heißen?» fragte der Zwerg.

«Johnny La Rosa. Der ist aus Brooklyn.»

«So ein Pockennarbiger mit einer Narbe am Kinn?»

«Ja, genau.»

«Da habt ihr aber verdammt Glück gehabt, daß euch nichts passiert ist!» meinte der Zwerg und verzog das Gesicht. «La Rosa ist einer der schlimmsten Gangster, die aus Amerika hierhergekommen sind.»

«Aber zu uns war er immer sehr nett!»

«Von wegen nett», lachte uns der Zwerg aus. «Ihr seid eben zu naiv: Ihr vertraut allen! Ich dagegen vertraue nur auf diesen da.» Damit zog er einen Luger heraus, einen riesigen Revolver, der fast größer war als er.

Doch etwas beeindruckt erzählten wir ihm von unseren Schiebereien und wie wir mit Hilfe von Johnny ins Geschäft eingestiegen waren.

«Von jetzt an», schloß ich, «kümmern wir uns um ein anderes Business. Johnny hat es uns selber geraten.»

«Worum geht es denn?» fragte der Pistolenzwerg neugierig.

«Vor der Abreise haben wir uns über die Preise in Neapel erkundigt und dabei entdeckt, daß sich der größte Gewinn zur Zeit mit Wachsstreichhölzern machen läßt.»

«Mit Wachsstreichhölzern?»

«Ja. In Neapel kosten sie jetzt dreimal soviel wie in Rom.»

«Na und?»

«Also haben wir unser gesamtes Kapital in Wachsstreichhölzer investiert. Wir haben drei Kisten gekauft und wissen auch schon, zu wem wir in Neapel gehen sollen, denn Johnny hat uns die Adresse des Käufers gegeben.»

Am nächsten Morgen waren die Wachsstreichhölzer verschwunden. Obwohl der Zwerg und sein Geschäftspartner ständig Wache gehalten hatten, waren die drei Kisten von «unbekannten» Dieben vom Lieferwagen gestohlen worden. Wir wußten natürlich ganz genau, wer sie uns geklaut hatte, aber unsere Eltern rieten uns in Anbetracht unserer Lage, nicht zu laut zu protestieren. Der verdammte Zwerg sang während der ganzen Reise.

In der Nähe von Minturno überquerten wir den Fluß und gelangten abends nach Neapel.

Die Stadt war verheert: Die Via Marina war dem Erdboden gleichgemacht, sämtliche Gebäude der Via Foria, von der Piazza Carlo III bis zur Piazza Cavour, von Bomben zerstört, die berühmten Glasscheiben der Galleria lagen in Scherben am Boden. Wohin man blickte, vom Borgo Sant'Antonio Abate bis zur Piazza Mercato, von den Cristallini bis zu den Ponti Rossi, sah man nur Trümmer und Verwüstung. An unserem Wohnhaus in Santa Lucia fehlten die schönen Marmortreppen mit dem schmiedeeisernen Geländer, und eine notdürftig zusammengezimmerte Holztreppe, über die die Bewohner der oberen Stockwerke ihre Wohnungen erreichten, erhob sich aus dem Abgrund des Treppenhauses. Das Geschäft an der Piazza dei Martiri war wie weggeblasen, an seiner Stelle klaffte ein gewaltiger Spalt mitten im Palazzo Partanna. Wir erfuhren, daß die Bombe genau in unserem Geschäft explodiert war und man sogar noch im Stadtpark, der über einen Kilometer vom Explosionsort entfernt lag, Handschuhe mit der Kennzeichnung *Made in Neaples* gefunden hat. Unser Haus am Vomero, wo wir meist unsere Ferien verbracht hatten, war von Engländern besetzt, und wir durften es nicht einmal besuchen. Meine Mutter brach in Tränen aus.

10. KAPITEL

IBM

Meine Erfahrungen bei IBM wären kein Extrakapitel wert, hätte ich diese nicht in einer Stadt wie Neapel und zu einer Zeit gemacht, die man getrost das vorgeschichtliche Zeitalter der Informatik nennen darf. In den sechziger Jahren waren die aus den Vereinigten Staaten als große Neuigkeit eingeführte Erfindung der Lochkartentechnik und die Tendenz meiner Mitbürger, Maschinen grundsätzlich zu mißtrauen, zwei unvereinbare Wirklichkeiten: präzis und rational die eine, ungenau und launisch die andere. Das binäre Ja-nein-Denken prallte an der possibilistischen Welt des Ungefähren und des Annähernden ab. Nun will ich damit nicht sagen, daß die Neapolitaner für die Informatik verloren sind (im Gegenteil habe ich gerade unter ihnen hervorragende Experten für Software kennengelernt), aber sie mißtrauen in ihrer auf zwischenmenschliche Beziehungen gegründeten Lebensart der Computerwelt gründlich, und dieses gilt umgekehrt genauso. Ich werde hier also weniger von IBM als vielmehr vom frontalen Zusammenprall zweier entgegengesetzter Mentalitäten sprechen.

Dank der Empfehlung eines Freundes meiner Familie, des Cavaliere de Vico, überschritt ich die geheimnisvolle Schwelle der IBM Italia im September 1960, als es noch gar keine Computer gab. Damals war die neapolitanische Niederlassung kaum größer als ein Laden: zwei Räume in der Via Partenope, ein paar Metallschreibtische und ein paar Plakate im Schaufenster. Aber es herrschte dort eine solch dynamische Stimmung, daß ich schon gleich nach meinem Eintritt das Gefühl hatte, binnen kürzester Zeit Filialleiter zu werden. Unweigerlich drängte sich mir der Gedanke auf, daß wir hier nur zu viert waren: ein Chef, zwei *salesmen* und ein Verwaltungsmann. Ich brauchte nur den Chef und die zwei *salesmen* ins Abseits zu bringen, und schon war ich Filialleiter. Aber die Dinge liefen dann doch nicht so, wie ich es mir vorgestellt hatte: Die Filiale wurde schon bald sehr groß, und als ich dann endlich befördert wurde, ernannte man mich lediglich zum *marketing manager*, das heißt also zum stellvertretenden Filialleiter. Ich freute mich trotzdem, vor allem, weil mir versichert wurde, daß ich in zwei (höchstens drei) Jahren ebenfalls Filialleiter würde. Und tatsächlich wurde ich nach weiteren drei Jahren im Schützengraben auch befördert, nur war in der Zwischenzeit eine neue hierarchische Zwischenstufe eingeführt worden, die des *director data processing*. Welche Funktion der eigentlich hatte, habe ich nie ganz kapiert, jedenfalls kam gleich danach der Filialleiter. Also, um es kurz zu machen, ich habe fast zwanzig Jahre bei IBM gearbeitet und es doch nie geschafft, Filialleiter zu werden, so daß ich es dann eines schönen Tages nicht mehr aushielt und kündigte. Schade, denn genau in dem Jahr war ich wirklich drauf und dran, Filialleiter zu werden!

Meine Entscheidung wurde natürlich von meinen Angehörigen und insbesondere von meiner Schwester heftig kritisiert.

«Du lieber Himmel», sagte die Ärmste. «Wo hat man so was schon gehört, daß einer ein Gehalt von zwei Millionen im Monat sausen läßt! Und wofür eigentlich? Damit du Schriftsteller werden kannst! Was glaubst du, wer Bücher von einem kauft, der so denkt wie du!»

«Du mußt mich verstehen, Clara, es war einfach zu langweilig!»

«Ach ja, weil du dir einbildest, daß man bei der Arbeit auch noch Spaß haben kann!» erwiderte sie. «Du bist einfach undankbar und dumm. Da schneidest du dich doch ins eigene Fleisch! Also ich rate dir im guten: Morgen früh gehst du schön brav zu deinem Chef und sagst: ‹Ich hab’ da einen Fehler gemacht, ich ziehe meine Kündigung zurück.›»

«Ich habe doch bereits meine Abfindung bekommen!»

«Die gibst du eben auch wieder zurück. Dann wirfst du dich auf den Boden, brichst in Tränen aus und sagst: ‹Verzeihen Sie mir, Chef, ich war einfach dumm.›»

Meine Schwester war nicht die einzige, die so dachte. Im Grunde genommen riet mir fast jeder aus meinem Viertel davon ab, einen sicheren Arbeitsplatz aufzugeben. Pasqualino zum Beispiel, mein Hausfriseur, versuchte mich mit allen Mitteln davon abzubringen.

«Eines verstehe ich nicht», sagte er. «Warum können Sie denn nicht beides gleichzeitig sein, Ingenieur und Schriftsteller? Ich mache das auf meine bescheidene Art ja auch, wenn ich so von Haus zu Haus komme, betätige ich mich manchmal nebenbei auch als Installateur.»

«Aber ich habe einfach das Bedürfnis, Abstand zu meiner früheren Arbeit zu bekommen ...»

«Dagegen spricht ja nichts! Hören Sie auf den Rat eines Mannes, der es gut mit Ihnen meint: Sie müssen einfach nur so tun, als würden Sie arbeiten. Also morgens gehen Sie zum Beispiel zu IBM, setzen sich da an Ihren Schreibtisch, aber Sie denken nur an das, was Sie dann abends schreiben wollen. Und einen Tag melden Sie sich mal krank, einen anderen nehmen Sie Urlaub, und unterdessen schreiben Sie, wo Sie gerade sind. Das ist doch gerade das Schöne am Schreiben, daß man es überall machen kann, wenn man nur eine Feder und ein bißchen Papier dabeihat. Theoretisch könnten Sie auch im Büro schreiben ... ja sogar in Anwesenheit Ihres direkten Vorgesetzten. Jedesmal, wenn Sie einen Einfall haben, sagen Sie einfach nur ‹Entschuldigen Sie mich einen Moment› und schließen sich im Klo ein. Wie soll er denn je kontrollieren, daß Sie sich nicht wegen eines leiblichen Bedürfnisses eingeschlossen haben, sondern um ein Buch zu schreiben?»

Tatsache ist, daß die Neapolitaner nie so richtig verstanden hatten, was zum Teufel ich eigentlich bei IBM trieb. Für ihre Begriffe war die Informatik eine der üblichen amerikanischen Spinnereien und etwas vollkommen Unnötiges, das die Firmen nur einführten, um sich wichtig zu machen. Meine Mutter zum Beispiel war überzeugt, daß wir die Kunden einfach bequatschten und sie übers Ohr hauten. «Ich bin mir ja bewußt, daß du Karriere machen mußt», sagte sie, «aber vergiß nicht, daß Stehlen eine

178

Sünde ist.» Sie hatte nicht die geringste Sympathie für IBM und verdrehte auch unablässig den Namen. Eines Tages hörte ich sie zu einer Freundin sagen: «Mein Sohn ist Ingenieur bei UPIM*.»

An dem Tag, als ich meiner Mutter mitteilte, daß ich eine Anstellung gefunden hatte, entspann sich zwischen uns folgendes Gespräch: «Mama, ich habe eine Anstellung gefunden!»

«Sehr tüchtig, mein Junge, sehr tüchtig! Da hat dir der heilige Antonio geholfen!»

«Nein, Mama, das war der Cavaliere de Vico...»

«Sei doch nicht so ungläubig: Wenn ich dir sage, daß es der heilige Antonio war, dann war es der heilige Antonio. Wie viele Jahre bete ich jetzt schon zum heiligen Antonio. Jeden Tag habe ich zu ihm gesagt: ‹Heiliger Antò, der Bub studiert, weil er seinen Doktor machen will, aber ich hab' ja so Angst, daß ihn nachher, wenn er studiert hat, keiner mehr nimmt. Ich meine immer, es wäre besser gewesen, wir hätten ihn Buchhalter werden lassen, da hätte er einen schönen Posten bei einer Bank gefunden, etwas Ruhiges, da hätten wir ausgesorgt gehabt. Die Banken sind sicherer, weil, schließlich haben die ja schon das Geld, da gibt es keine Ausreden, wenn es am Monatsende ums Gehälterzahlen geht.› Aber da hat uns der heilige Antonio doch die Gnade erwiesen. Da mußt du aber auch gleich zum Dank eine schöne Kommunion machen, mein Junge, verstanden? Aber jetzt erzähl mal: Wo hast du denn eine Anstellung bekommen?»

«Bei IBM.»

«Ist das auch was Sicheres?» fragte meine Mutter mit sich verfinsternder Miene. «Davon habe ich noch nie etwas gehört.»

«Giulia», mischte sich Tante Maria ein, «du verstehst wirklich überhaupt nichts! Heute sind doch elektrische Haushaltsgeräte sehr modern: Da war doch der Mann von der Frau Sparano, der hat mit einem ganz kleinen Laden ein Vermögen verdient. Die haben einen Mercedes, eine Haushälterin und fahren jedes Jahr nach Ischia in Ferien.»

* italienischer Kaufhauskonzern (Anm. d. Übers.)

179

«Was heißt hier elektrische Haushaltsgeräte!» protestierte ich. «Ich arbeite an elektronischen Rechnern! Mama, elektronische Rechner sind unglaublich starke und perfekte Maschinen, die in einer einzigen Sekunde Tausende von Operationen machen können!»

«Wirst du da nicht krank davon?»

«Aber nein, Mama! Ich kümmere mich um den Verkauf und die Vermietung von Rechnern.»

«Mein lieber Junge, ich will dich ja nicht entmutigen, aber wer soll denn solche Rechner kaufen? Bei uns in Neapel gibt es nichts zu rechnen, wir sind Hungerleider!»

«Alle großen Firmen brauchen Rechner.»

«Wozu eigentlich?»

«Was heißt, wozu eigentlich? Für die Buchhaltung! Denk doch nur, wie viele Abrechnungen die Banken durchführen müssen: Gehälter, Löhne, Versicherungen, Stadtverwaltung von Neapel ...»

«Und du glaubst, daß die bei der Arbeitslosigkeit, die in Neapel herrscht, deine Maschinen kaufen? Weißt du, was ich glaube? Die rufen doch lieber die Arbeitslosen und geben jedem eine Rechenaufgabe, da haben die in Null Komma nix die ganzen Abrechnungen gemacht. Also ich meine, du wärst viel besser beim *Banco di Napoli* aufgehoben gewesen!»

Als ich dann zum *public relations man* aufgerückt war, wurde es geradezu ein Ding der Unmöglichkeit, meiner Mutter begreiflich zu machen, was man unter Public Relations versteht. Und das war auch gar kein Wunder, da Public Relations in Neapel von allen spontan und ohne jede Bezahlung gepflegt werden.

«Ich habe nicht ganz verstanden», sagte sie. «Du gehst morgens um neun hin, machst das Geschäft auf, und dann?»

«Mama, ich muß kein Geschäft aufmachen, sondern nur für gute Kontakte zwischen meiner Firma und der Außenwelt sorgen. Verstehst du?»

«Nein.»

«Hör mal zu, Giulia», mischte sich Tante Maria wieder ein, «der Bub [der Bub war ich] muß nett und höflich zu den Leuten sein.»

180

«Und dafür zahlen sie ihm Geld?»

«Na sicher! Sie zahlen ihm sogar noch mehr!» rief Tante Maria aus, ganz glücklich darüber, daß sie so auf dem laufenden war. «Diese Public Relations sind eine amerikanische Erfindung! Wenn der Bub mal irgend jemand schnappt, dann läßt er nicht mehr locker, dann packt er ihn am Arm und sagt: ‹Ach, wie schön Sie sind, gehen wir noch einen Kaffee trinken...›»

«Aber wie viele Kaffees muß er denn da an einem Tag trinken?» fragte meine Mutter besorgt.

«Er trinkt ja den Kaffee gar nicht, er tut nur so, und dann läßt er ihn an der Theke stehen. Das einzig Wichtige ist, daß er sich immer nett und höflich zu den Leuten benimmt.»

«Ja, war er denn vorher nicht auch nett und höflich?»

«Schon, aber jetzt übertreibt er es eben.»

Aber auch meine Mutter übertrieb es oft und gern mit ihren Public Relations, und ich mußte sie immer wieder ermahnen.

«Also, um eines bitte ich dich, Mama: Halte doch meine Sekretärin, wenn sie hier anruft, nicht eine halbe Stunde auf. Entweder ich bin da, oder ich bin nicht da! Du sagst einfach guten Tag, guten Abend, und Schluß.»

«Aber die ist doch immer so nett!» protestierte sie. «Da kann ich doch nicht einfach gleich auflegen.»

«Nettsein ist eine Sache, aber alle möglichen persönlichen Dinge ausposaunen eine andere!» erklärte ich. «Neulich hast du dich dazu hinreißen lassen, ihr zu erzählen, daß ich gefüllte Paprika gegessen habe.»

«Und ich habe ihr auch erzählt, daß ich dir gleich gesagt habe, sie würden dir nicht bekommen...»

«...so wie es mir vor vielen Jahren einmal gegangen ist, als ich das ganze Schokoladeneis aufgegessen habe, das mir Tante Maria geschenkt hatte...»

«Was ist denn daran so schlimm?»

«Schlimm ist, daß ich dann, wenn ich ins Büro komme, alles das fertig erzählen muß, was du angefangen hast.»

Aber das war in den Wind gesprochen: Sie betrachtete das Personal von IBM ganz selbstverständlich wie ihre erweiterte Familie und wollte von allen alles ganz genau wissen.

«Ist dein Chef verheiratet?»

«Ja.»

«Und wie viele Kinder hat er?»

«Zwei.»

«Und versteht er sich mit seiner Frau?»

«Du lieber Himmel, Mama! Woher soll ich wissen, ob er sich mit seiner Frau versteht! Was geht denn dich das an?»

«Nur so, ich wollte es eben wissen ...»

Als ich schon *marketing manager* war, sagte ich eines Morgens zu ihr: «Gleich kommt der Ingenieur Bruschini, um mich abzuholen. Ich bin noch nicht ganz fertig. Bitte ihn ins Wohnzimmer, aber ich flehe dich an, laß ihn in Ruhe und rede nicht wie gewöhnlich auf ihn ein. Du mußt wissen, Bruschini kommt aus Mailand, und außerdem ist er ein Mitarbeiter von mir.»

«Was heißt das, er ist ein Mitarbeiter von dir?»

«Das heißt, daß er sein Untergebener ist», klärte Tante Maria sie gleich auf. «Luciano sagt zu ihm: ‹Mach dies und das›, dann macht er es sofort.»

«Du befiehlst ihm!» rief meine Mutter hocherstaunt aus. «Du befiehlst einem Ingenieur!»

Das Ergebnis war, daß ich Bruschini in einem Sessel im Wohnzimmer antraf, wo ihn Mama und Tante Maria von rechts und links bedrängten und ihn zwingen wollten, eine Zabaione zu sich zu nehmen.

«Lassen Sie sich doch nicht so bitten, morgens sind Eier sehr bekömmlich!» sagte meine Mutter gerade zu ihm. «Und dann müssen Sie auch noch die Kekse probieren, die sind selbstgebakken: Luciano mag nämlich die gekauften nicht.»

«Vielen Dank», sagte Bruschini in höchster Verlegenheit, «ehrlich gesagt, bin ich es nicht gewohnt, morgens zu essen ...»

«Das ist aber sehr schlecht, Sie müßten immer etwas Nahrhaftes im Magen haben», erwiderte Mama. «Mein seliger Mann hat immer gesagt, daß man wenig, aber oft etwas essen muß, um sich wohl zu fühlen.»

«Mama», fiel ich ihr ins Wort, «laß Herrn Bruschini in Ruhe, und außerdem müssen wir jetzt gehen.»

«Lucià, tu mir einen Gefallen», erwiderte sie, ohne sich geschlagen zu geben, «da du doch hier derjenige bist, der befiehlt, dann befiehl jetzt dem Ingenieur, daß er die Zabaione essen soll.»

Wir entflohen, aber als wir gerade ins Auto einsteigen wollten, rief sie mir aus dem Fenster noch nach: «Bekreuzigt euch auch!»

1960: Das waren noch schwierige Zeiten für jemand, der Informatik verkaufen wollte. Noch bevor man gesagt hatte «Ich bin Vertreter», wurde einem schon die Tür vor der Nase zugeschlagen. Telefonisch eine Verabredung treffen zu wollen, brauchte man gar nicht erst zu versuchen, und am allerschwierigsten war es, persönlich vorzusprechen. Die Pförtner erkannten uns schon aus weiter Ferne. «Danke», sagten sie, «wir haben kein Interesse an dem Artikel. Unsere Lager sind voll davon.» Also mußte man sich etwas einfallen lassen, um Zugang zu den oberen Stockwerken zu finden. Manchmal reichte es, wenn man dem Pförtner irgendeinen Namen nennen konnte. Selbst die Freundschaft mit dem Vetter einer Sekretärin konnte da schon hilfreich sein.

Eines Tages beschlossen wir, eine Versicherungsgesellschaft zu erobern, die in ganz Süditalien tätig war. Wie gewöhnlich fehlte uns der richtige Einstieg, bis wir dann durch einen glücklichen Zufall einen Vermessungstechniker kennenlernten, der ein Bruder des Verwaltungsdirektors der Versicherungsgesellschaft war.

Am nächsten Morgen fanden Dr. Imperiali und ich uns mit einem ordnungsgemäßen Empfehlungsschreiben ausgestattet und in der festen Absicht, eine Lochkartenmaschine zu verkaufen, in der Empfangshalle des Kunden ein.

Der Pförtner hatte ein trauriges Gesicht mit hervorquellenden Augen und abstehenden Ohren. Er besaß große Ähnlichkeit mit dem Schauspieler Peter Lorre, der in Fritz Langs Film *M* das Ungeheuer von Düsseldorf dargestellt hatte.

«Bitte melden Sie uns bei Dr. Rinaldi an.»

«Zweck des Besuchs?»

«Wir wollen ihm einen Brief übergeben.»

«Habe verstanden: Sie wollen Zeit verlieren.»

«Wie bitte?»

«Ich habe gesagt», erwiderte Peter Lorre diesmal lauter, «daß Sie wohl Zeit verlieren wollen! Mag sein, daß ich mich täusche, aber Sie sind doch Vertreter . . .»

«Jawohl. Wir sind von IBM.»

«Dann hören Sie auf den Rat eines Mannes, der schon fünfzehn Jahre in dieser Firma arbeitet: Egal, was Sie verkaufen wollen, es hat keinen Zweck, das Rinaldi zu erzählen!» Dann näherte er sich uns komplizenhaft: «Unter uns gesagt, Rinaldi zählt hier überhaupt nicht. An Ihrer Stelle ginge ich zum Direktor!»

«Gewiß», erwiderten auch wir mit leiserer Stimme, «aber wir haben ein Empfehlungsschreiben für Rinaldi.»

«Das ist mir klar, aber was glauben Sie, was Rinaldi macht, nachdem er den Brief gelesen hat?»

«Keine Ahnung . . . er wird uns wohl anhören.»

«Und nachdem er Sie angehört hat, muß er, selbst wenn es nur darum geht, einen Stuhl an einen anderen Platz zu stellen, den Direktor um dessen Meinung fragen.»

«Also dann?»

«Also dann gehen Sie doch gleich zum Direktor.»

«Aber wir wollen auch nicht stören . . .»

«Was heißt hier stören! Das ist ein sehr feiner Herr!»

«Gut, also wenn das so ist . . . dann melden Sie uns doch bitte bei der Sekretärin des Direktors an . . .»

«Ich sag's ja, Sie wollen Zeit verlieren!» rief Peter Lorre ungeduldig aus. «Wenn ich gesagt habe, ‹Sie können gehen›, so heißt das, daß Sie gehen können. Sie brauchen nur an die Tür des Direktors zu klopfen, er sagt ‹herein›, und Sie gehen hinein.»

«Ja . . . aber der Direktor weiß ja gar nicht, wer wir sind.»

«Er weiß es, er weiß es», beruhigte uns der Pförtner. «Während Sie hinaufgehen, sage ich es ihm ja auch über den Hausapparat.»

Voll ungläubigen Staunens gingen wir in den ersten Stock hinauf und durchquerten einen schwach beleuchteten, langgestreckten Raum, in dem Angestellte in zwei Reihen über altmodische Rechenmaschinen gebeugt saßen.

Bei ihrem Anblick konnten wir uns eines Schuldgefühls nicht erwehren: Wir würden hier den Fortschritt einführen und damit unweigerlich die Kündigung dieser Ärmsten bewirken. Der eine oder andere von ihnen konnte ja vielleicht noch weiterbeschäftigt werden, natürlich nur, wenn er wenigstens den Grundkurs mitmachen durfte, aber was würde aus all den anderen werden?

Mit entsprechend schlechtem Gewissen traten wir dann dem Direktor, Grand' ufficiale Dottore De Bellis, vors Angesicht.

«Nun, meine jungen Freunde», hob er an, «welchem Umstand verdanke ich das Vergnügen?»

«Es ist so», begann ich, und dabei zitterte meine Stimme vor Erregung, «wir vertreten IBM in Neapel. Ich nehme an, Sie kennen IBM bereits?»

«Äh, ehrlich gesagt, in diesem Augenblick wüßte ich nicht…»

«Es geht im Grunde um Lochkarten.»

«Verstehe», unterbrach er uns, als wüßte er schon alles. «Genau das ist es, was wir heute brauchen. Und ich freue mich außerordentlich, daß so junge Leute – und wie ich nicht ohne Stolz sage – junge Neapolitaner die Zeichen der Zukunft erkannt haben. Aber aufgepaßt», fuhr der Direktor in verändertem Ton fort und starrte mich einen Augenblick an, so daß ich plötzlich Angst bekam, «was versteht Ihr denn von den Versicherungstechniken?»

«Keine Sorge», versetzte ich, «IBM Italia hat bereits zahlreiche Kunden aus dem Versicherungssektor, und unsere Spezialisten stehen voll zu Ihrer Verfügung.»

«Kennt ihr mein Buch *Die Versicherungen in Italien seit dem Königreich beider Sizilien bis heute*?»

«Ehrlich gesagt…»

«Pasquale!» schrie der Präsident.

Und Pasquale alias Peter Lorre tauchte mit zwei riesigen, in Kunstleder gebundenen Bänden vor uns auf.

«Pasquale, übergib den beiden Herren Ingenieuren zwei Bücher.» Dann erhob er sich, um uns zu verabschieden: «Also, meine lieben jungen Freunde, lesen Sie das zuerst einmal aufmerksam durch! Dann können wir uns wieder sprechen und uns ausführlicher über Versicherungsprobleme unterhalten. Aber jetzt müssen Sie mich entschuldigen, der Verwaltungsrat wartet auf mich.»

«Zwölftausend Lire, sechstausend pro Stück», zischelte Peter Lorre. «Sie kosten eigentlich achtzehntausend, aber der Direktor hat mir durch ein Zeichen zu verstehen gegeben, daß ich Ihnen Rabatt geben darf.»

Aller Hoffnungen beraubt, liefen wir durch denselben Raum davon, den wir noch vor wenigen Minuten voll stolzer Gewißheit durchmessen hatten. Die von uns im Geist schon Gekündigten verfolgten uns mit einem spöttischen Lächeln bis zum Ausgang, und einen von ihnen hörten wir murmeln: «Sie haben wieder zwei drangekriegt!»

Nein, es war keine einfache Sache, in den sechziger Jahren Rechner zu verkaufen, und wenn es einmal gelang, bedeutete das noch lange nicht, daß der Kunde auch ordnungsgemäß zahlte. An einsamer Spitze der säumigen Schuldner stand die ATAN, die städtische Transportgesellschaft von Neapel. Ihr Motto lautete: «Zahlen und sterben so spät wie möglich!» Wegen dieser ATAN handelte ich mir den Ruf eines *salesman* ein, der unfähig war, das Geld von seinen Kunden einzutreiben, und dieser Schandfleck beeinträchtigte meine Karriere erheblich.

Das Kreditsystem von IBM funktioniert geradezu perfekt. Sobald ein Kunde Schulden in Höhe dreier Monatsraten angehäuft hat, wird ein Plan progressiver Maßnahmen in Gang gesetzt: Besuch eines Vertreters und erste Mahnung, dann Besuch des Filialleiters und zweite Mahnung, Besuch des Bezirksleiters und dritte Mahnung und so immer weiter und immer weiter hinauf, mit immer strengeren Mahnungen. Im Falle ATAN waren wir bereits bei niemand Geringerem als Mister Castaldi, dem Generaldirektor der IBM Italia, angelangt.

Als ich erfuhr, daß ich ihn zu dem Kunden begleiten mußte, zitterten mir die Beine, denn für einen *salesman* mit erst zweijähriger Erfahrung ist ein Generaldirektor kein gewöhnlicher Sterblicher, sondern der Reine Geist, ein theologisches Wesen, zu dem man noch nicht einmal den Blick erheben darf. Außerdem hatte ich etwas Angst wegen der Sprache: Ich wußte zwar, daß Castaldi Italoamerikaner war, aber wie würde ich dastehen, wenn er mich etwas auf englisch fragte? Zu allem war mein Filialleiter krank, so daß ich die Situation alleine meistern mußte.

Mister Castaldi fuhr in einer schwarzen Limousine, die mindestens dreimal so lang war wie mein Fiat 500, direkt vor dem Gebäude der ATAN vor. Sein Fahrer öffnete beflissen den Schlag, und Mister Castaldi stieg seelenruhig aus, ohne im geringsten zu ahnen, was ihm wenige Minuten später widerfahren würde. Er war mittelgroß, hatte weißes Haar und war für seine hohe Funktion bei IBM vielleicht doch etwas zu beleibt.

Ich klappte zu einer Verbeugung im Stile Alberto Sordis zusammen, und so wie ein Zirkel gewinkelt ging ich ihm bis zum Eingang voraus. Ich weiß nicht mehr genau, was ich dabei vor mich hingebrummelt habe, jedenfalls sagte er *thank you* und folgte mir brav wie ein Lämmchen.

Damals lagen die Büros der ATAN-Generaldirektion in einem alten Palazzo aus dem neunzehnten Jahrhundert an der Piazza Bovio. Mister Castaldi und ich durchquerten den Hof und wandten uns dem Außenaufzug zu, der wie fast alle neapolitanischen Aufzüge nur funktionierte, wenn man ein Zehnlirestück in den entsprechenden Automaten warf. An jenem Tag aber reichten die zehn Lire offenbar nicht aus, uns an unser Ziel zu befördern – nach ein paar angestrengten Stößen blieb der Aufzug etwa vier Meter über dem Boden stecken. Da ich kein weiteres Zehnlirestück besaß, hingen wir jetzt also buchstäblich in der Luft. Die erste Schwierigkeit bestand darin, den Generaldirektor (zuerst auf italienisch, dann auf englisch) zu fragen, ob er nicht zufällig ein Zehnlirestück bei sich habe. Der gute Mann, der überhaupt nicht begreifen konnte, warum man in Italien zehn Lire zahlen mußte, um ins Büro zu gelangen, erklärte, daß er nur Eindollarstücke in der Tasche habe. Also rief ich aus voller Kehle in den Hof hinunter: «Pförtner ... Pförtner ...»

Die Portiersfrau, die siebzig und geradezu bösartig war, hörte schlecht auf dem linken Ohr, saß aber an jenem Tag zum Glück so im Torweg, daß ihr gesundes Ohr zum Hof gerichtet war. Sie hörte mein Schreien und kam uns zu Hilfe.

«Diese Mistkerle», schimpfte die Megäre, «stecken nicht mal die zehn Lire rein, und dann wollen sie rauffahren!»

«Wir haben die zehn Lire sehr wohl hineingesteckt», erwiderte ich gereizt, aber mit vornehmer Bestimmtheit, «trotzdem ist der Aufzug steckengeblieben!»

«Ja, wer's glaubt, wird selig!» gab sie noch mißtrauisch zurück. Und als sie dann Castaldi entdeckte, der jetzt ebenfalls auf den Hof heruntersah, stieß sie einen schauderhaften Schrei aus: «Da ist er ja, den Alten da, den kenne ich! Der macht es immer so! Aber jetzt hab' ich dich drangekriegt, du Dieb du! Wär' ja gelacht, wenn ich dir diesmal nicht das Stehlen austreiben würde!»

Castaldi verstand natürlich kein Wort, aber die drohend gegen ihn gerichtete Faust der Alten konnte er beim besten Willen nicht übersehen.

«What does that woman want from us?» fragte er.

«Just a moment please, Mister Castaldi», erwiderte ich unter Aufwendung meiner gesamten Englischkenntnisse. «Jetzt geben uns Portiersfrau coin, dann wir downfahren. Do you understand?»

Im Hof hatte sich schon bald eine Gruppe Neugieriger versammelt. Einem Jungen gelang es nach ein paar gescheiterten Versuchen, uns eine Zehnliremünze zu reichen, aber der Aufzug setzte sich trotzdem nicht in Bewegung. Gerettet werden konnten wir nur mit einer Leiter, und zwar mit einer sehr langen Leiter. Wir warteten eine halbe Stunde auf Hilfe und waren dabei ständig der neugierigen Menge ausgesetzt, die uns beobachtete und ihre Bemerkungen machte. Dann kamen mit Gottes Hilfe zwei Freiwillige mit einer Leiter.

«My god!» seufzte Mister Castaldi.

Die Leiter war zwar sehr lang, reichte aber dennoch nicht bis zum Aufzug, daher wurde sie von den Helfern unten ganz steil gehalten. Der von dem Zwischenfall bereits sehr geprüfte Generaldirektor mußte sich zuerst bäuchlings auf den Boden des Aufzugs legen und konnte dann, nachdem er mit den Füßen eine Weile im Leeren gebaumelt hatte, bis er die oberste Sprosse fand, langsam hinuntersteigen, während ich ihn (auf den Knien) von oben unter den Achseln hielt. Während dieser ganzen Aktion hörte die Portiersfrau keinen Augenblick mit ihrem Geschimpfe auf.

Die Geschäftsführung der ATAN machte dann nicht nur keine einzige Lira locker, sondern verlangte auch noch eine Vergrößerung der Anlage. Sie redete etwas von einem Vertrauensakt, den die Firma IBM Süditalien gegenüber zu leisten hätte, und wollte die gesamten Schulden begleichen, sobald die neapolitanische Stadtverwaltung ihr das Geld überweisen würde. Als ich abends dann wieder in unsere Niederlassung kam, versuchten mich alle zu trösten: Die Tatsache, daß ich kein Geld eingetrieben hatte und daß Castaldi dieses Mißgeschick widerfahren war, würde bestimmt keinen negativen Einfluß auf meine Karriere haben. Mag sogar sein, daß sie recht hatten, trotzdem lasse ich mir nicht ausreden, daß ich wegen dieser ATAN-Geschichte nie Filialleiter geworden bin.

Die Zeit verging, und eines schönen Tages war ich dann für den angesehensten Kunden unserer Filiale verantwortlich: für den Banco di Napoli. In der Bank war der berühmte 360/65 aufgestellt worden, der größte Computer, den es zu jener Zeit gab, und als mir meine neue Aufgabe mitgeteilt wurde, konnte ich einen gewissen Stolz nicht unterdrücken. Das einzige Problem war Dr. Acampora, der die elektronische Anlage leitete. Nicht, daß er bösartig gewesen wäre, o nein, nein, ganz im Gegenteil; Giovannino Acampora war ein sehr feiner Mensch, der die Firma IBM auch überaus schätzte. Aber er hatte eine unangenehme Eigenschaft, die man nicht unterschätzen durfte: Wenn er in Wut geriet, wurde er furchtbar, vor allem dann, wenn er recht hatte, was leider oft vorkam. Mein Chef, der Ingenieur Mariani, hatte es mir im übrigen gleich gesagt:

«De Crescenzo, ich vertraue Ihnen die Bank an, weil Sie ein so hervorragender Geldeintreiber sind. Ich glaube, Sie können es mit Acampora aufnehmen!»

Eines Tages wollte ich gerade Don Giovanninos Büro betreten, als mich der Pförtner Coviello am Arm zurückhielt. «Heute würde ich lieber nicht reingehen!» flüsterte er mir ins Ohr. «Besser, Sie gehen wieder!»

«Warum, was ist denn los?»

«Keine Ahnung, aber ich habe gehört, daß er sich wie ein Verrückter aufführt!»

«Ich höre nichts», erwiderte ich, nachdem ich an der Tür von Acamporas Büro gehorcht hatte.

«Das hat nichts zu sagen», meinte Coviello aus Erfahrung. «Sie sind alle da drin. Sie sprechen nicht, weil sie sich alle ihre Kräfte aufbewahren, bis Sie kommen.»

«Danke Rafè, aber ich kann leider nicht davonlaufen, wie würde ich denn dastehen!»

«Jedenfalls, ich habe Sie gewarnt.»

Ich trat ein, und keiner grüßte mich. Der ganze Stab stand im Kreis um Acamporas Schreibtisch. Er selber blickte zur Decke, als wartete er darauf, daß von dort irgend etwas herunterregnete; die anderen hingegen standen mit gesenktem Kopf da und starrten auf den Boden. Das Ganze glich eher einer Totenwache als einer Arbeitssitzung, nur die Leiche in der Mitte des Raumes fehlte. Nach ein paar Minuten konnte ich dieses Schweigen nicht mehr aushalten und flüsterte: «Ist was passiert?»

«Ist was passiert, Leute?» wiederholte Acampora an seine Mitarbeiter gewandt.

Keiner fand den Mut zu antworten. Nach einer weiteren endlosen Minute starrte er mich an und fragte: «Was meinen Sie, ist was passiert?»

«Ich weiß nicht, ich komme gerade erst von zu Hause...»

«Das *teleprocessing** ist blockiert», fiel er mir mit dem Ausmaß des Schadens angemessener Stimme ins Wort. «Sämtliche Terminals der Pfandleihanstalt stehen still!»

Die Einführung der Terminals war ein traumatisches Erlebnis für die Benutzer der Pfandleihanstalt, im allgemeinen arme Leute, die an den Schaltern der Bank ihren Ehering oder Leintücher aus ihrer Mitgift verpfändeten.

«Junger Mann», sagte das Mütterchen zum Mann am Terminal. «Ich will mein Goldkettchen abholen. Da ist das Geld.»

«Kundennummer, Versicherungsnummer und Daten der Hinterlegung», antwortete der Mann bürokratisch.

«Aber ich hab' es doch bei Ihnen abgegeben! Können Sie sich denn nicht mehr daran erinnern? Es war ein Goldkettchen mit einem Brillantkreuz. Das hat mir mein Mann an dem Tag geschenkt, wo meine Nunziatina geboren ist. Die Brillanten sind falsch, aber das Kettchen wiegt zehn Gramm.»

«Gut und schön, aber wann haben Sie es denn verpfändet?»

«Es hat geregnet!» erwiderte die Alte und konnte gar nicht verstehen, warum dieser Mann, dem sie vor einem Jahr ihr Goldkettchen ausgehändigt hatte, es ihr jetzt, da sie das Geld beisammenhatte, um es auszulösen, nicht zurückgeben wollte.

Und wenn wir uns jetzt auch noch vorstellen, daß plötzlich «das System zusammengebrochen» und damit die Terminals isoliert waren, können wir uns ausmalen, was sich an jenem Tag in der Pfandleihanstalt so abgespielt hat. Acampora hatte allen Grund, sich aufzuregen.

Auf der Fahrt vom Rechenzentrum zum Pfandleihhaus zählte er mir seine sämtlichen Vorbehalte in bezug auf die Zuverlässigkeit des *teleprocessing* auf. Als wir aber dann am Bestimmungsort eintrafen, erwartete uns die angenehme Überraschung, daß alle Terminals bereits wieder funktionierten. Einer unserer Techniker war sofort herbeigeeilt und hatte das System wieder zum Funktionie-

---

* Das *teleprocessing* war ein Programm, das die Datenübertragung auf Entfernung ermöglichte. Der Banco di Napoli war eine der ersten Banken, die es einführte. Versuchsobjekt war die Pfandleihanstalt, die mitten in Neapel lag.

ren gebracht. Don Giovannino lächelte und sagte: «Gehen wir einen Kaffee trinken.»

Wir gingen nach Spaccanapoli hinunter. Acampora war zufrieden.

«Wie Sie sehen», sagte ich in der Absicht, es ihm ein wenig zurückzuzahlen, «sind Sie immer ein bißchen zu kritisch uns gegenüber. Das nächste Mal könnten Sie ein bißchen mehr Vertrauen zeigen.»

«Ja, zugegeben, es ist noch einmal gutgegangen, aber schließlich hätten Sie das Ganze ja auch vorhersehen können. Es muß ja nicht immer erst die Katastrophe eintreten, bevor der Wartungsdienst kommt.»

«Aber wie soll man denn einen Defekt vorhersehen?»

«Das kann man sehr wohl! Mit etwas gutem Willen kann man auch einen vorbeugenden Wartungsdienst leisten!» schrie Acampora mitten in der Menschenmenge von Spaccanapoli, und sein rosiges Gesicht färbte sich dunkelrot. «Denn eines sage ich Ihnen: Wenn Sie nicht fähig sind, ihre kleinen Maschinen ordentlich in Gang zu halten, dann können Sie doch gleich einpacken! Vielleicht darf ich Sie daran erinnern, daß ich Ihnen Tag für Tag drei Millionen gebe. DREI MILLIONEN! Das ist doch hinausgeschmissenes Geld! Bedenken Sie doch: DREI MILLIONEN!»

In der Zwischenzeit hatte sich eine Gruppe von Neugierigen um uns gebildet. Die Anwesenden waren am tiefsten davon beeindruckt, daß Dr. Acampora mir Tag für Tag drei Millionen gab. Dafür wurde ich plötzlich von allen bewundert.

«Junger Mann», sagte eine Frau voller Hochachtung zu mir, «was machen Sie bloß mit diesem Herrn, daß er Ihnen jeden Tag drei Millionen gibt?»

«Gar nichts», erwiderte ich bescheiden, «ich höre mir nur an, was er sagt.»

Schließlich gab es noch den Fall Dr. Santillos und des großen Balles des GUIDE in Sorrent.

Alles begann an dem Tag, da die IBM Domestic – also die

Mutterfirma – beschloß, den Jahreskongreß des GUIDE in Neapel abzuhalten und die Organisation dem Banco di Napoli zu übertragen. Der GUIDE ist der Club jener Großunternehmen, die die größten Computeranlagen haben. Jedes Jahr treffen sich diese Großkunden in irgendeiner Stadt der Welt, um ihre Erfahrungen auszutauschen und auch ein wenig die Firma IBM zu kritisieren, die sie vereint hat. Mysterien des aufgeklärten Kapitalismus. In jenem Jahr oblag es den Neapolitanern und im speziellen mir als dem verantwortlichen Verkäufer des gastgebenden Kunden, die Zusammenkunft zu organisieren.

Es gab tausenderlei zu bedenken: Ich mußte geeignete Säle und Hotels finden, Simultandolmetscherinnen anheuern, Ausflüge und Shopping für die Ehefrauen der Kongreßteilnehmer sowie den abschließenden großen Ball in Sorrent vorbereiten. Alles mußte perfekt, präzis und bequem und im Notfall noch irgendwie zu retten sein, denn ein IBM-Mitarbeiter muß jedes nur denkbare Mißgeschick vorhersehen und für jedes Mißgeschick, selbst für den Weltuntergang, eine Notlösung bereithalten.

Als wir eines Tages gerade besprachen, ob wir Techniker und Führungskräfte in denselben Hotels unterbringen sollten, damit sie sich miteinander anfreunden konnten, oder ob es doch klüger wäre, sie zu trennen, wurde mir ein gewisser Dr. Santillo vom Banco di Napoli gemeldet, der um ein privates Gespräch bat.

Ich sah ein graugekleidetes, kahlköpfiges, bebrilltes Männchen auf mich zukommen, das sich an seine lederne Aktentasche wie an einen Rettungsring klammerte.

«Santillo, Dr. Santillo», murmelte er so leise, als fürchtete er, daß ihn jemand hören konnte, der vor der Tür horchte. «Ich bin Filialleiter in Casavatore. Ich brauche Ihre Hilfe!»

«Ja, bitte, womit kann ich Ihnen behilflich sein?»

«Ich möchte Sie um einen großen Gefallen bitten: Setzen Sie mich doch bitte auf die Liste der GUIDE-Mitglieder.»

«Aber da sind Sie doch bereits drauf: Ihre Bank, der Banco di Napoli, ist eines unserer ältesten Mitglieder.»

«Nein, verstehen Sie mich richtig: Sie müssen mich, Santillo

Gaetano, persönlich auf die Liste setzen, denn ich will zu dem großen Ball in Sorrent eingeladen werden, zu dem alle Kongreßteilnehmer gehen.»

«Sehen Sie», versetzte ich ein bißchen verlegen, aber immer noch ausgesucht höflich, «die Gästeliste wird gar nicht von uns zusammengestellt, sondern der Computer druckt die Einladungen aufgrund der Mitgliedschaften aus...»

«Deshalb will ich ja in die Kartei», erwiderte Dr. Santillo.

«Na gut... es wird sich schon machen lassen... aber ich fürchte, Sie werden dort keine besonders interessante Gesellschaft finden: Im allgemeinen handelt es sich um Computertechniker und meist auch noch um Ausländer.»

«Wissen Sie, ich verfolge dabei ganz andere Ziele. Ich weiß nicht, ob ich offen sprechen darf...»

«Aber bitte, selbstverständlich.»

«Es geht um private... familiäre Fragen, die im übrigen unter uns bleiben müssen.»

«Machen Sie sich deshalb keine Gedanken.»

Santillo musterte mich einen Augenblick, um zu sehen, ob er sich auf mich verlassen konnte. Schließlich fing er an zu erzählen:

«Ich habe eine Tochter, Maria Addolorata, die ist siebenunddreißig und noch unverheiratet. Für ein Mädchen vom Dorf ist die Ehe etwas viel Wichtigeres als für eines aus der Stadt. Da ist die ganze Verwandtschaft, die Nachbarn fragen: ‹Was ist jetzt mit Maria Addolorata? Hat sie sich nun endlich verlobt?› Und in Casavatore gibt es eben nur bestimmte Leute, inzwischen kennen wir uns alle, und da besteht keine Hoffnung mehr, daß sie noch einen aus dem Dorf heiratet. Dabei hatte Maria Addolorata doch mit zwanzig Jahren einen Gleichaltrigen gefunden, der sie geheiratet hätte, aber da war ich dagegen gewesen: Der junge Mann hatte noch keinen Beruf, und ich hatte kein Vertrauen. Ich weiß, das war ein großer Fehler, aber es hat jetzt keinen Sinn, über Dinge zu jammern, die man nicht mehr ändern kann. Deshalb habe ich ja auch meine Gewissensbisse. Und jetzt gibt es da diesen großen Ball in Sorrent. Ich habe gehört, daß dazu Ingenieure aus der ganzen Welt eingeladen worden sind, Engländer, Deutsche, Australier... Könnte doch sein, daß sich einer dieser jungen Männer in meine Tochter verliebt? Ich sage es nicht, weil sie meine Tochter ist, aber Maria Addolorata ist wirklich ein außergewöhnliches Mädchen. Sie würde eine vollkommene Ehefrau und eine ausgezeichnete Hausfrau von tadelloser Moral abgeben.»

Vater und Tochter Santillo wurden in aller Form als Kongreßteilnehmer eingeladen. Da ich tausend andere Dinge im Kopf hatte, fehlte mir die Zeit, Maria Addolorata kennenzulernen, oder besser gesagt, ich vergaß sie ganz, bis ich dann eines schönen Tages fünf Jahre nach diesem GUIDE-Kongreß von einem vergrämt blickenden Herrn auf der Straße angesprochen wurde.

«Wie geht es Ihnen? Können Sie sich noch an mich erinnern? Santillo, Dr. Santillo...»

Ehrlich gesagt konnte ich mich überhaupt nicht erinnern, aber er frischte mein Gedächtnis auf: «Santillo vom Banco di Napoli... der mit der Tochter... Maria Addolorata! Wir wollten damals eine Einladung nach Sorrent...»

«Ach ja, jetzt erinnere ich mich: der Filialleiter von Casavatore.»

«Richtig. Was für ein Glück, daß ich Sie treffe», sagte Santillo, der deprimierter wirkte denn je. «Ich wollte Sie um einen ganz großen Gefallen bitten: Lassen Sie mich doch bitte aus der GUIDE-Kartei streichen!»

«Warum denn? Sie wollten doch unbedingt hinein!»

«Das war ein großer Fehler. Sie müssen wissen, ich bin eine sehr furchtsame Person: Schon wenn ein Brief kommt, rege ich mich auf, und bei einem Telegramm erst! Ja, und diese Herren vom GUIDE schreiben mir Tag für Tag: ‹Das neue *release* des COBOL ist erschienen, das DOS ist erschienen, das BOS ist erschienen.› Lauter Sachen, die ich nicht verstehe und die ich auch gar nicht verstehen will! Und weshalb das alles? Alles nur wegen eines miesen Abendessens, wo wir keinen einzigen Menschen kennengelernt und unter uns gesagt auch ziemlich schlecht gegessen haben! Nein, wissen Sie, es ist einfach zuviel! Maria Addolorata ist heute eine ganz abgeklärte Person. Sie hat sich sozusagen vergeistigt, malt, stickt und ist eigentlich ganz glücklich, und auch ich könnte glücklich sein, wenn da nicht immer diese Mitteilungen vom GUIDE kämen, die mich an das Abendessen in Sorrent erinnern. Bitte nehmen Sie mich endlich aus der Kartei raus, sonst werde ich noch wahnsinnig!»

II. KAPITEL

Beim Film

Hallo Dottò, ham Sie nicht was für mich?» schreit mir der Panciera entgegen und hängt sich an mein Autofenster.
Nett, wie die Leute vom Film in Rom nun mal sind, schenkt ihm der Produktionsfahrer nicht die geringste Beachtung und schleift ihn ein paar Meter mit. Ich höre gerade noch: «Da ist doch die Telefonrechnung, Dottò ... Ich muß doch sehen, wie ich sie bezahle!» als das Auto schon ins Gelände der De-Paolis-Ateliers einfährt.

Sollte ich je einen typischen Vertreter des italienischen Films nennen müssen, würde mir noch vor Fellini der Panciera einfallen. Fellini ist eine Ausnahmeerscheinung und hätte als solche auch anderswo auf der Welt geboren werden können. Den Panciera hingegen kann ich mir nur in Rom vorstellen, als Sohn von Römern, mit einer Frau aus Trastevere und großgeworden mit Spaghetti auf Amatriceart, mit Kartoffeln und geschmortem Ochsenschwanz in Tomatensauce. Sogar sein Dialekt beherrscht weit und breit das Studiogelände. Panciera ist schlau, zynisch, ordinär, unzuverlässig und nicht zu bremsen. Den Regisseuren gegenüber ist er unterwürfig, vor den Komparsen spielt er sich auf, ansonsten ist er freundlich zu allen, außer zu Wunderkindern sowie Tieren, und er wird nur ungnädig, wenn es um Spezialeffekte oder irgendeine andere Sache geht, die das Leben komplizieren könnte.

Wenn ich mich mit einem Auftrag an Panciera wende, sagt er sofort zu, bevor ich überhaupt richtig erklären kann, worum es sich handelt. Man braucht ihn gar nicht erst zu fragen, ob er Tiptap tanzen, ohne Sattel reiten oder chinesisch sprechen kann, seine Antwort lautet immer ja, und er wird dann – je nachdem – behaupten, als bester Tänzer der Welt zu gelten, schon als Kunstreiter im Zirkus Orfei aufgetreten zu sein beziehungsweise eine Kusine zu haben, die, wie der Zufall so spielt, aus Hongkong stammt und mit der er jeden Abend chinesisch parliert. Nur, wenn er dann wirklich tanzen, reiten oder chinesisch reden soll, verweigert er sich. Sein Motto heißt: «Erst einmal annehmen, dann werden wir ja weitersehen!»

«Hör mal, Panciera, ich hätte da eine Sache für dich, aber sie ist ein bißchen gefährlich. Du müßtest nämlich in einen Löwenkäfig...»

«Oh, das trifft sich wirklich gut, Dottò», fällt er mir ins Wort. «Wissen Sie eigentlich, wie man mich nennt?»

«Wie denn?»

«Den Löwenfreund. Weil ich doch da einen Schwager im Zoo von Rom habe, der ist dort Wärter. Und weil der morgens so ungern aufsteht, gehe ich jeden Tag hin und füttere die Viecher.»

Kaum hat man ihn angenommen, macht er einen Rückzieher.

«Also die sind ja furchtbar, Dottò, die sind ganz anders als die von meinem Schwager. Das waren ganz liebe Tierchen, schon deshalb, weil sie bei der Familie aufgewachsen waren... die habe ich ja sogar mit Namen angesprochen. Aber die hier, die gucken mich ganz schief an, als wollten sie mich gleich auffressen. Also ehrlich gesagt, wenn ich Sie wäre, würde ich für die Szene, wenn ich in den Käfig muß, ein Double nehmen. Vielleicht am besten den Dompteur. Ja, ganz bestimmt, nehmen wir zur Sicherheit doch lieber den Dompteur!»

Seine Karriere begann er als Stullenverkäufer bei den Dreharbeiten zu *Ben Hur*, und danach ließ er keine einzige auch noch so bescheidene oder undankbare Arbeit beim Film aus: Er war Komparse, spielte winzige Rollen, betätigte sich als Gruppenleiter, Requisiteur, Fahrer, Stuntman, Eisbrecher, Produktionsassistent, Mikrophonarbeiter, Fressalienverwalter, Wohnwagenwächter, Hilfsmaschinenmeister, Assistent des Regieassistenten und so weiter und so weiter. Einige dieser Tätigkeiten bedürfen einer näheren Beschreibung.

Der Eisbrecher wird bei allen Aufnahmen an Originalschauplätzen gebraucht. Auch wenn man die Passanten noch so sehr bittet, nicht in die Kamera zu blicken, gibt es immer einen, der sich so von den Scheinwerfern faszinieren läßt, daß er mitten ins Objektiv sieht. Um das zu verhindern, geht der Eisbrecher auf ihn zu, hält ihn auf, fragt ihn nach der Uhrzeit oder umarmt ihn stürmisch, als handle es sich um jemanden, den er seit Jahren nicht gesehen hat. Die Aufgabe des Eisbrechers ist nicht einfach, denn sie verlangt Gespür, Erfahrung und Phantasie.

Der Fressalienverwalter ist für die Verpflegung der Filmtruppe zuständig. Er trifft eine halbe Stunde vor der Drehpause mit seinem haushoch mit Pappschachteln beladenen kleinen Lieferwagen ein. Wenn er mit der Verteilung der Eßpakete anfängt, geht es immer zu wie auf einem Volksfest. Alle drängen sich um ihn, die einen wollen die «weiße» die anderen die «rote» Ausgabe, manche verlangen auch beide, weil ein Kollege gerade noch beschäftigt ist und nicht weg kann. Aber bald schon werden die Gesichter immer länger. Die «weiße» Ration besteht vor allem aus Käse und Obst, die «rote» enthält Nudeln mit Fleischsauce und ein hauchdünnes, geradezu durchsichtiges Fleischscheibchen. Typisch für beide ist jedenfalls, daß sie ein schrecklicher Fraß sind und halb nach Plastik, halb nach Pappmaché schmecken. Ein tüchtiger Fressalienverwalter kann sein Einkommen durch Einsammeln der Reste aufbessern: Irgend jemand läßt immer seinen Käse, seine Birne oder die Kaffeepraline übrig. Der umsichtige Fressalienverwalter klaubt das alles auf und bringt es am nächsten Tag wieder in Umlauf.

Der Regieassistent braucht, wie der Name schon sagt, immer auch selber Assistenz. Sein Aufgabenbereich ist tatsächlich so groß, daß er es ohne eine oder zwei Hilfskräfte nicht schafft. Im allgemeinen werden ihm junge Volontäre zur Seite gestellt, die ein bißchen Erfahrung bei einer Produktion sammeln wollen oder aber, wie im Falle Pancieras, Leute, die dringend Arbeit brauchen. Ihr Betätigungsfeld ist unbegrenzt: Sie sind dafür zuständig, daß während der Dreharbeiten Ruhe herrscht, müssen aber auch einmal Zigaretten für den Regisseur besorgen. Besonders dringend braucht man die Assistenten der Assistenten bei Szenen, in denen sehr viele Komparsen mitwirken. Da spielen sie dann praktisch die Rolle von Schäferhunden: Sie sorgen dafür, daß die Herde beisammenbleibt, und bellen los, sobald sich ein Komparse aus der Kulisse entfernt.

Wenn eine Massenszene gedreht werden soll, werden die Leute meist schon sehr früh am Morgen (spätestens um halb acht) bestellt, damit den «Kostümen» und der «Maske» genug Zeit für ihre Arbeit bleibt; die erste Klappe fällt aber nie vor zwölf und oft sogar erst nach der Mittagspause. Dies hat zur Folge, daß sich, wenn der Regisseur endlich so weit ist, im ganzen Aufnahmegelände kein einziger Komparse mehr aufhält: Die einen sind in der Bar, die andern beim Telefonieren oder auf dem Klo, wieder andere liegen auf einer Wiese herum oder sitzen auf einem Mäuerchen. Und da nimmt dann der Regieassistent das Megaphon und brüllt zuerst einmal alle seine Assistenten an, auch wenn diese nur einen Meter von ihm entfernt stehen, daraufhin schwirren dann die Assistenten des Assistenten durchs ganze Atelier, um jeden auf das wüsteste zu beschimpfen, den sie beim Ausruhen erwischen.

Eines Tages mußte ich mit zweihundert Komparsen arbeiten, die aber wie vierhundert wirken sollten. Dies wurde dadurch ermöglicht, daß jeder sich von zu Hause Kleider zum Wechseln mitgebracht hatte und am Rande des Geländes zwei Kostümbildnerinnen bereitstanden, die es mit dem berühmten Verwandlungskünstler Fregoli aufnehmen konnten und die Leute in Rekordzeit neu losschickten. «Mach das Bärtchen ab, setz den Hut auf, zieh die andere Jacke an, gib den Stock her, los schnell, Mantel aus, Bart runter, schlaf nicht, nimm den Schal ab, schlag den Kragen hoch und ab mit dir!»

Die Begabtesten unter ihnen wechselten nicht nur die Kleider, sondern auch die Gangart: Wer beim ersten Durchgang kerzengerade ging, spielte beim zweitenmal dann einen Hinkenden.

Es war an dem Tag also schwierig, die zweihundert Komparsen

wieder zusammenzutrommeln, die sich wer weiß wohin verzogen hatten. Mein Assistent stellte sich mitten in den Hof der De-Paolis-Ateliers und schrie dermaßen laut durchs Megaphon, daß ihn auch die Toten vom Friedhof in Verano hören mußten. Er hatte zwei Hilfsassistenten zur Seite, einer von ihnen war eben jener Panciera.

Nun ging die große Jagd los: Geschrei, Gebrüll und Geschimpfe. Eine knappe halbe Stunde später waren die Komparsen zur Aufnahme bereit.

«Und der Priester?» fragte ich. «Wo ist der Priester?»

«Wo ist der Priiiiiiester?» wiederholte der Regieassistent, indem er die Frage wie üblich *urbi et orbi* stellte.

«Der ist nur schnell los, um sich den Sportbericht zu kaufen», flüsterte einer der Komparsen, etwas unentschlossen, ob er ihn nun verpfeifen oder sich am besten nicht um die Sache kümmern sollte.

«Ja Himmelherrgottsakra noch mal!» schrie der Assistent. «Wenn ich den erwische, dem reiß ich den Kopf ab!» Dann wandte er sich an Panciera: «Treib mir sofort den Kerl auf und bring ihn mir hierher, und zwar mit einem Tritt in den Arsch! Kapiert? Mit einem Tritt in den Aaarsch...»

Panciera startete mit gesenktem Kopf und tauchte zehn Minuten später in Begleitung des Priesters wieder auf. Er hatte ihn außerhalb des Studiogeländes aufgegabelt und trieb ihn nun wie ein Stück Vieh vor sich her: Alle zehn Schritte versetzte er ihm einen Stoß, und alle zehn Schritte mußte der Ärmste, um nicht hinzufallen, loslaufen. Sobald er langsamer wurde, bekam er unter unmenschlichem Kriegsgeheul wieder einen Stoß versetzt.

«Aber dies ist doch nicht der Priester!» sagte ich, als er vor mir stand.

Und er war es tatsächlich nicht: Dies hier war ein echter Priester, den Panciera am Zeitungskiosk geschnappt hatte, als er gerade den *Osservatore Romano* kaufte.

«Entschuldigen Sie, Hochwürden!» sagte ich. «Aber haben Sie sich denn nicht gewehrt?»

«Wie denn?» fragte der Ärmste. «Dieser Verrückte hat mich doch unablässig beschimpft und mich dann vor sich hergetrieben...»

Der Verrückte, also Panciera, der sich inzwischen klargeworden war, daß er wohl gewaltig danebengegriffen hatte, versuchte, die Sache wieder in Ordnung zu bringen, indem er dem Priester die Hände küßte.

«Hochwürden, Sie müssen entschuldigen... ich hab' doch geglaubt, Sie sind einer von uns... Sie wissen doch, wie's beim Film ist...» Dann aber schlug er plötzlich einen anderen Ton an und fragte: «Hochwürden, wollen Sie nicht vielleicht eine kleine Rolle spielen? Wo Sie das Kostüm doch schon anhaben, könnten wir dafür gut und gern alles in allem zweihunderttausend Lire locker machen.»

Einmal brauchte ich zwei Gespielinnen: eine schöne und eine häßliche. Da kein Dialog für sie vorgesehen war, brauchten die beiden nicht artikuliert sprechen zu können, wichtig war nur, daß, wie im Drehbuch vorgesehen, die eine wirklich schön und die andere wirklich häßlich war. Die einzigen, die in diesen Szenen etwas zu sagen hatten, waren Aristippos und Antisthenes, der Philosoph des Vergnügens und jener des Verzichts. Der erstere erklärte, nur sehr schöne Frauen lieben zu können, während der letztere meinte, daß Frauen häßlich sein müßten, denn je häßlicher sie seien, desto rückhaltloser liebten sie ihre Männer. Ich rief Panciera.

«Hör zu», sagte ich, «ich brauche zwei Mädchen, ein schönes und ein häßliches. Das schöne habe ich schon, das wurde mir von den Miss-Italia-Leuten geschickt. Du mußt jetzt nur noch eine Häßliche suchen.»

«Da habe ich genau die Richtige!» erwiderte er prompt wie immer. «Die schleppe ich Ihnen heute nachmittag hier an!»

Und tatsächlich sah ich ihn gegen vier Uhr nachmittags mit einem ziemlich kurzbeinigen Geschöpf am Eingang der De-Paolis-Ateliers auftauchen.

Kaum hatte er mich erblickt, da schrie er, obwohl er sich noch fünfzig Meter von mir entfernt befand, los: «Dottò, ich hab' die Häßliche! Ich hab die Häßliche, Dottò!»

Als ich ihn so schreien hörte und vor allen bemerkte, daß sich die ganze Truppe wie auf Kommando umwandte, um zu sehen, wer nun diese Häßliche sei, ging ich ihm schnell entgegen und zwinkerte ihm zu, damit er aufhören sollte, das Mädchen so zu demütigen. Schließlich protestierte ich zum Schein: «Aber Panciera, die junge Dame ist doch nicht häßlich!»

«Nicht häßlich?!» rief er in höchster Verwunderung aus. «Ja, wo wollen Sie denn eine noch häßlichere als die da auftreiben?»

«Entschuldigen Sie», wandte ich mich an die junge Dame, im Versuch, die Situation zu retten, «aber wir werden Sie wahrscheinlich auf häßlich schminken müssen...»

«Aber das ist doch gar nicht nötig», beharrte Panciera. «Die ist doch perfekt, so wie sie ist. Gucken Sie doch nur, was die für Schenkel hat, Dottò, das sind doch wirklich zwei Allmachtsschinken, oder?»

«Also gut», fiel ich ihm ins Wort. «Nehmen wir sie!»

«Und die Gage?» fragte er. «Machen wir's so, daß wir der Häßlichen hunderttausend und der Schönen fünfhunderttausend geben?»

Während der Dreharbeiten zu dem Film *32. Dezember* erlebte Panciera ein merkwürdiges Abenteuer. Es war an einem Sommernachmittag, und wir waren gerade mit den Aufnahmen in einer Villa an der Via Trionfale fertig. Wir hätten nun eigentlich zur Villa Borghese fahren sollen, um ein paar Einstellungen in einem Stadtpark zu drehen, aber wir hatten nur noch drei Stunden «Licht» und befürchteten, es nicht rechtzeitig zu schaffen.

«Also», sagte mein Assistent, «entweder finden wir einen Park hier in der Nähe, oder wir müssen alles auf morgen verschieben.»

«Wir könnten doch nach Santa Maria della Pietà gehen», schlug der Produktionsleiter vor.

«Ins Irrenhaus?» fragte ich. «Und die Genehmigung?»

«Die haben wir früher auch schon mal bekommen. Ich frage mal nach, ob sie uns hereinlassen.»

Auf diese Weise also landeten wir in der größten psychiatrischen Heilanstalt Roms. Wir wählten eine vom Hauptgebäude ziemlich weit entfernt liegende Stelle, um niemanden zu stören und auch selber nicht gestört zu werden.

Der Park war um diese Tageszeit ganz besonders reizvoll, und die Sonne, die am Horizont langsam unterging, warf lange Lichtstreifen zwischen die Zweige.

«Wenn wir die Strahlen sichtbar hervorheben wollen», sagte mein Aufnahmeleiter, «müssen wir ein bißchen Rauch machen.»

Ich rief sofort Panciera herbei.

«Panciera, tu mir einen Gefallen», sagte ich. «Geh da hinter die Bäume und verbrenne soviel trockene Blätter, wie du nur kannst. Versuch, möglichst viel Rauch zu machen, aber denk daran, daß man dich nicht sehen darf. Versteck dich hinter einer Hecke, leg dich auf den Boden, egal was, Hauptsache, man sieht dich nicht.»

Panciera fand sogar einen Graben, in dem er sich verstecken konnte. Zuerst sammelte er Blätter und fing dann auf mein Zeichen an, sie zu verbrennen.

Es ging um eine ganz einfache Szene, eine Einstellung ohne Ton. Ein Schauspieler mußte sich unter den Bäumen umziehen und sich dann entfernen: höchstens zwei Klappen und dann ab nach Hause. Und als wir fertig waren, dachte keiner mehr an Panciera.

Etwa nach einer halben Stunde bemerkten zwei Krankenwärter Rauch im Park, und da sie nichts von der Drehgenehmigung wußten, sahen sie nach, was da wohl brannte. Sie fanden Panciera in einem Graben fleißig damit beschäftigt, Blätter zu verbrennen.

«Was machst du denn da?» fragten sie ihn.

«Ich mach' halt den Rauch», erwiderte Panciera wahrheitsgemäß.

«Und wozu machst du das?»

«Weil der Regisseur das so will.»

«Welcher Regisseur?»

«Der da!» erwiderte Panciera und sprang aus dem Graben. Aber zu seiner großen Verwunderung sah er niemanden mehr. So gingen die beiden Wärter ganz freundlich auf ihn zu, hakten ihn einer von rechts, einer von links unter und fragten ihn: «Welcher Regisseur?»

«Der vom Film», erwiderte Panciera immer mehr beunruhigt.

«Von welchem Film?»

«*Der 32. Dezember.*»

Wir konnten ihn erst am späten Abend wieder befreien, als wir von seiner Frau erfahren hatten, daß er interniert worden war.

Letztes Jahr arbeitete Panciera im Team von Mario Orfinis Film *Mamba* mit.

Die schwarze Mamba ist eine der giftigsten Schlangen überhaupt. Die Produktion hatte fünf Exemplare aus Äquatorialafrika kommen lassen und diese in einem auf vierzig Grad erwärmten Glaskäfig untergebracht. Panciera besorgte alle zwanzig Tage kleine weiße Mäuse, die die Mambas mit einem einzigen Bissen verschluckten. Ehrlich gesagt streckte er selber seine Hände nie in den Käfig, sondern übergab die Mäuse dem Schlangenwärter, einem Schwarzen aus Tansania namens Ubasci, der außer Suaheli keine andere Sprache verstand.

Eines Tages rief mich Panciera aus Cinecittà an.

«Dottò, Orfini läßt Ihnen ausrichten, Sie sollen sofort nach Cinecittà kommen.»

«Was ist denn los?» fragte ich.

«Das kann ich Ihnen jetzt am Telefon nicht erklären, wenn Sie herkommen, erzähle ich es Ihnen.»

Ich fuhr also nach Cinecittà, wo mich Panciera schon vor dem Tor auf der Via Tuscolana erwartete.

«Dottò, heute früh wollten wir die Szene drehen, wie die Schlange das Kaninchen beißt.»

«Na und?»

«Ja, Sie wissen doch, wie das bei den Dreharbeiten geht: Die Beleuchtung war um zwölf noch nicht fertig. Ich hab! da die

205

Schlange ganz brav in dem kleinen Becken gehabt. Das Kaninchen dagegen haben sich die Mädchen von der Truppe gegenseitig aus den Händen gerissen und sagten immer nur: ‹Ach ist das nett, gib es mir auch mal, sollen wir es nicht ein bißchen füttern?› Na, sie haben es eben liebgewonnen...»

«Wen, das Kaninchen?»

«Ja, das Kaninchen, deshalb können Sie sich ja auch gar nicht vorstellen, wie die sich aufgeführt haben, als sie hörten, welches Ende ihm beschert werden sollte. ‹Mörder!› haben sie da geschrien. ‹Das Kaninchen wird nicht angerührt!›»

«Na, irgendwie hatten sie doch auch recht...»

«Und da habe ich dann in aller Höflichkeit zu den Mädchen gesagt: ‹Ihr blöden Weiber, wenn ihr ins Restaurant geht, dann eßt ihr doch auch Kaninchen. Ja und wird denn dafür das Kaninchen nicht auch umgebracht? Mit dem Küchenmesser wird es umgebracht! Ist es da nicht besser, es stirbt ganz plötzlich durch einen einzigen Biß, als es wird mit dem Küchenmesser abgeschlachtet?› Aber da war nichts zu machen. Kurz und gut, sie sind jetzt alle in der Bar und wollen nicht mehr arbeiten.»

Der Protest hatte heftigere Formen angenommen als erwartet. Man hatte sogar den Tierschutzverein gerufen, und jemand wollte den Produzenten wegen Mißhandlung von Tieren anzeigen. Ich versuchte, die Aufgebrachtesten, so gut es ging, zu beruhigen, und versprach, den Regisseur zu überreden, das Kaninchen zu betäuben und der Mamba das Gift abzulassen. Allerdings konnte ich nicht versprechen, daß es mir gelingen würde, die Mamba zu überreden, das Kaninchen nicht zu beißen. Aber während wir noch so weiter besprachen, wie man das Kaninchen retten könnte, geschah etwas Unglaubliches: Mario Orfini hatte die Szene trotzdem gedreht, und das Kaninchen hatte die Schlange umgebracht. Ich bin mir darüber im klaren, daß das unwahrscheinlich klingt, Tatsache aber ist, daß sich die Dinge so abgespielt haben: Kaum hatte man die Glaswand, die die beiden Tiere trennte, hochgezogen, stürzte sich das Kaninchen auf die Mamba und schleuderte diese so lange hin und her, bis sie an Herzinfarkt einging.

«Das war ein ganz wildes Kaninchen, Dottò», sagte Panciera, «praktisch ein Raubtier! Der arme Ubasci ist todtraurig. Jetzt sind alle seine Mambas tot, die er aus Afrika mitgebracht hat, und er sitzt in der Requisitenkammer und flennt... Der tut mir jetzt furchtbar leid, das können Sie mir glauben!»

«Aber warum sind denn alle diese Mambas gestorben?»

«Weil sie nicht an den Film gewöhnt sind. Beim italienischen Film geht's eben zu wild zu, das ist nicht wie im Dschungel, wo einer ruhig vor sich hinlebt! Die Schlangen sind Tiere, die sich nie von der Stelle rühren, bestenfalls einmal im Monat lassen sie sich herab, ein Tierchen zu fressen. Kaum haben sie das gefressen, ringeln sie sich wieder zusammen.»

«Und wie sind denn die anderen gestorben?»

«Alle an Herzinfarkt. Der Regisseur ließ sie jeden Tag von Ubasci mit einem Bambusstock aufstacheln, da haben sie sich ganz wütend aufgereckt. Dann sagte der Regisseur immer: ‹Das ist gut, machen wir das noch mal.› Und vor lauter solchen Nochmals sind sie dann der Reihe nach tot umgefallen.»

Panciera machte eine nachdenkliche Pause. «Jetzt ham wir natürlich den Mist, denn es gibt keine Schlangen mehr, um den Film weiterzumachen», fuhr er nach einer Weile fort. «Jetzt muß man warten, bis ein paar aus Afrika kommen. Der Regisseur hat zu mir gesagt: ‹He, Panciè, treib mir eine Ringelnatter auf, die ein paar Meter lang ist und wie eine Mamba aussieht, die können wir ja dann schwarz anstreichen›, aber wo soll ich jetzt bloß eine herkriegen?»

«Hattest du nicht einen Schwager im Zoo?»

«Ich? Seit wann denn?»

12. KAPITEL

Der positive Zweifel

Es war, wie wenn man sich verliebt: Ich bin ihr zufällig in Mailand begegnet, und dann habe ich allmählich begriffen, daß ich nicht mehr ohne sie leben kann. Ich meine die Philosophie, jene merkwürdige Wissenschaft, die ich ehrlich gesagt selber nicht genau definieren kann und die doch mein Leben so nachhaltig verändert hat.

Die Griechen verstanden Philosophie als Erkenntnis im weitesten Sinne des Wortes, später haben sich einige Zweige (wie die Astrologie, die Physik, die Politik und die Medizin) abgespaltet und selbständig weiterentwickelt, so daß zum engeren Begriff der Philosophie nur noch die Ethik, die Logik und die Ontologie gehören.

Erfunden wurde der Begriff «Philosophie» offenbar von Pythagoras; nach ihm haben viele andere versucht, die gesamte Materie zu umreißen, doch kamen dabei sehr unterschiedliche Ergebnisse heraus. Um eine Vorstellung zu vermitteln, wie weit der Themenbereich der Philosophie reicht, habe ich in einigen italienischen Lexika und Handbüchern nachgeschlagen: «Wissenschaft, die die Prinzipien und die *ultima ratio* der Dinge untersucht» (Palazzi), «Suche nach einem Wissen, das einen effektiven Vorteil zu verschaffen vermag» (Zingarelli), «Reflexionen des menschlichen Geistes über die Welt, die ihn umgibt und über sich selber» (De Ruggero), «Etwas auf halbem Wege zwischen Wissenschaft und Theologie» (Russell).

Am Gymnasium lernt man zunächst einmal diesen Blödsinn: «Die Philosophie ist jenes Ding, mit demselben oder ohne dasselbe die Welt ein und dieselbe bleibt», was nicht einmal so falsch wäre, wenn man ewig jung und sorglos bliebe und vor allem unsterblich wäre. Aber mit der Zeit merkt jeder, daß er ohne die Krücken irgendeines Glaubens oder den Trost der *apátheia*, nämlich der Loslösung von den Leidenschaften, sehr schlecht zurechtkommt. Sokrates behauptete, daß Individuen, die «redlich philosophieren», sich «auf das Sterben einüben».

Wir hingegen sind etwas fröhlicher und bedienen uns der Philosophie, um unsere Lebensqualität zu verbessern. Und wenn wir dann genau hinsehen, entdecken wir, daß sich die beiden Definitionen gar nicht so wesentlich unterscheiden, nur geht die eine davon aus, daß man im Leben das höchste Glück erstreben muß, während man der anderen zufolge schon damit zufrieden sein sollte, wenn man möglichst wenig leidet.

Ich frage mich manchmal, ob es unseren Finanzhaien tatsächlich ein so großes Vergnügen bereitet, immer größere Wirtschaftsimperien zusammenzukaufen oder zu verkaufen. Ob sie glücklich sind, wenn sie abends um ein paar Millionen schwerer nach Hause kommen? Ob es die Mafia- und Camorrabosse wirklich so erstrebenswert finden, ständig mit der Gefahr gegenseitiger Racheakte an Ehefrauen, Müttern und Geschwistern leben zu müssen? Und ob sich die großen Politiker je gefragt haben, ob das Leben eines Machtmenschen wirklich so viel angenehmer ist als das eines Familienvaters, der vielleicht nur einfacher Beamter ist, dafür aber jeden Tag seine Tochter von der Schule abholen kann? All diese Herren sind ja nun gewiß keine Naivlinge, und doch verhalten sie sich wie kleine Jungen, die beim Monopoly in Streit geraten. Und dann überlege ich mir doch, ob ihr Leben nicht angenehmer wäre, wenn sie sich ein wenig mit der Philosophie beschäftigt hätten.

In der Schule wußte ich nicht viel mit der Philosophie anzufangen. Da ich sämtliche Fächer der letzten drei Schuljahre fürs Abitur vorbereiten mußte, war ich gezwungen, mich bei allem auf das Unumgängliche zu konzentrieren, und so beschränkte ich mich im Fach Philosophie schließlich auf ein Büchlein mit braunem Einband, den sogenannten Bignami, der bei den Lehrern streng verpönt war. Kurz vor der Prüfung war mir selbst dieses

Repetitorium noch zu viel, und ich stützte mich nur noch auf ein paar «zusammenfassende» Stichworte, etwa zu Thales: «der mit dem Wasser», zu Anaximenes: «der mit der Luft» und zu Heraklit: «der mit dem Feuer».

Erst nach meiner Scheidung fand ich Zugang zur Philosophie. Ich war noch immer in meine Frau verliebt und litt sehr unter der Einsamkeit. Eines Abends, als ich besonders deprimiert war, hörte ich im Radio zufällig ein altes Lied von Libero Bovio. «Me ne voglio ì all'America», sagte der Dichter, «ca sta luntano assaie, me ne voglio ì addò maie, te pozzo ncuntrà cchiù. Me voglio scurdà 'o cielo, tutte 'e canzone e 'o mare, me voglio scurdà 'e Napule, me voglio scurdà 'e mammema, me voglio scurdà 'e te.»*
Am nächsten Tag bat ich bei IBM um meine Versetzung an einen möglichst weit entfernten Ort. Als ich dann dort war, erkannte ich, daß ich einen gewaltigen Fehler gemacht hatte: In Mailand fühlte ich mich doppelt allein. Dort mußte ich nicht nur ohne meine Liebe leben, sondern auch noch ohne alle meine bisherigen Bezugspunkte: mein Haus, meine Stadt, meine Angehörigen und Freunde.

Nach meiner Ankunft quartierte ich mich in einem Hotel in der Via Fara ein; ich glaube, es hieß Royal oder so ähnlich. Gegen Abend ging ich hinaus, um ein Restaurant zu suchen, aber da dies eine Bürogegend war, fand ich nirgends ein offenes Lokal. So ging ich immer weiter in eine Richtung, von der ich irgendwie annahm, daß sie ins Zentrum führte. Ich kann mich nicht mehr erinnern, in welchem Restaurant ich schließlich gelandet bin, ich weiß nur noch, daß nachher draußen unvorstellbar dichter Nebel herrschte und ich einen Passanten ausrufen hörte: «O je, so einen Nebel haben wir ja noch nie erlebt!» Der Nebel beeindruckte mich so stark, daß ich sogar den Namen meines Hotels vergaß. Eine Weile

* «Ich will nach Amerika gehen, das sehr weit ist, ich will dorthin, wo ich dir nie mehr begegnen kann. Ich will den Himmel vergessen, alle Lieder und das Meer, ich will Neapel vergessen, ich will meine Mutter vergessen, ich will dich vergessen.»

irrte ich ziellos umher, dann blieb ich einfach stehen und weinte vor mich hin. Dabei sah ich immer wieder mal von rechts, mal von links Autoscheinwerfer ... Wenn ich jetzt so darüber nachdenke, wird mir klar, daß ich wohl mitten auf der Fahrbahn stand.

Nicht, daß die Mailänder nicht nett zu mir gewesen wären, im Gegenteil, aber sie waren es immer, und sie waren es zu jedem. Um nur einmal eine gewiß unvollständige Aufzählung all der netten Leute zu geben, denen ich täglich zwischen meiner Wohnung und meinem Büro begegnete: dem Wohnungsnachbarn, dem Pförtner, dem Barkeeper, dem Zeitungsmann, dem Parkwächter, dem Tankstellenwärter, dem Garagenbesitzer, der Empfangsdame, der Sekretärin. Ich durchschaute sofort, daß sie zu jedem anderen genauso freundlich gewesen wären, und fühlte mich schlecht, weil ich nicht wenigstens ein bißchen diskriminiert wurde. Mit anderen Worten, ich suchte einen Beweis für meine unverwechselbare Existenz, und sie überschwemmten mich mit ihrer undifferenzierten Höflichkeit. Ich kann mich noch erinnern, daß ich eines Abends das Kaufhaus *Rinascente* betrat und die Verkäuferinnen anflehte, mich ein wenig persönlicher zu behandeln. «Wenn Sie mir schon keinen Rabatt geben können», bat ich, «dann lassen Sie mich wenigstens ein bißchen mehr bezahlen, auch nur hundert Lire, damit mein Kauf hier irgendeine Spur bei Ihnen hinterläßt.» Aber es war nichts zu machen, sie hielten mich einfach nur für einen besonders aufdringlichen Kunden!

Nehmen wir zum Beispiel meinen Wohnungsnachbarn Dr. Gangemi, einen älteren Herrn, der bei einer Versicherungsgesellschaft arbeitete. Ich begegnete ihm jeden Abend im Lift, und jedesmal gelang es uns, die Zeit, die man vom Erdgeschoß bis in den dritten Stock braucht, mit einem «Wie geht es Ihnen?» und einem «Danke gut, und Ihnen?» auszufüllen. Aber was passierte dann? Gangemi verschwand von der Bildfläche, tagelang begegnete ich ihm nicht mehr. Ich dachte, er sei wohl krank, und erkundigte mich daher bei dem Portier, einem Brianzer aus Cantù.

«Er ist gestorben», sagte der Portier.

«Was? Er ist gestorben? Ja, aber wie denn?»

«An einem Infarkt.»

«Und wann ist das passiert?»

«Vor einem Monat.»

«Und warum habe ich das nicht gemerkt?»

«Er ist an einem Wochenende gestorben.»

Dr. Gangemi war also gestorben, ohne es mir mitzuteilen, und der Portier hatte sich nicht veranlaßt gefühlt, mich zu informieren. Ein neapolitanischer Portier hingegen hätte am folgenden Tag schon vor Morgengrauen bewegungslos wie eine Statue an der Haustür auf mich gewartet, um mir die traurige Nachricht als erster mitteilen zu können.

«Haben Sie gesehen, wie es geht?» hätte er gesagt und dabei so getan, als würde er glauben, ich wüßte schon alles.

«Wie was geht?» hätte ich gefragt.

«Ja, wissen Sie es denn noch nicht?» hätte er sich verwundert, dabei aber immer noch nichts Genaues gesagt, um mich auf die Folter zu spannen.

«Ich bin gerade erst aus Rom zurückgekehrt . . .»

«Dr. Gangemi . . .», hätte er dann angefangen, wäre aber gleich wieder wie von Ergriffenheit übermannt verstummt, und dann hätte ich aus seinem zutiefst traurigen Gesichtsausdruck ablesen müssen, was passiert war, weil er nämlich (um mir keinen Schock zu versetzen) das Wort «gestorben» gar nicht ausgesprochen hätte.

«Ist ihm etwas passiert?»

Er hätte nur die Lider gesenkt.

«Ist er gestorben?»

Er hätte wieder die Lider gesenkt.

«Wie ist er denn gestorben?»

«Herzinfarkt.»

«An einem Herzinfarkt?»

«Ganz plötzlich, wissen Sie: Er wollte sich gerade die Schuhbänder zubinden, da ist er in seinem Schlafzimmer vornüberge-kippt. Seine Frau hat sofort einen Krankenwagen gerufen, aber es war nichts mehr zu machen. Auch sein seliger Vater ist so geendet.»

«Während er sich die Schuhbänder zugebunden hat?»

«Genau, da dürfen wir uns doch fast schon fragen, warum sich diese Gangemis nicht lieber Slipper kaufen!»

«Du liebe Zeit, das ist doch wirklich ein merkwürdiger Zufall!»

«Die ganze Familie zugrunde gerichtet, die ganze Familie!» hätte er dann noch ausgerufen. «Ich bin ihm gerade noch am Tag vorher auf der Treppe begegnet und habe zu ihm gesagt: ‹Herr Doktor, da wäre jetzt wieder die Miete fällig›, und er hat mir geantwortet: ‹Haben Sie bis morgen Geduld, Salvatore, jetzt habe ich keine Zeit.› Und woher soll ich jetzt den Mut nehmen, zu der Witwe zu sagen, daß sie die Miete zahlen soll! Ach, Sie hätten ihn sehen sollen, wie er aufgebahrt war! Du lieber Gott, war er schön! Wie ein Patriarch lag er da zwischen die Blumen gebettet, als würde er gerade nur schlafen! Wenn man denkt, der Ärmste, er war doch erst dreiundsechzig, in zwei Jahren wäre er in Rente gegangen. Und nun... Er hat einen Besitz in Casavatore hinterlassen sowie zwei kleine Wohnungen oberhalb der Camaldoli, allerdings beide mit festgeschriebener Miete. Ach, was sind wir schon auf Erden!»

«Ja, was sind wir schon!» hätte ich wiederholt.

Der neapolitanische Portier fehlte mir natürlich in Mailand, zum Ausgleich aber war im Alltag alles viel leichter. Die Arbeit war für mich erheblich einfacher geworden. Während ich in Neapel nie vor neun Uhr abends nach Hause gekommen war, hatte ich in Mailand dank der mailändischen Pünktlichkeit schon um sechs Uhr den Mantel an und konnte gehen. Alles funktionierte, wie es sollte: Die Untergrundbahn kam pünktlich, die Kunden hielten sich an die Verabredungen, die *Scala* fing Punkt acht Uhr an, und alle Leute, aber wirklich alle, taten ihre Pflicht. Das hatte zur Folge, daß ich als ein typischer Vertreter Süditaliens bald starke Minderwertigkeitskomplexe bekam: Du wirst sehen, sagte ich mir, daß die Mailänder tatsächlich intelligenter sind als wir! Und daraus entwickelte sich dann mein Bedürfnis, das Ansehen der Neapolitaner zu verbessern.

«Ihr seid tüchtig», sagte ich zu allen, «ihr seid sogar sehr tüchtig! Aber Vorsicht: Das Leben besteht ja nicht nur aus Produktivität, sondern auch aus Vorstellung!»

Und um meine These von der Muße zu stützen, ohne dabei in Karikaturmalerei zu verfallen, hielt ich mich an Bertrand Russell sowie an die griechischen Philosophen und deren Mißtrauen gegenüber jeder Form von Produktivität.

«Wer zu Sokrates' Zeiten beim Arbeiten überrascht wurde, galt als *banausi* und wurde dementsprechend von allen denkenden Menschen verachtet. *Banausi* ist das griechische Wort für Handwerker, aber auch für vulgär und gemein. Selbst Phidias, Praxiteles und Poliklet, die drei größten athenischen Künstler, wurden wegen ihres Handwerks kritisiert. Die Athener sagten: ‹Gut und schön, sie sind tüchtig, aber sie können doch nicht leugnen, daß sie bei ihrer Arbeit schwitzen wie die Unglückseligen!› Und auf diese Weise sind auch wir, die direkten Nachfahren der Griechen, mit einem gesunden Mißtrauen gegenüber jeder Form von übertriebener Produktivität aufgewachsen. Außerdem begreift jedes Volk die Existenz auf seine Art und besitzt eine eigene Kultur, die geachtet werden muß. Wenn ihr einen Orientalen bewegungslos dasitzen, nur seinen eigenen Bauchnabel betrachten und wirklich gar nichts tun seht, müßte euch zumindest der Verdacht kommen, daß er vielleicht etwas verstanden hat, was ihr mit eurem Stachanowismus noch nicht verstanden habt.»

Anfangs glaubte ich im Innersten selber nicht, daß es tatsächlich eine neapolitanische Philosophie gibt, von der man erzählen könnte. Aber je mehr ich dann davon sprach, desto mehr glaubte ich auch daran. Das typisch Neapolitanische waren für mich der Dialog, die zwischenmenschlichen Beziehungen, die Musik, das Gefühl und all jene menschlichen Äußerungen, die ich in Mailand am meisten vermißte. Typisch mailändisch war für mich hingegen die Achtung vor dem andern, die Fähigkeit, sich in einer Schlange anzustellen, die Pünktlichkeit und der Gemeinsinn. Bald pendelte ich nicht nur mit meiner Arbeit, sondern auch mit meinen Urteilen hin und her: Ich überraschte mich immer häufiger dabei, wie ich in

Neapel gut über die Mailänder und in Mailand gut über die Neapolitaner sprach. So ganz allmählich und ohne es selber zu bemerken, stellte ich dann die Theorie auf, daß die Menschheit aus zwei großen Stämmen besteht, nämlich aus den Menschen der Liebe und aus den Menschen der Freiheit, wobei ich die ersteren rings um das Mittelmeer und die letzteren im angelsächsischen Einflußbereich ansiedelte.

Zur Abstützung meiner Ideen las ich über die griechischen Philosophen und entdeckte dabei, daß unsere Vorfahren zu diesem Thema mehr oder weniger schon alles gesagt haben. Den letzten Anstoß, mich dem Studium der Philosophie zu widmen, gaben mir schließlich zwei frei herumlaufende Irre, beide aus Neapel: Professore Riganti und Professore Barbieri.

Riganti war früher Physiklehrer am Vittorio-Emanuele-Gymnasium gewesen und eines der ältesten Mitglieder des Napoli-Clubs. Noch bevor ich je ein Wort mit ihm gesprochen hatte, kannte ich ihn aus Erzählungen und wußte um seine allseits bekannte Abneigung, sich aus einem bestimmten Sessel zu erheben, in dem er sich (angeblich) vor etwa zehn Jahren an seinem ersten Tag als Rentner niedergelassen hatte. Selbst wenn man sich sehr frühzeitig im Club einfand, traf man ihn immer schon an seinem Platz an: Neben ihm stand der Oberkellner Ciro, der ihm die Überschriften aus den Zeitungen vorlas.

«Was steht drin?» fragte der Professore.

«Der Gewerkschaftsbund droht mit Generalstreik», erwiderte Ciro in Habtachtstellung und mit aufgeschlagener Zeitung.

«Ist mir doch egal! Lies weiter!» antwortete der Professore, ohne den Blick zu heben.

«Die sozialistische Partei will einen neuen Volksentscheid herbeiführen, um die Zustimmung...»

«Ist mir doch egal! Lies weiter!» fiel ihm Riganti ins Wort.

«Jagd auf Steuerhinterzieher», las Ciro weiter.

«Haben sie dafür die Todesstrafe eingeführt?» fragte Riganti ein wenig besorgt.

«Eigentlich noch nicht.»

«Also dann ist es mir doch egal! Lies weiter!»

Eines schönen Abends nutzte ich die Gelegenheit, daß er sich in Gesellschaft zweier mir bekannter Personen befand – Bebè Maglione und Kapitän Bagnulo –, und mischte mich in das Gespräch ein. Nach dem Vorstellungsritual bestellte der Professore vier Kaffees aus der Bar, und Bebè ließ sich von der Qualität seines Espressos dazu anregen, von einem Projekt zu erzählen, das er schon seit einiger Zeit verfolgte.

«Eines schönen Tages werde ich drei Kaffeeröstereien aufmachen: eine am Vomero, eine am Bahnhof und eine in Fuorigrotta. Dann nehme ich mir einen Lieferwagen mit Fahrer und beliefere sie jeden Morgen Punkt sieben mit Kaffee.»

«Wie kommst du denn auf die Idee?» fragte Kapitän Bagnulo.

«Weil ich die Matarazzos kenne, nicht die aus Neapel, die überhaupt nichts zu melden haben, sondern die richtigen, die Matarazzos aus Brasilien, die mit dem Geld!» Dabei unterstrich er das Wort «Geld» mit dem typischen Aneinanderreiben von Daumen und Zeigefinger. «Wenn ich will, kann ich die sogar jetzt in diesem Augenblick anrufen. Wieviel Uhr ist es eigentlich? Neun? Sehr gut, da ist es jetzt in Brasilien fünf Uhr nachmittags. Da rufe ich die jetzt an und sage: ‹Schickt mir zehn Zentner Kaffee: Alles beste Ware erster Qualität.›»

«Und wie willst du dann kontrollieren, daß das Personal dich nicht betrügt?» fragte der Kapitän.

«Das ist doch nicht schwer: Ich stelle ihnen elektronische Kassen hin!» erwiderte Bebè lachend. «Mit den elektronischen Kassen können sie dir heute nicht einmal eine Lira klauen. Die Angestellten arbeiten, und ich sitze hier seelenruhig im Club und unterhalte mich. Abends um acht, spätestens um neun, drehe ich dann mit meinem Mercedes eine Runde und kassiere ab.»

Genau in diesem Augenblick bemerkte der Professore, daß ich mehrmals mit dem Löffel in meinem Kaffee herumgerührt hatte.

«Gestatten Sie eine Frage», wandte er sich lächelnd an mich. «Warum rühren Sie so lange?»

«Damit sich der Zucker auflöst.»

«Dann darf ich Ihnen einen Rat geben: Machen Sie mit dem Löffel nur eine einzige Hin- und Herbewegung in gerader Linie, und rühren Sie nicht so oft am Tassenrand herum. Ja, und wenn Sie wirklich etwas Gutes tun wollen, dann bewegen Sie sich am besten gar nicht. Warten Sie ein paar Minuten, dann werden Sie sehen, daß sich der Zucker von alleine aufgelöst hat.»

«Warum soll ich mich denn nicht bewegen? Damit ich mich nicht so anstrenge?»

«Nein, nur damit das Universum länger bestehen bleibt.»

«Entschuldigen Sie, aber das habe ich nicht ganz verstanden.»

«Dann erkläre ich es Ihnen», erwiderte der Professore immer noch ausnehmend höflich. «Wissen Sie, was Gott zu Adam und Eva gesagt hat, als er sie aus dem irdischen Paradies vertrieb?»

Ich wußte es nicht, und er ließ sich nicht lange bitten, es mir zu sagen.

«Er sagte: ‹Du, Mann, wirst im Schweiße deines Angesichts arbeiten, und du, Frau, wirst unter Schmerzen gebären!› Und als er sie dann aus dem Tor hinausgehen sah, schleuderte er ihnen noch den letzten Fluch hinterher: ‹Und ihr werdet in alle Ewigkeit vom zweiten Hauptsatz der Thermodynamik verfolgt!› Nun, den zweiten Hauptsatz der Thermodynamik haben Sie doch gewiß in der Schule gelernt, nicht wahr?»

«Ja, sicher», antwortete ich bestimmt, obwohl ich mich an nichts erinnern konnte.

«Ausgezeichnet», beglückwünschte er mich, «dann möchte ich jetzt, wenn Sie erlauben, ihn auch unseren Freunden hier zur Kenntnis bringen.» Darauf wandte er sich an Bebè und den Kapitän, um sie zur Aufmerksamkeit zu zwingen, und erklärte ihnen laut und vernehmlich den zweiten Hauptsatz der Thermodynamik: «‹Jedesmal, wenn sich Materie in Energie verwandelt, wird ein Teil dieser Energie nicht mehr verwendbar und vergrößert die Unordnung der Umwelt. Das Maß für den Grad der Unordnung heißt Entropie.›»

Betretenes Schweigen.

«Der von den Anthropologen allzu vorschnell als *homo sapiens* bezeichnete Mensch», fuhr Professore Riganti unbeirrt fort, «fördert das Erdöl und verwandelt es zuerst in Benzin und dann in kinetische Energie. Damit glaubt er Ordnung in seine kleine Welt gebracht zu haben und ahnt nicht, daß er auf diese Weise nur die Unordnung vergrößert hat; na doch, denn ein Teil der im Erdöl enthaltenen Energie hat sich in Form von Kohlendioxyd in die Luft verflüchtigt und ist als solche energetisch nicht mehr verwendbar. Und daher aufgepaßt: Die Unordnung, die bei jeder Verwandlung entsteht, ist immer größer als die Ordnung, die geschaffen worden ist.»

«Aber wo ist denn diese ganze Unordnung?» fragte Bagnulo ein wenig ungeduldig und sah sich um.

«Die ist um uns herum, aber auch in uns. Und daß keiner sie bemerkt, liegt nur daran, daß wir sie, wenn wir sie herstellen, immer gleich unter den Teppich kehren.»

«Unter den Teppich?» fragte Bagnulo und starrte jetzt auf die Teppiche im Club.

«Ja, genau wie gewisse Dienstmädchen, wenn sie das Haus putzen. Wir nehmen die Unordnung und laden sie in den Ländern der dritten Welt ab, oder wir tragen sie auf den Dachboden, das heißt in die Atmosphäre, oder – was noch schlimmer ist – wir stecken sie in irgendein Erdloch und hinterlassen sie der Nachwelt. Und wenn dann eines Tages diese Unordnung, etwa weil kein Wind weht, ein bißchen stagniert, dann kann es geschehen, daß sich eine Stadt wie Mailand plötzlich in eine Gaskammer verwandelt.»

«So etwas kann aber nur in Mailand vorkommen, in Neapel doch nicht?» fragte Bebè, um sich zu beruhigen.

«Es kann genausogut auch in Neapel vorkommen, wenn eines Tages alle Armen so unvernünftig sind, ein Auto haben zu wollen.»

«Ja, dürfen denn die Armen kein Auto haben?»

«Nein, eben nicht: Das Auto muß ein Privileg der wenigen bleiben. Wenn eines Tages alle eines hätten, wäre es so, wie wenn keiner eines hätte: Man könnte nicht mehr fahren, und die Luft wäre so verpestet, daß man nicht mehr atmen könnte.»

«Und dann?»

«Und dann hätte Pascal recht, als er sagte: ‹Das ganze Unglück der Welt kommt daher, daß keiner zu Hause bleiben will.›»

Wenn wir bis jetzt schon wenig begriffen hatten, so versetzte uns Pascals Maxime vollends in Verwirrung: Der Professore bemerkte es und stellte jetzt einfachere Fragen, die er dann im übrigen selber beantwortete.

«Warum wollen denn die Menschen nicht zu Hause bleiben? Weil sie Zerstreuung brauchen. Und warum brauchen sie Zerstreuung? Damit sie nicht an den Tod denken müssen. Sie laufen hinter dem Geld und der Macht her, als könnten Geld und Macht ihnen Unsterblichkeit verleihen. *Ergo*: Der Weise bewegt sich nicht, sondern bereitet sich auf den Tod vor, und das haben die indischen Asketen schon vor tausend Jahren begriffen.»

«Das heißt also», schloß Bebè mit beschwörenden Gesten, «wir sollen uns auf den Tod vorbereiten?»

«Genau das», nickte der Professore, «indem wir uns zuerst an den Gedanken gewöhnen und ihn dann nicht mehr so wichtig nehmen.»

«Aber wie soll man das denn machen?»

«Zuerst denkt man an den Tod wie an einen gewöhnlichen Wohnungswechsel, wobei man eine gewisse Wehmut empfindet beim Gedanken an das, was man verläßt, und gleichzeitig ein wenig Neugier für das, was auf einen zukommt. Ja, ich würde sogar so sagen: Ein wirklich neugieriger Mensch müßte doch, um seinen Wunsch ganz zu erfüllen, den Tod als das schnellste Mittel herbeiwünschen, um zur Wahrheit zu gelangen. Ich zum Beispiel sehne ihn, je älter ich werde, immer mehr herbei.»

Bebè Maglione und Kapitän Bagnulo sahen sich wortlos an.

«Eines wissen wir sicher», fuhr der Professore fort, «der Tod tritt schmerzlos ein. Noch nie hat ein Sterbender in seinem wirklich letzten Augenblick einen furchtbaren Schrei ausgestoßen. Der Übergang erfolgt wohl unmerklich, etwa so, wie wenn man vom

Wachen in Schlaf verfällt. Und überhaupt, was soll schon groß dran sein an diesem Tod!»

«Also wenn ich Sie richtig verstanden habe», sagte der Kapitän, «dann dürften wir, um uns entsprechend auf den Tod vorzubereiten, nie aus dem Haus gehen?»

«Der Philosoph geht nicht aus dem Haus.»

«Aber wenn man in den Club geht, ist das, wie wenn man zu Hause bliebe», versicherte Bebè, der ganz gewiß mehr Stunden im Club verbrachte als zu Hause, wo er offenbar eine unausstehliche Frau hatte.

«Zu Hause oder im Club ist egal», bestätigte der Professore, «wichtig ist nur, daß man sich nicht bewegt.»

«Ja, aber Bewegungslosigkeit ist auch gleichbedeutend mit Tod», versuchte ich zu widersprechen.

«Nur wenn die Ordnung und die Unordnung zusammentreffen, und das geschieht erst am letzten Tag», erwiderte der Professore. Dann nahm er eine der leeren Tassen, die auf dem Tisch standen, und zeigte sie herum. «Seht hier diese Tasse: Wenn ich da jetzt ein bißchen Milch und ein bißchen Kaffee hineingieße, was entsteht dann?»

«Milchkaffee», traute sich Bebè zu sagen.

«Richtig. Und warum?»

«Weil man Milchkaffee so macht», erwiderte Bebè, dem diese sokratischen Dialoge nicht sehr behagten.

«Weil die Natur immer zur Homologie tendiert», behauptete der Professore, «daher bleiben die Kaffeemoleküle und die Milchmoleküle, wenn sie zusammen in die Tasse kommen, nicht schön getrennt wie zwei feindliche Heere, sondern verbinden sich untereinander und bilden in kürzester Zeit eine Mischung in einer Zwischenfarbe, die wir Milchkaffee nennen. Und nachdem der Kaffee und die Milch sich einmal vermischt haben, können sie von allein nie wieder das werden, was sie einmal waren. Moral: Die Unordnung hat sich vergrößert, und zwar irreversibel.»

Kapitän Bagnulo warf Bebè einen hilfesuchenden Blick zu, damit dieser sich irgendeine Entschuldigung einfallen ließe, wie sie dieser Prüfung entrinnen konnten. Er hatte eindeutig genug vom zweiten Hauptsatz der Thermodynamik und wollte um jeden Preis weg. Ich dagegen interessierte mich immer mehr für das Problem.

«Aber was hat denn der Milchkaffee mit dem Ende des Universums zu tun?»

«Er hat sehr wohl etwas damit zu tun», erwiderte der Professore, glücklich, daß wenigstens einer ihm folgte. «Weil nämlich das ganze Universum früher oder später ein einziger riesiger Cappuccino wird. Die Materie ist dazu bestimmt, sich früher oder später zu pulverisieren: Nicht einmal das Proton, das unsichtbare Proton, kann sich in ein paar Jährchen, um es genau zu sagen, in zehn hoch einunddreißig Jahren, unversehrt erhalten, und die gesamte existierende Materie bildet nur noch einen einzigen, vollkommen homogenen Brei, wobei es dann zwischen einem bestimmten Punkt des Universums und einem anderen überhaupt keinen Unterschied mehr gibt. Da es an jenem Tag keine Verschiedenheit der Temperatur, des energetischen Potentials, der elektromagnetischen Kräfte, der Gravitationskräfte sowie der starken oder schwachen Kerne mehr gibt, hat die Materie auch kein Motiv mehr, sich von einer Stelle des Raums zu einer anderen zu bewegen, und alles wird vollkommen bewegungslos. Die Entropie hat ihren Höchstwert erreicht, und die Unordnung trifft mit der Ordnung zusammen, das heißt mit dem Tod.»

«Was sollen wir also tun?» fragte Bebè.

«Uns nicht bewegen», antwortete der Professore.

«Und alles nur, weil der Ingegnere dreimal im Kaffee gerührt hat!» rief Kapitän Bagnulo aus und wandte sich mir dann in ernstem Ton zu: «Sehen Sie, was Sie da angerichtet haben!»

«Ja, ja, macht nur eure Witze … Ihr werdet es schon noch merken!» tadelte der Professore. «Dem zweiten Hauptsatz entkommt man nicht! Wehe, man unterschätzt ihn und denkt, daß es da ja nur um einen physikalischen Prozeß geht, der bis in alle Ewigkeit dauert. Nein, der schlägt auf allen Gebieten zu, überall lauert die Homologie. Heute sprechen wir hier noch italienisch, aber unsere

Enkel werden morgen in denselben Sesseln hier nur noch englisch reden. Und die ganze Welt wird nur noch englisch reden, weil der zweite Hauptsatz das eben so will. Es wird keine Dialekte, keine Nationalsprachen, keine Gebräuche, Feste und Volksmusik mehr geben, keine Tarantella, keinen Sirtaki, keinen Flamenco. Auf der ganzen Welt wird sich der amerikanische Rock verbreiten oder ein anderer Rhythmus, der ihn dann vielleicht ablöst, und wir werden danach tanzen müssen, ob wir wollen oder nicht. Wir werden nicht mehr unseren Espresso trinken, sondern nur noch den internationalen dünnen Kaffee. Wir werden alle mit dem gleichen Waschmittel waschen. Es wird keine regionale Küche mehr geben, weil wir dann alle bei McDonald essen. Man wird keinen Eskimo mehr von einem Brasilianer unterscheiden können, auch die Rassen werden verschwinden, und wir werden alle ungefähr die gleiche (mehr oder weniger kaffeebraune) Hautfarbe haben. Alle werden die gleiche Art von Jeans tragen. Werbung wird das vom Homologiegesetz zubereitete Gift sein und das Fernsehen der Becher, aus dem wir trinken.»

«Entschuldigen Sie, Professore», unterbrach ihn der Kapitän und stand auf, «aber wir werden dort aus dem Spielesaal gerufen. Bebè und ich haben nämlich unsere Partie Scopone mit dem Ehepaar Filomarino noch nicht zu Ende gespielt.»

Bebè ließ sich dies nicht zweimal sagen und sprang ebenfalls auf.

«Schade, Professò», entschuldigte er sich. «Das Gespräch war sehr interessant, aber ... die Pflicht ruft, wie es so schön heißt!»

So blieb ich allein mit dem Professore Riganti zurück.

«Die beiden sind grundanständig und nett», meinte der Professore über die Deserteure. «Sie wissen es selber nicht, aber sie sind ein typisches Beispiel für ‹dynamische Immobilität›.»

«Was meinen Sie damit?»

«Bebè erzählt schon seit zehn Jahren, daß er drei Kaffeeröstereien aufmachen will: eine am Vomero, eine am Bahnhof und eine in Fuorigrotta. Er erzählt das immer, aber er tut es nie. So etwas nennt man technisch ‹dynamische Immobilität›. Hin und wieder droht er auch damit, daß er in Brasilien anrufen will, aber keiner hat je gesehen, daß er eine Münze aus der Tasche gezogen hat. Kapitän Bagnulo hingegen ist ein heimgekehrter Immobiler.»

«Ein heimgekehrter...?»

«Ja, früher einmal war er ein Störenfried: Er besaß ein zwölf Meter langes Kabinenboot, den berühmten *Re dei Mari* mit zwei Dieselmotoren, die die Luft verpesteten, und damit machte er den ganzen Golf unsicher.»

«Nennen ihn deshalb alle Kapitän?»

«Gewiß. Aber auch noch aus einem anderen Grund: Bagnulo war die größte Nervensäge hier im Club. Er stand immer auf der Terrasse und kontrollierte sämtliche Manöver der in den kleinen Hafen einfahrenden Boote. Keiner konnte es ihm recht machen. Sobald ein Bootseigner seinen Fuß an Land setzte, knöpfte er ihn sich vor und erteilte ihm nautische Lektionen. ‹Wie du wieder angelegt hast!› sagte er zum Beispiel. ‹Wie oft soll ich dir noch sagen, daß du bei Südwest von der Strömung an Land getrieben wirst! Warum zum Teufel machst du dann nicht beide Motoren an! Sonst muß man sich ja wirklich fragen, wozu du überhaupt ein Boot mit zwei Motoren gekauft hast?› So ist der Bagnulo gewesen. Dann hat er aber vor fünf oder sechs Jahren, als er mit seinem *Re dei Mari* vor der Insel Procida herumfuhr, eine Untiefe mißachtet und ist mit seinem Boot abgesoffen.»

«Welche Untiefe meinen Sie?» fragte ich. «Die vor dem Hafen, wenn man von Ischia herkommt?»

«Genau die, und die wird jetzt hier im Club die ‹Bagnulo-Untiefe› genannt. Sie soll unter diesem Namen sogar in die neuesten Seekarten eingetragen werden. Unnötig zu sagen, daß der Ärmste nach seinem Schiffbruch eine Weile nicht mehr den Mut hatte, sich hier sehen zu lassen. Jetzt ist er seit vielleicht zehn Monaten wieder da, aber er stört keinen Menschen mehr. Er hat kein Boot mehr und interessiert sich auch nicht mehr für die der andern. Auch er übt dynamische Immobilität. Aber manchmal hat er dann eben keine Lust mehr, mir zuzuhören, und erfindet irgendeine kindliche Ausrede, um weggehen zu können.»

Die andere Persönlichkeit, die mich auf meinem Weg zur Philosophie ermutigte, war Professore Barbieri, ein schon etwas älterer Herr (er war sechzig, wirkte aber wie siebzig), der in Neapel in der Via Sant'Eligio am Markt wohnte.

Barbieri sah sich selber weniger in der Rolle des Schullehrers als vielmehr in der eines Hauslehrers, eines Erziehers. Er hätte seinen Beruf am liebsten so ausgeübt, daß er mit einem Dutzend Schülern, denen er die subtile Kunst des positiven Zweifels beibrachte, im Wäldchen von Capidomonte spazierenging. Zu seinem Leidwesen aber waren die Bewohner der Marktgegend alles Leute, die im Großhandel tätig waren und daher Zahlungen in bar forderten. Von seinen Vorstellungen einmal abgesehen, begnügte sich der Professore damit, zwei widerwärtigen kleinen Jungen Nachhilfeunterricht zu geben, die seinen Haß voll erwiderten.

«Ich behalte sie», erklärte er mir eines Tages, «weil der eine der Sohn des Wurstwarenhändlers und der andere der Sohn des Obst- und Gemüsehändlers ist. Die Würde muß in meinem Fall hinter dem Appetit zurückstehen, und das Gehirn muß resignieren.»

Das erstemal hatte mir auf einer meiner vielen Reisen von Mailand nach Neapel ein Apotheker von Barbieri erzählt.

«Den müssen Sie unbedingt kennenlernen, das werden Sie nicht bereuen. Ich bin sicher, daß Sie beide als Neapolitaner sich auf Anhieb verstehen. Ich zum Beispiel habe von ihm gelernt zuzuhören. Das konnte ich nämlich früher nicht, da wollte ich immer reden. Ich redete und lernte nie etwas. Ist ja auch klar: Ich ließ den andern ja nie Zeit, mir etwas beizubringen!»

Da Barbieri kein Telefon besaß, blieb mir nichts anderes übrig, als ihn unangemeldet zu Hause aufzusuchen. Ich klingelte, und eine laute Stimme forderte mich auf einzutreten. Drinnen war es kälter als draußen. Er saß an einem Schreibtisch und aß einen Teller Nudeln mit Kichererbsen, der mitten zwischen Stapeln von Büchern und Papieren stand. Barbieri trug einen Mantel und unter dem Mantel einen Schlafanzug.

«Störe ich?» fragte ich ein wenig verlegen.

«Ehrlich gesagt, ja, aber da Sie nun schon einmal hier sind, können Sie sich auch setzen.»

«Sind Sie Professore Barbieri?»

«Vielleicht», erwiderte er und nahm damit in einem einzigen Wort bereits alle seine Gedankengebäude vorweg.

Als ich ihn dann später besser kannte, erklärte er mir selber die Bedeutung dieser seiner ersten als Zweifel formulierten Antwort.

«Der Weise verneint nicht und bejaht nicht, er schwärmt nicht und ist nicht niedergeschlagen, er glaubt weder an Gott, noch glaubt er nicht an Gott. Der Weise hat keine Gewißheiten, er hat nur mehr oder weder wahrscheinliche Hypothesen.»

«Und was macht er dann?»

«Er wartet.»

Es wurde mir bald zur Gewohnheit, ihn an jedem ersten Sonntag im Monat zu besuchen. Ich kam mit dem Zug aus Mailand, lieh mir von meiner Schwester das Auto und fuhr mit ihm in die Casina Rossa nach Torre del Greco zum Essen. Für eine Fischsuppe und einen Liter Gragnano lehrte er mich den positiven Zweifel.

Sein Lieblingsdenker war Bryson, ein sokratischer Philosoph, der in keinem philosophischen Lehrbuch zu finden ist.

«Bryson von Herakleia? Das wundert mich aber, daß Sie den nicht kennen! Er war der Begründer des Skeptizismus: Seine Schüler waren Pyrrhon von Elis und Anaxarchos, und das sollte ja wohl genügen.»

«Und was ist der Skeptizismus?»

«Die Denkschule jener, die ‹immer suchen und nie finden›. *Zetetes* heißt nämlich auf griechisch ‹der Suchende›.»

«Aber was soll denn daran so schön sein, daß man immer nur sucht und nie etwas findet?» wandte ich ein.

«Die Freude besteht ja darin, einen Gipfel zu besteigen, und nicht darin, oben zu stehen, sonst würden sich die Bergsteiger ja lieber gleich von einem Hubschrauber auf der Bergspitze absetzen lassen.»

«Und das hat Bryson gelehrt?»

«Erstens *epoché* oder die Zurückhaltung des Urteils, zweitens *aphasie* oder die Fähigkeit, sich nicht auszudrücken, und drittens *ataraxie*, die Unerschütterlichkeit, also das Fehlen von Angst.»

Da das Familienoberhaupt sich durch nichts in der Welt dazu bewegen ließ, irgendeine Entscheidung zu treffen, hatte seine Frau, Signora Assunta, eine auf das Anfertigen von Erstkommunionskleidern spezialisierte Schneiderin, die Haushaltsführung übernommen. Die Beziehungen zwischen den beiden waren inzwischen so abgekühlt, daß sie sich nur noch gegenseitig duldeten und eben zusammenwohnten. Hin und wieder versuchte sie, ihn zu rechtfertigen.

«Denken Sie nicht schlecht über ihn», sagte sie zu mir, «er redet nur so gottlos daher, um die Leute zu erschrecken, in Wirklichkeit hat er ein gutes Herz. Leider gefällt es ihm, die Leute vor den Kopf zu stoßen, aber jetzt wird er nur noch ausgelacht. Dabei war er früher einmal ein so intelligenter Mann, glauben Sie mir.»

«Meine Frau kann Gottlose nicht von Agnostikern unterscheiden», rechtfertigte er sich leicht verärgert. «Wie oft habe ich versucht, ihr den Unterschied zwischen einem, der nicht glaubt, und einem, der nicht weiß, zu erklären, aber sie will einfach nicht verstehen. Für sie sind ja sogar Mohammedaner Gottlose.»

Um mir begreiflich zu machen, was er unter Glauben verstand, führte mich der Professore eines Tages in sein Schlafzimmer, damit ich mir das Bild seines Schutzheiligen ansehen sollte: In einem kassettenförmigen Rahmen befand sich ein Fragezeichen aus lauter bunten Lämpchen, und darunter standen auf einer kleinen Konsole zwei ewige Lichtlein, wie man sie auf dem Friedhof benutzt. Barbieri drückte auf einen Knopf, und die Lämpchen des Fragezeichens begannen zu blinken.

«Sie müssen entschuldigen», sagte Signora Assunta, «dieser Tabernakel ist wirklich unerträglich, ich hasse ihn geradezu!»

«Hören Sie nicht auf sie, Ingegnè, lassen Sie sich von ihr nicht ablenken, und hören Sie mir lieber zu», fiel ihr Barbieri ins Wort. «Das Fragezeichen ist ein Symbol des Guten, während das Ausrufezeichen ein Symbol des Bösen ist. Wo immer Sie auf Ihrem Weg Fragezeichen begegnen, Priestern des positiven Zweifels, da können Sie sicher sein, daß das gute Menschen sind: fast immer tolerant, aufgeschlossen und demokratisch. Wo Sie dagegen auf Ausrufezeichen treffen, auf die Paladine der großen Gewißheiten, die Reinen des unerschütterlichen Glaubens, da sollten Sie sich fürchten, weil dieser Glaube oft in Gewalt ausartet. Ich meine damit aber nun nicht den religiösen Glauben, sondern auch den politischen Glauben oder den Glauben an den Sport, also jede Form von Glauben. Die islamischen Fundamentalisten, die Fußballfans, die Anhänger der schwarzen oder der roten Brigaden gehören alle ein und derselben Sorte von Leuten an, die glauben, als einzige die Wahrheit zu besitzen, als gäbe es so etwas wie die einzige und unanfechtbare Wahrheit tatsächlich. Der Zweifel hingegen ist eine diskrete Gottheit, er ist ein Freund, der zurückhaltend an Ihre Tür klopft. Ein Zweifler breitet seine Ansichten in aller Ruhe aus und ist jederzeit bereit, sie radikal zu ändern, wenn ihm jemand beweist, daß sie falsch sind.»

«Entschuldigen Sie das Wortspiel, Professore, aber ich habe da doch gewisse Zweifel, was den Zweifel betrifft», erwiderte ich. «Wenn wir nur einmal das Beispiel von Kolumbus nennen: Er ist doch nur deshalb aufgebrochen, weil er die Gewißheit hatte, jenseits des Atlantiks Indien zu finden. Nur diese Gewißheit hat ihm die Kraft verliehen, bis ans Ende zu gehen. Daß er sich dabei verrechnet hat, spielt ja keine so große Rolle: Er ist abgefahren und hat Amerika entdeckt. Ich meine, daß ohne ein Minimum an Glauben keine große Eroberung denkbar ist.»

«Ja, warum denn nicht?» versetzte Barbieri. «Ist denn nicht der Zweifel die Triebfeder jeder Neugier? Also ich schreibe eben den Zweifel ganz groß, während das bei Ihnen nicht der Fall zu sein scheint.»

«Woher wollen Sie das so genau wissen?»

«Das merke ich schon am Tonfall: Sie sprechen das Wort ‹Zweifel› so lässig und ohne jede Begeisterung aus, Sie sagen nie laut und vernehmlich ‹Zweifel›, wie ich das tue.»

«Und das Danach? Was ist danach?»

«Die Frage nach dem Danach ist die allerwichtigste, es ist die Frage, die uns am meisten peinigt: Was wird danach sein? Werden wir danach ein neues Leben leben? Oder werden wir uns im Nichts auflösen?»

«Und wie lautet die Antwort?»

«Die Antwort lautet: Ich weiß es nicht.»

«Etwas enttäuschend!»

«Warum denn? Warum soll man denn blindlings glauben, wenn man einfach nur ein paar Jahre zu warten braucht, um die Wahrheit zu erfahren? Warum soll man etwas glauben, was sich danach als falsch erweisen könnte?»

«Weil auch der Glaube sein Gutes hat und einem zum Beispiel die Angst nimmt.»

Eines Tages machten wir, nachdem wir wie immer in der Casina Rossa zu Mittag gegessen hatten, einen Spaziergang am Vesuv. Der Blick von der Aussichtsplatte war so beeindruckend, daß man hätte weinen können. Alles schien für uns auf Hochglanz poliert, ein Panorama wie auf einer Ansichtskarte, die Vesuvkogel wirkten wie aus erstarrter, rötlicher Schlagsahne modelliert, und Capri, Ischia sowie Procida boten einen unbeschreiblich heiteren Anblick im Meer.

«Wie soll man bei einem solchen Schauspiel nicht an Gott glauben?» rief ich aus. «Dies alles hier kann doch nicht einfach nur aus Zufall, aus reinem Zufall so entstanden sein?»

«Das ist ja nicht das Problem», erwiderte Barbieri. «Zufall oder Schicksal, Big Bang oder Herrgott, das ist ganz gleichgültig. Eines Tages werden wir es ja erfahren. Wenn ich gegen den Glauben kämpfe, dann tue ich das ja nicht, weil ich nicht an Gott glaube, sondern weil ich mich auf diesem Dogma nicht ‹ausruhen› will. Lieber lebe ich mit meinen Zweifeln, als daß ich Gott als eine unverrückbare Gegebenheit ‹abhake›. Ich beschäftige mich wahrscheinlich mehr mit der Gottesidee als jeder praktizierende Katholik.»

«Aber kann man denn ohne Gewißheiten leben?»

«Ja, solange man fähig ist zu hoffen. Und im übrigen muß ich Sie doch fragen, ob Sie mir auch nur ein einziges Ding nennen können, dessen Existenz für Sie ganz sicher ist?»

«Ich habe Ihre Frage nicht ganz verstanden», antwortete ich, weil ich nicht wußte, worauf er hinauswollte.

«Können Sie mir auch nur die kleinste Episode nennen, die sich Ihrer Meinung nach wirklich ereignet hat?» wiederholte Barbieri.

«Was weiß ich ... zum Beispiel, daß wir heute zum Mittagessen beide einen Seebarsch verzehrt haben ...»

«Das werden Sie doch wohl nicht schon vergessen haben?» fragte ich, nachdem ich ganz genau wußte, daß er diesen nicht nur ganz aufgegessen, sondern sich auch noch den Kopf hatte bringen lassen, den er dann mit der Geschicklichkeit eines Chirurgen auseinandernahm.

«Natürlich habe ich das nicht vergessen! Und bei dieser Gelegenheit möchte ich Ihnen auch noch einmal dafür danken. Aber können wir denn wirklich so sicher sein, daß wir Seebarsch gegessen haben?»

«Warum sollen wir denn da nicht sicher sein?»

«Haben Sie nicht vorher gesagt, daß Sie an Gott glauben?»

«Ja, ich glaube an ihn.»

«Und ich nehme an, daß Ihr Gott allmächtig ist.»

«Wenn er Gott ist, ist er auch allmächtig.»

«Ja, und hätte dann ein allmächtiger Gott nicht auch eine bereits funktionierende Welt erschaffen können?»

«Was meinen Sie mit ‹funktionierend›?»

«Nun», erwiderte Barbieri schon ein wenig ungeduldig, «könnte denn unsere Welt, der Himmel, das Meer, das Universum, dieses ganze Schauspiel rings um uns nicht auch erst jetzt, in diesem Augenblick, geschaffen worden sein? Nehmen wir doch nur einmal einen Moment lang an, daß jeder von uns jetzt geboren ist, heute um 15 Uhr 32, und daß er eine programmierte Erinnerung in seinem Kopf hat, dank derer er ‹glaubt›, bisher schon gelebt zu haben.»

«In dem Fall wäre der Seebarsch . . .»

«. . . nur scheinbar von uns verzehrt worden. In Wirklichkeit hat es ihn nie gegeben. Er ist nur eines der vielen Bilder, mit denen unser Gedächtnis bei der Geburt ausgerüstet worden ist.»

«Aber das ist doch unmöglich!»

«Nein, mein Lieber, es ist unwahrscheinlich.»

13. KAPITEL

Dreiviertel

Wenn ein Schriftsteller ein Erinnerungsbuch verfaßt, so kann man zumindest von ihm erwarten, daß er sich richtig erinnert und keine Lügen erzählt. Aber das ist gar nicht so einfach, wie es aussieht, schon deshalb nicht, weil die Vergangenheit keinen Augenblick stillsteht: Sie ist ständig in Bewegung wie eine Fahne an einem windigen Tag. Aus der Gegenwart betrachtet, verändert sie sich unablässig, bis sie schließlich das wird, was Augustinus als «die Gegenwart der Vergangenheit» bezeichnet hat.

Ich fühle mich in diesem Augenblick wie ein Angestellter, der vier Wochen Urlaub bekommen hat, wovon drei schon verstrichen sind. Ein wenig denke ich an die schon hinter mir liegenden Jahre und ein wenig auch, und zwar nicht ohne leise Beunruhigung, an die mir noch bevorstehende Zeit. Ich habe das Gefühl, in einem winzigen Raum, praktisch einem schmalen Korridor zu sitzen und in zwei nebeneinanderliegende Räume zu blicken. Einer liegt rechts von mir, ist riesengroß und voller kunterbunt durcheinanderliegender Erinnerungsstücke, der andere links. Dieser ist nur schwach beleuchtet, und ich kann darin kaum ein paar Schatten unterscheiden. Vor mir zeigt eine große Uhr die Zeit an, während sich die Wände meines Korridors ganz unmerklich von rechts nach links verschieben. Ich sehe natürlich nicht, wie sie sich verschieben, nur wird der Vergangenheitsraum mit der Zeit immer größer, während der Zukunftsraum schrumpft.

Der Erinnerungsraum ähnelt einem riesigen Trödelladen. Darin befinden sich ein altes Allocchio-Bacchini-Radio, die Siegerurkunde für den 800-Meterlauf bei den Kampanien-Meisterschaften 1951, eine Wyler-Vetta-Uhr mit phosphoreszierenden grünen Zeigern, mein erstes Erwachsenenfahrrad (ein Bianchi Splendor, schwarzlackiert und goldverbrämt), eine Nacht, die ich mit Freunden im Gespräch über flüchtige Dinge (Was würdest du machen, wenn du eine Million gewinnen würdest?) oder über tiefschürfende Fragen (Glaubst du, daß es Gott gibt?) verbracht habe, ein Nudelauflauf, den ich am Lido delle Sirene in Coroglio gegessen habe, wo Mama mir die knusprige Kruste gab, weil sie wußte, daß mir die am besten schmeckte.

In dem Zukunftsraum dagegen kann ich gar nichts erkennen. Ich würde dort so gern die Zeichen einer letzten und wenn möglich weniger leidvollen Liebe erkennen oder das Plakat jenes Films, den ich immer drehen wollte und noch nicht gedreht habe, oder den Umschlag jenes Buches, das ich immer schreiben wollte und noch nicht geschrieben habe.

Ich möchte gern einen Zauberfernseher, um Jahr für Jahr, Tag für Tag mein ganzes Leben noch einmal zu sehen. Wer weiß, wie es auf mich wirken würde, wenn ich mich da sehen könnte, wie ich mich von gewissen Impulsen, Ideen und Gefühlen leiten lasse, die mir heute gar nicht mehr entsprechen? Dieser blonde Junge da, der sich vor Liebe verzehrt, während er vor der Schule auf seine Freundin wartet, bin das tatsächlich ich? Hätte ich auch heute noch Herzklopfen beim Abitur? Würde ich gewisse Studentenstreiche noch einmal machen? Und was könnte ich zu meiner Entschuldigung für gewisse politische Gespräche im Jahr 1946 vorbringen, als ich weiß Gott warum für die Monarchie war? Und für meinen Streit mit den Eltern? Und für die Lügen, die ich meinen Geliebten erzählt habe?

Und wenn ich nun, statt in die Vergangenheit zu blicken, versuchte, kurz in die Zukunft zu schielen? Dann könnte ich alle Schwierigkeiten und Freuden, die mir bevorstehen, im voraus sehen: Was weiß ich ... eine Rezension ... eine besondere berufliche Anerkennung ... ein Geburtstagsfest ... das Gesicht eines noch ungeborenen Enkelkindes ... Bei all dem müßte ich natürlich sehr darauf achten, mich nicht allzuweit vorzuwagen, um nicht jenes schreckliche Datum zu erreichen, nach dem sich auf dem Bildschirm keine Bilder mehr bewegen ... Nein, ich glaube, daß ich – auch wenn ich ein solches Videogerät besäße – nicht den Mut hätte, es zu gebrauchen.

Natürlich kann ich, wenn ich sehe, wie rasend schnell die ersten drei «Urlaubswochen» vergangen sind, beim Gedanken an die vierte eine gewisse Beklemmung nicht unterdrücken: Kaum hat man fröhliche Weihnachten gesagt, ist schon wieder Ostern, dann wieder Weihnachten und wieder Ostern, und eines Tages begegnet man einem alten Schulkameraden, der sagt: «Gestern habe ich mir meinen Seniorenpaß abgeholt.»

«Was ist denn das?» fragt man ihn.

«Was», wundert er sich, «du kennst den Seniorenpaß nicht? Den kriegt doch jeder, wenn er mal sechzig ist. Und er ist ja auch wirklich sehr angenehm: Bei Bahnfahrten kriegst du dreißig Prozent Rabatt.»

«Was hab' ich damit zu tun?» möchte man dann fragen, aber es fehlt einem der Mut.

«Was ist die Zeit?» fragt sich Augustinus und fährt fort: «Wenn keiner mich danach fragt, weiß ich es, aber wenn ich es dem erklären müßte, der mich danach fragt, würde ich es nicht mehr wissen.»

Und die Gegenwart? Gibt es die Gegenwart wirklich? Wenn es zutrifft, daß es die Vergangenheit nicht gibt, weil sie nicht mehr ist, und wenn es ebenso zutrifft, daß es die Zukunft nicht gibt, weil sie noch nicht ist, wie soll es da die Gegenwart geben, die doch nichts anderes ist, als die Trennung zwischen zwei Dingen, die es nicht gibt? Es gibt zweifellos zwei Zeitkonzepte: das physische, das für alle gleich sein sollte, und das psychische, das je nach Individuum und nach dessen Erlebnissen variiert. Die psychische Zeit ist ein persönliches Merkmal wie etwa die Augen- oder die Haarfarbe, aber gleichzeitig auch eine zufällige Größe: Man vergleiche nur einmal den Tageslauf eines Hausierers für Waschmittel mit dem eines lebenslänglich Inhaftierten, um zu verstehen, wie der Zeitbegriff variiert. Augustinus hat ihn als «eine Erweiterung der menschlichen Seele» definiert.

Zum Thema psychische Zeit fällt mir eine aufschlußreiche Episode aus meiner Zeit bei IBM ein. Wir hatten in Neapel einen besonders schönen Firmensitz, und zwar das erste und das oberste Stockwerk eines der schönsten Palazzi in der Via Orazio mit Panoramablick auf den Golf. Einziger Nachteil war, daß es nur einen «lahmen» oder, um es technisch auszudrücken, «einen der Firmendynamik nicht angemessenen» Aufzug gab. Kein Tag verging, an dem sich nicht irgendein Angestellter über das «entnervende Warten auf dem Treppenabsatz des ersten oder des sechsten Stockwerks» beklagte. Andererseits war das Gebäude einst als Wohnhaus geplant worden, das Treppenhaus war zu eng für einen zweiten Lift.

Also wurde ein Expertenteam gebildet. Aus Mailand trafen ein Architekt und ein Vermessungstechniker ein, die innerhalb einer Woche den Plan für den Einbau eines zweiten Aufzugs im Hof des Gebäudes vorlegten. In der Zwischenzeit war der Portier Don Attilio mit der Zählung der Personen beauftragt worden, die den Aufzug zwischen früh um halb neun und sieben Uhr abends benutzten, eine Aufgabe, derer sich der brave Mann mit größter Sorgfalt entledigte, indem er in ein schwarz eingebundenes Heft mit kariertem Papier Zeichen machte.

«Sehen Sie mal, Ingegnè, ob ich es richtig mache», sagte er eines Tages zu mir und zeigte mir sein Heft. «Ich mache einen Strich für jeden Hausbewohner, den ich hinauffahren sehe, und ein Kreuz für jeden IBMler.» Dann sah er mich nach einer kurzen Pause zerknirscht an und setzte hinzu: «Ein Kreuz, Ingegnè, ein Kreuz!»

Nachdem diese Erhebungen abgeschlossen waren, wurde eine Sitzung einberufen, um über den Kostenvoranschlag zu beraten und vor allem auch, um den Widerstand einiger Hausbewohner zu brechen, die sich gegen das Projekt sträubten. Alle betroffenen Parteien waren zugegen, und man diskutierte gerade über die Baugenehmigung, als Attilio aus dem Hintergrund des Saals ums Wort bat.

«Ich hätte da vielleicht einen Vorschlag. Kann ich reden?»

«Ja, bitte», erwiderte der Geschäftsführer.

«Entschuldigen Sie, wenn ich mich da einmische, aber ich würde an Ihrer Stelle nicht so viel Geld für einen zweiten Aufzug ausgeben, sondern lieber zwei schöne Spiegel kaufen. Den einen würde ich im ersten Stock anbringen, den anderen im sechsten: Auf diese Weise gucken sich die Leute an, und die Zeit vergeht, ohne daß sie es bemerken.»

Das war die Lösung, und von da an hat sich niemand mehr über das lange Warten beklagt.

Eine der besten Methoden, sich zu versichern, daß es die Zeit tatsächlich gibt, ist einfach, etwas sich Bewegendes zu beobachten. Nehmen wir einmal an, vor mir geht hüftenschwingend ein schönes Mädchen, und ich kann sagen, daß es *zuerst* rechts von mir war und danach *links* von mir. Das *Zuerst* und das *Danach* könnten damit ein annehmbarer Beweis für das Vorhandensein von Zeit sein. Dennoch werde ich, wenn ich es so habe vorübergehen sehen, nie erfahren, wieviel Zeit es «effektiv» gebraucht hat, um diese paar Meter zurückzulegen.

Das Mädchen ist vor mir vorübergegangen, und ich habe es mit regelmäßigen Intervallen von einer Zwanzigstelsekunde unablässig mit meiner Netzhaut fotografiert. Dadurch, daß mein Gehirn alle diese Bilder miteinander verbindet, kann es nachher sagen, daß es «gesehen» hat, wie das Mädchen vorüberging, ebenso wie ein Zuschauer, der gerade aus dem Film *La carica dei seicento* kommt, überzeugt ist, «gesehen» zu haben, wie Errol Flynn sich im Galopp auf den Feind gestürzt hat. In Wirklichkeit waren sowohl das Mädchen als auch Errol Flynn in jedem einzelnen Augenblick vollkommen bewegungslos, wenn sie auch jedesmal in einer anderen Position wahrgenommen worden sind. Nur weil das Gehirn die einzelnen Fotogramme verknüpft hat, ist der Eindruck von Bewegung entstanden.

Daraus ergibt sich für uns eine Vorstellung von der Subjektivität der Bewegung und infolgedessen auch der Zeit: Wenn die Sensibilität meines Auges sehr viel langsamer wäre, zum Beispiel nur eine Zehntelsekunde, hätte ich das Mädchen rasend schnell wie in einem komischen Stummfilm vorüberhasten sehen. Wenn ich hingegen die Sehempfindlichkeit einer Fliege hätte, so hätte ich sie ganz langsam wie in Zeitlupe gehen sehen.

Deshalb schaffen wir es auch nie, eine Fliege zu fangen: Von seinem Mischpult aus sieht das Tierchen unsere Zeitung so extrem langsam auf sich zukommen, daß es genug Zeit hat, uns auszuweichen, ja, es kann sogar noch seine Gefährtin warnen.

«Paß auf, da kommt eine Zeitung!»

«Tatsächlich?»

«Es ist die *Repubblica*!»

«Du liebe Zeit, die *Repubblica*! Was mach' ich da?»

«Weiß nicht ... gehen wir weiter nach oben, da stört uns keiner mehr.»

Und sie fliegen davon.

Daraufhin muß ich mich doch fragen: Welches ist nun die wirkliche Zeit des Universums? Die des Menschen oder die der Fliege? Na ja, denn die Fliege lebt zwar nur ein paar Tage, aber sie hat einen so verlangsamten Zeitbegriff, daß es ihr so scheint, als lebte sie sehr lange.

Rufen wir Bergson, Einstein und Fellini zu Hilfe und sehen wir, ob einer dieser illustren Herren uns philosophisch, wissenschaftlich oder poetisch den Zeitbegriff verständlicher machen kann.

Bergson erklärt, daß wohl das Auge das Mädchen sieht, die Bewegung aber vom Gedächtnis «gesehen» wird. Denn, sagt der Philosoph, woher kommt es eigentlich, daß ich beim Beobachten eines Pendels einschlafe? Liegt es vielleicht an der letzten Schwingung? Bestimmt nicht, sonst wäre ich ja schon bei der ersten eingeschlafen. Offenbar hat mich also die regelmäßige Bewegung eingeschläfert, und das wäre nicht passiert, wenn das Auge sich nicht auf das Gedächtnis gestützt hätte, das sich an alle vorhergehenden Schwingungen erinnert. Die Dauer, schließt Bergson, ist nicht etwas Äußerliches, das sich messen läßt, wie etwa der Raum, sondern eine geistige Synthese.

Einstein geht noch weiter: Er glaubt, daß nicht nur die psychische, also die innere Zeit relativ ist, sondern daß auch die physische, also die äußere Zeit je nach der Geschwindigkeit, mit der die Uhr sich im Raum bewegt, variiert, und um dies auch Nichtmathematikern verständlich zu machen, erzählt er das Paradoxon von den Zwillingen.

Es war einmal ein Zwillingspaar, das sich nie trennte: Zwanzig Jahre verbrachten die beiden gemeinsam in der Schule, auf Festen und in Ferien, bis dann eines Tages der eine Arbeit an einem Bankschalter fand, während der andere mit einem Raumschiff startete. Der Astronaut schwirrt also so lange zwischen den Sternen herum, bis ihn eines Tages das Heimweh packt. Er kehrt nach Hause zurück und findet dort seinen Bruder vor, der inzwischen vierzig ist und Bankdirektor. Er selber hingegen ist erst einundzwanzig, weil nämlich (so sagt Einstein) zwanzig Jahre wie ein einziges Jahr sind, wenn man sich mit so hoher Geschwindigkeit, also fast mit Lichtgeschwindigkeit, bewegt. Es ist aber keinesfalls so, daß der Astronaut nur glaubt, daß für ihn nur ein Jahr vergangen ist, für ihn ist tatsächlich nur ein Jahr vergangen; seine Haut, seine Haare und alles übrige sind nur um ein Jahr gealtert. Die biologische Zeit seines Körpers hat sich während der Reise so verlangsamt, als hätten sich in seinen Zellen viele kleine Uhren befunden, die aufgrund der hohen Geschwindigkeit, mit der das Raumschiff sich durch das All bewegte, nachgingen.

Wer das nicht glauben will, mag die Formel in der Anmerkung studieren.*

---

* Der Zeitabstand zwischen einem Vorrücken des Uhrzeigers und dem nächsten auf der Uhr eines Astronauten beträgt nicht eine Sekunde, wie auf der Erde, sondern $t = \dfrac{1}{\sqrt{1 - \frac{v^2}{c^2}}}$ wobei v die Geschwindigkeit des Astronauten ist und c die Lichtgeschwindigkeit.

Und je mehr sich nun v c annähert, desto länger wird die Zeit; wenn v gleich c geworden ist, wird sie unendlich. An dem Punkt bleibt die Uhr stehen, und die Zeit läuft nicht weiter.

War es schon nicht ganz einfach, die Dauer der Zeit in relativ kurzen Perioden zu definieren, so wird es erst richtig schwierig, wenn wir uns gedanklich an die äußersten Grenzen der Schöpfung versetzen, an das «Vor dem Vorher» und an das «Nach dem Nachher», also an die Grenzen des Unendlichen.

Vor mir war Garibaldi, und vor Garibaldi war Lorenzo il Magnifico, und vor Lorenzo il Magnifico war Epikur, und vor Epikur war die Vorgeschichte, und vor der Vorgeschichte war die Altsteinzeit, und davor der Big Bang, und vor dem Big Bang...? Hier halte ich ein, weil ich nicht weiß, was ich da noch erfinden soll. Das einzige, was mir noch einfällt, ist «Gott», doch dies wäre jetzt an dieser Stelle eine allzu bequeme Antwort. «Was hat Gott gemacht, bevor er den Himmel und die Erde schuf?» fragt Augustinus und antwortet gleich selber: «Er hat nichts gemacht.»

Zu den gleichen Ergebnissen komme ich, wenn ich mich in die Zukunft vorwage. Meine Phantasie eilt mir immer weiter voraus, und ich frage mich ständig: «Was geschieht nach meinem Tod und nach dem Tode aller Menschen und nach dem Tod des Universums?» Sollte am Ende dieses ganzen Riesenspektakels wirklich gar nichts Organisiertes sein? Und sollten wir gar nichts tun können, um dieses Nichts zu verhindern? Sollen alle Meisterwerke, alle Großen, alle Landschaften, Sokrates, Capri, Jesus, Totò, die Neunte von Beethoven, Chaplin, Dostojewski, Shakespeare, Leonardo da Vinci und alle anderen ganz umsonst auf der Welt gewesen sein? Nur um die Menschheit an der Nase herumzuführen? Ich weigere mich, das zu glauben.

Federico Fellini stellt in der Schlußsequenz seines Films I Clown eine Hypothese auf: Wir werden uns alle, oder zumindest diejenigen, die sich lieben, in einer anderen Dimension wiedertreffen, und zwar höchstwahrscheinlich in einer musikalischen Dimension.

Ein Hanswurst erzählt: «Ich habe einmal mit einem Freund, der Fru-Fru hieß, eine Nummer gemacht: Wir haben so getan, wie wenn er tot wäre. Ich kam rein und fragte: ‹Wo ist Fru-Fru!› Und

der Direktor antwortete: ‹Weißt du nicht, daß er gestorben ist?›
‹Was soll das heißen, er ist gestorben?› protestierte ich. ‹Er muß
mir noch die zehn Würstchen zurückgeben, die ich ihm letztes Jahr
geliehen habe!› Darauf der Direktor: ‹Und doch ist er gestorben.›
Da lief ich durch die ganze Manege und rief: ‹Fru-Fru ... Fru-
Fru ...›, aber keiner antwortete. Und wenn er jetzt wirklich tot ist,
dachte ich, wie soll ich ihn da wiederfinden? Man kann ja nicht
einfach so verschwinden: Irgendwo muß er doch sein! Da kam mir
eine Idee: Ich versuchte die Melodie unserer Nummer zu spielen,
ja, und kaum habe ich eine Note angeschlagen, da erschien er vor
mir wie hingezaubert und antwortete mir mit seinem Instrument.»

Ob ich versuche, mir mit Hilfe meiner Phantasie den Anfang der
Zeiten oder das Ende der Welt auszumalen, die Schwierigkeit ist
immer die gleiche: Ich kann mit meiner Vernunft nicht nachkommen. Vielleicht sollte ich es mit der Intuition versuchen und die
Vernunft sozusagen nur als Sprungbrett nehmen, um zur Wahrheit
zu gelangen. Oder vielleicht sollte ich mich, von der vergeblichen
Suche ermüdet, im Glauben ausruhen. Aber wäre es dann nicht
besser, Professore Barbieris Ratschlag zu folgen und Gott aus
eigenem Antrieb zu suchen, und nicht aus Bequemlichkeit einen
schon vorgefertigten Glauben zu übernehmen?